沈岩船政研究系列
马尾船政文化丛书
马尾宣传部船政专辑

沈岩 著

面对
大变革

船政的改革与探索

REFORM AND EXPLORATION OF
CHUANZHENG IN
A TIME OF
**GREAT
TRANSFORMATIONS**

社会科学文献出版社
SOCIAL SCIENCES ACADEMIC PRESS (CHINA)

代 序*

今天是船政创办150周年，我们重温历史，缅怀先烈，有着不同寻常的意义。面对三千年未有之大变革，船政勇猛精进，万难不辞，在民族复兴的道路上留下许多可歌可泣的故事。船政的探索艰难曲折，充满着中国智慧。

船政的探索，在清末大体上分为两个阶段：第一阶段是创办者的探索，代表人物是沈葆桢；第二阶段是学子的探索，代表人物是严复。

船政创办者运用“自强不息”、“他山之石，可以攻玉”的中国智慧，中西结合，土法上马，在中国近代海军史、工业史、教育史、思想文化史等方面都留下深深的印记，成功实现了中国近代化先驱性的创举。中国有句老话“变则通”，变就要思想解放。船政的创办就是思想解放的产物。1875年治台，更看出思想解放的力度。没有思想解放，怎么可能开禁、开府、开山；没有思想解放，怎么可能修建延平郡王祠，为郑成功树碑立传？

在船政是否应停止的大讨论中，内阁学士宋晋认为外交已经议和，不必发展海军。沈葆桢则力驳宋晋的主张，认为不单是五年后船政不能停止，亿万年后也不能停止。临终，他还念念不忘铁甲船。为什么？中国一句老话警示着大家：弱之肉，强之食。严复说得好，“欲求公道，必建强权”。没有强权，在全球化的博弈中，中华民族怎么可能自立于世界民族之林？

船政学子关心时事，直面人生，通过大量翻译西方名著，进行中国式解读。严复的翻译都不是直译，介绍西方学术思想时都鲜明地阐述自己的观点，结合中国国情进行再创作，既传播西学，又切中时弊，启人心扉，充满

* 2016年12月23日，福建各界在福州隆重纪念船政150周年，作者应邀在大会上发言，题目是《船政先贤的探索充满中国智慧》。

着中国智慧。

严复认为，“世间一切法，举皆有弊”。反思百年历史，我们惊奇地发现，许多制度我们都尝试过，但都不能令人满意，为什么？皆有弊。严复认为，“制无美恶，期于适时；变无迟速，要在当可”。这就是说：制度没有美恶之分，变革没有快慢之别，要看历史条件，适合就可以。这不正是“审时度势”的中国智慧吗？

严复的墓前有“惟适之安”四个字。这四个字，最早出自韩愈的文章，但细细品来，已不是韩愈的原意，应该是严复思想的哲学概括。船政第一艘船命名为“万年清”，如果用中国诗词来解读，就不能仅仅理解为为清政府歌功颂德这么肤浅，而应该有“风清万年”的更深寓意。

在判断中国社会的性质时，严复运用甄克斯的三分法，得出宗法社会七、军国社会三的结论，但很快就放弃了这种三分法，转而采用中国智慧。他说“郅治之民主”，是“治制之极盛也”，“必其力平，智平，德平”，才能做到真民主。陈季同说得更为直接，他说：“旅欧十年并做了大量研究后，我仍然茫然地自问：西方国家的体制当中到底哪一种原则配称是民主或自由的？我找不出任何一种。”他认为西方的民主制度是“没有原则的原则”，不是真正的民主。

陈季同是我国自己培养的第一代职业外交官。当他担任外交官的第一天起，就深深地感到文化上的无穷压力。西方人对中国的不了解，已经到了无以复加的地步。他决心要用自己的笔来澄清西方人的误读和曲解。他在欧洲上流社会的沙龙和大学讲坛演讲，在西方报刊上做介绍。还写成《中国人自画像》《吾国》等法文著作，让西方人了解中国，了解中华文化。他演讲风趣，谈笑风生，充满着中国智慧和幽默，罗曼·罗兰、曾朴等青年都对他佩服得五体投地。

严复晚年，看到城头变幻大王旗，看到一战后的江河日下，认为“异日一线命根，仍是数千年来先王教化之泽”。他说列强“利己杀人、寡廉鲜耻”，回观孔孟之道，量同天地，泽被寰区。中华文化博大精深，正如严复所说“耐久无弊”，“最富矿藏”。

中国智慧是中华文化的精华。在全球化的浪潮中，中华民族如何屹立于世界民族之林，船政先贤进行着孜孜不倦的探索，其广度、深度前所未有。船政探索的主旨十分鲜明，那就是爱国自强；船政探索的灵魂十分鲜明，那就是中国智慧。值得欣慰的是，150 多年后的今天，在民族复兴的道路上，我们已经取得举世瞩目的成就。相信在不远的将来，沐浴中国智慧的中华民族一定能复兴，一定能够实现自己的中国梦。

前　言

翻开历史，人们会惊奇地发现：面对大变革，国人是有应对的，是有改革与探索的。船政人的应对及其改革与探索是有成效的、有深远意义的。其应对，高瞻远瞩；其改革，波澜壮阔；其探索，难能可贵。如果从文化的继承性分析，今天的改革开放正是昨天改革与探索的继续。

社会学家认为，在人类历史上19世纪六七十年代发生的变化，具有某种分水岭性质。全球化对所有传统社会发生前所未有的巨大冲击。它迫使一切民族学习起源于西方的现代科技和社会组织方式。全球化冲击下传统社会的现代转型已经展开。

安德烈·博福尔（1902～1973），是法国陆军上将、军事理论家、战略家。1963年出版《战略入门》一书，外界给予好评，说是一本内容丰富严谨的战略专著。他在书中说：现代战略也像整个人类文明一样，被进步神速的科技抱着跑，所以我们的思想习惯必须彻底改变，应重视未来而非现在。他还说：过去一切的失败经验可以归纳为两个字——太迟。为预防再犯同样的错误，我们必须关注未来。

鸦片战争后，民族矛盾上升。外国资本主义与中华民族的矛盾，已成为各种社会矛盾中的主要矛盾。当时，关心社会的经世致用之士、思想家们也试图解决社会的矛盾。他们开始抛弃夜郎自大的陈腐观念，关注世界，探索新知，关心时局，寻求强国御侮之道，掀起了向西方学习的新思潮。

面对三千年未有之大变革，有识之士认为“天下事，穷则变，变则通”。慈禧下旨同意练兵制器以图自强。同治皇帝下旨说：“中国自强之道，全在振奋精神。”总理衙门说：“治国的根本在于自强。”很多读者会有疑问，这种自强是为了维护统治还是为了民族振兴？笔者认为，清政府有维护统治的主观，但产生的是民族振兴的客观效果。

爱国必须自强，自强才能爱国。船政精神首先是爱国自强的民族精神。沈葆桢说这是“自强之方”。[①] 船政是非常之举，其机构的临时性、使命的挑战性、实施的艰巨性、自主的坚定性，非同一般。船政精神的时代性是重视科技教育和海权。船政瞄准当时的科技发展方向，实行高起点嫁接。船政引进新式教育，实行中国化的改造，成为开山之祖。又继续深造，培养出许多近代化栋梁之材。“一所学堂引领一个时代”，唯一的也只有船政学堂合适。船政是谋海权之政，是迈向海权的佼佼者。船政学子更是强调“必有海权，乃安国势”。船政又是近代中西文化交流的一面旗帜，融合中西的改革探索精神是中国走向未来的探测器、铺路石。

船政的开先作用无疑是巨大的。船政进行了一系列的改革开放试验，许多都是开风气之先的。在中西文化激烈碰撞的风口浪尖，船政就是大碰撞大变革的产物。“师夷制夷”就是碰撞的结果。船政开创了数十个第一，这正是探索精神的充分体现。1875 年的治台、开禁开山开府，开启了台湾近代化的历程，更是全方位的试验。船政学子通过留学积极探索救国良方。他们眼界开阔，思维敏捷，成为近代叱咤风云的人物。至少有“十大开先”，使船政成为中国近代国家直属管理机构、中国近代最大的造船厂、新式教育中国化的开山之祖、中国近代海军第一支舰队、中国近代科技和海军的摇篮、近代海战的唯一亲历者、中国近代化的先行者、台湾全面改革和开禁的先驱、中国近代航空工业发祥地、近代中西文化交流的一面旗帜。这些都是大家有目共睹的。

地球就一个，所谓“地球村”。各国就像一个个部落，有的地理环境好，有的条件恶劣；有的资源多，有的资源少；有的历史悠久，有的历史短暂；有的相当文明，有的较为野蛮。由于历史地理条件不同，教化程度不一，文明程度不一，人性也就不同，所谓“一方水土养一方人”是也。

---

① 〔美〕庞百腾：《沈葆桢评传：中国近代化的尝试》，陈俱译，上海古籍出版社，2000，第 376 页。

在这个地球村里，有人想安于现状，有人不满于现状，有人想称霸全球，于是矛盾和冲突就来了。沈葆桢的预言“东洋终须一战”，终于成为现实。我们不得不佩服他敏锐的洞察力。他有先见之明和切肤之痛，促使他立下这样的遗嘱与预言，使后人感同身受。

日本为什么要侵华，一套侵华理论使然。它利用东西文化的冲突，把自己扮演成东方的领导者。它利用明治维新后的崛起，把自己扮演成东方统治者。它将民族分优劣，把自己扮演成优等民族，视其他民族为劣等民族。因此，实行“三光”政策就有了依据。它鼓励年轻人把侵略作为志向。440年前，丰臣秀吉就把窥视中华作为宿志。“田中奏折”也说明日本有扩张野心。1938年，日本提出建设“东亚新秩序”的国策，拟建设“大东亚共荣圈”，抛出许多侵略理论。今天，还有许多人相信异族入侵的鬼话，给日本的入侵制造口实。中华民族不能分裂，任何分裂的企图都是注定要失败的。日本霸占琉球群岛，切断太平洋通道。日本曾侵占台湾，破坏中国的门户建设。日本对中国虎视眈眈，美国对中国的崛起耿耿于怀，至今仍在中华民族的统一大业上频频制造事端，这不值得深思吗？

过去，鸦片来了，英国人用它来轰开天朝的国门。现在，奶嘴来了，给国人灌输大量低级趣味的东西，何也？

中国有句古话：“树欲静而风不止。”

19世纪以来，随着科技的发展，人类进入高度文明的时代。工业化还没有完成，信息化接踵而来。知识经济、虚拟经济越来越受到人们的重视。但同时，随着资本的扩张，西方列强掠夺各国资源日益血腥残酷。跨国公司、垄断企业和金融寡头的出现，使这种掠夺日益白热化。

大变革，三千年未有，史无前例；大变革，势如破竹，席卷全球；大变革，让世人震惊，让雄狮惊醒；大变革的主要议题，是地球村建设还是全球性掠夺，是国家如何应对。大变革的成因是科技进步和贸易发展的拐点已经出现。大变革有明显的特点：一是贸易的发展形成全球市场，资源的掠夺血腥残酷；二是科技的发展使人才作用突出，知识成为经济；三是海洋的重要性日益彰显，太空等空间领域日渐成为争夺的对象；四是民族矛盾上升，种族利益凸显，宗教矛盾激烈，文明形成冲突；五是国家的作用越来越明显，外交成为重要手段，战争成为解决争端的暴力手段，国家战略、国家安全、文化软实力成为国家竞争的重要问题。你有你的梦想，他有他的志向。你要双赢，他要独霸。人心不足蛇吞象，各有各的利益，这个社会会安宁吗？

大变革，现在还在继续，而且愈演愈烈。冷战后基于金融、基因、信息、环境与气候等方面的争夺更为惨烈。利用这些手段制造杀人武器的也大有人在。各国既要和平共处，又不得不扩军备战。人类一定要同归于尽，再从野蛮人开始，进入新一轮文明吗？

随着全球化浪潮的汹涌，世界政治和经济出现了前所未有的混乱局面。针对上述问题，思想家、理论家、政治学家、经济学家纷纷给出各种理想和方案，试图解决当前的迷途困局。各种理论和方案五花八门，但主要的方向只有两个：

一是根据局部的利益，放任科技的发展和资本的扩张，控制国际社会，独霸天下。

一是根据人类发展的需要，有目的地发展科技和节制资本，国际社会治理有序，人类共享太平。

很显然，大家都认为科技的发展要用于和平建设。核武器的发展浪费了许多金钱，对人类有害无益。人们祈望第三次世界大战不要爆发，但局部战争还是时有发生，战争的方式也日新月异。甚至有人说，人工智能的发展会导致人类的灭亡。资本的扩张也是对人类生活的异化。金融大鳄操纵世界经济已为世人所不齿。然而，在各国利益面前，世界并不太平。世界大同的理想至今并没有实现。构建人类命运共同体，是正义的呼声，必将得到各国人民的理解和支持。

船政文化博大精深，船政文化已成为著名品牌。船政是中国近代绕不开的话题。其改革和探索有成功的经验，也有深刻的教训，但都难能可贵，都给世人以启迪。

2018 年 10 月 13 日星期六于北京

目　录

第一篇　爱国篇…………………………………………………………………… 1

第一节　树欲静而风不止………………………………………………………… 3

第二节　看看周边海国 ………………………………………………………… 12

第三节　走在改革的前列 ……………………………………………………… 21

第四节　非常之举的尝试 ……………………………………………………… 27

第二篇　科技篇 ………………………………………………………………… 39

第一节　高位嫁接契合科技发展 ……………………………………………… 41

第二节　中华发轫之始 ………………………………………………………… 48

第三节　更新换代“三步跳” ………………………………………………… 50

第四节　修造并举 ……………………………………………………………… 55

第五节　首先使用新式电器 …………………………………………………… 57

第六节　试制水上飞机 ………………………………………………………… 59

第七节　近代工业的先行者 …………………………………………………… 67

第八节　船政科技影响深远 …………………………………………………… 78

第三篇　育才篇 ………………………………………………………………… 81

第一节　求是堂艺局诞生 ……………………………………………………… 83

第二节　闽堂是开山之祖 ……………………………………………………… 98

第三节　新式教育中国化的典范……………………………………………… 111

第四篇　海权篇………………………………………………………… 119
第一节　东南大利在于水…………………………………………… 121
第二节　买来的舰队不可靠………………………………………… 127
第三节　必须自己造船育才………………………………………… 131
第四节　甲午海战后的呐喊………………………………………… 136
第五节　必有海权乃安国势………………………………………… 141
第六节　爱国自强要有民族气节…………………………………… 146
第七节　海军宿将令人崇敬………………………………………… 149

第五篇　留学篇………………………………………………………… 157
第一节　窥其精奥宜置庄岳之间…………………………………… 159
第二节　活跃的职业外交家………………………………………… 164
第三节　扬起世界文学风帆………………………………………… 170
第四节　诞生启蒙思想家…………………………………………… 174
第五节　第一部研究汉语语法的著作《马氏文通》 ……………… 180
第六节　译界圭臬报业先锋………………………………………… 182

第六篇　门户篇………………………………………………………… 185
第一节　船政与闽台“三位一体” ………………………………… 187
第二节　巡台与善后治理…………………………………………… 192
第三节　东洋终须一战……………………………………………… 212
第四节　霸占琉球割断太平洋通道………………………………… 214
第五节　尚未统一的台湾…………………………………………… 217

第七篇　探索篇………………………………………………………… 219
第一节　船政探索坚定而多方位…………………………………… 221
第二节　船政的探索是深刻的……………………………………… 227
第三节　关于中国社会的几个问题………………………………… 233
第四节　关于建设现代国家的几个问题…………………………… 236

第五节 中国要走什么道路的问题…………………………………………… 242
第六节 船政学子的强国梦…………………………………………………… 248
第七节 中华文化耐久无弊，要坚持文化自信……………………………… 251
第八节 教训同样难能可贵…………………………………………………… 252

后 记…………………………………………………………………………… 257

第一篇 爱国篇

船政是自强运动的产物，但其意义远远超过运动本身。

中华民族精神内涵丰富。自强不息、厚德载物、修齐治平、知行合一和仁义礼智信等，激励中华儿女志存高远，发奋图强，以“先天下之忧而忧，后天下之乐而乐”的崇高理想，“天下兴亡，匹夫有责”的社会忧患意识，“苟利国家生死以，岂因祸福避趋之”的爱国情怀，激发“为天地立心，为生民立命，为往圣继绝学，为万世开太平”的历史使命感。面对大变革，有识之士想到的是爱国自强，船政做的、想的也是爱国自强。船政精神首先就是爱国自强的民族精神。

第一节　树欲静而风不止

鸦片战争后，中国国门被迫打开。突如其来的变局打乱了天朝的正常秩序。朝野惊呼这是“三千年未有之大变局”。表面上，列强们打开了中国国门，使人们看到坚船利炮和大海，实质是全球战略下的利益之争。

图 1－1　1881 年的厦门德国领事馆和共济会大楼（汤普森拍摄）

一　国门被迫打开

《亚洲史》称：“鸦片成了中国在 1839～1842 年被称为鸦片战争的第一次中英战争中与海上野蛮人首次军事对抗的诱因”，“鸦片成为双方爆发敌意的直接原因，但背后的深层原因更为主要。英国和其他西方贸易国力图拥有与巨大中国市场更自由的贸易机会，他们想直接进入中国市场”。[①]

① 〔美〕罗兹·墨菲：《亚洲史》，海南出版社、三环出版社，2004，第 371 页。

以英国为主的外商们除大量推销与民众日常生活密切相关的商品外，还无耻地向中国走私鸦片，大量掠夺中国的白银。在19世纪初的20年中，平均每年输入鸦片4000余箱；到了1838～1839年已激增至近40000箱。道光十八年（1838），鸿胪寺卿黄爵兹提出严禁之议时说，“仅广东一口，岁漏银三千余万两，以中国有用之财，填海外无穷之壑”。国内沉于烟瘾者众，上自王公大臣，下至黎民百姓，均有吸食者，为害甚烈。

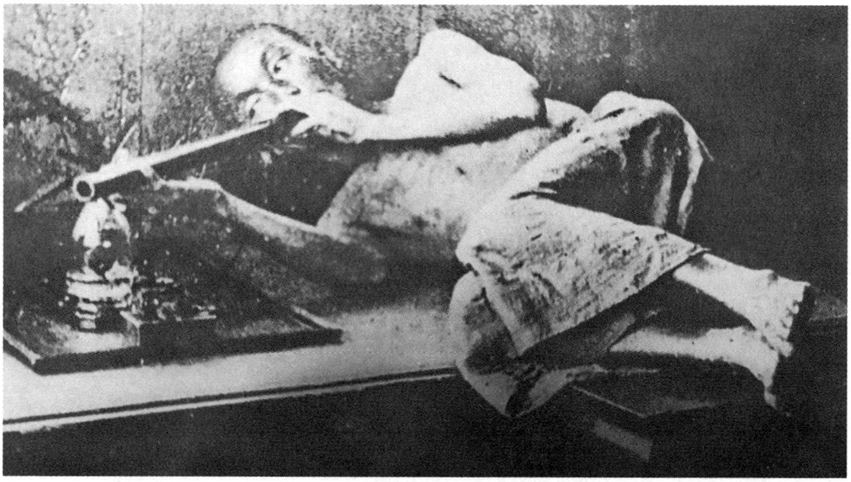

图1－2　吸食鸦片的中国人（汤普森摄于1865年）

1838年间，道光皇帝派湖广总督林则徐到广州实行禁烟。林则徐洞察英人虽外表声势显赫，但也有理短胆怯、劳师困顿等弱点，准确地估量了敌人的力量，“责令夷人将趸船所有烟土尽行缴官”，并把它“销除净尽”，从英人手中收缴鸦片21306箱，在虎门销毁。从1839年6月3日开始至6月25日完毕，共销毁鸦片2376254斤，取得了禁烟运动的初步战果。但英帝国主义并不死心，北上挑衅，终于在1842年8月29日，逼迫清政府签订了《南京条约》。从此，中国在西方列强的威胁之下被迫签订了一系列不平等条约。

二　海洋时代到来

中国是一个海陆兼具的文明大国。海岸线长，海域管辖面积广。

中华民族原始先民们在旧石器时代就创造了原始的水上交通工具筏子，继而“编木为筏”、“刳木为舟，剡木为楫”，“以海为田”，靠海洋补充食物，与海洋打交道。中国是世界上最早开始航海活动的国家之一。

海洋，哺育着中华民族的丰富智能，创造了灿烂的海洋文明。在以洋流、季风与人力为航海动力的时代，无论在船只建造的规模，还是在航海能力、航海技术的掌握方面，中国都创造了木质帆船时代的典范。在商代就诞生了以加工材料建造的木板船；在春秋战国时期，出于水战的需要，建造有“大翼”“中翼”“小翼”“突冒”“楼船”“桥船”等古战船。秦国，集六国造船技术之大成，建造了“艑”“艇”“舲”“舫”“斗舰”“斥候”等轻舟巨舸，通江达海。汉唐继之又有所发展。宋元明时期，无论是内河船还是航海船，都有了一定的制式，同时指南针开始应用于航海。“福船”、“广船”和“沙船”成为航海三大船型，其中以大的“福船”最具代表性。

但遗憾的是，中华民族对海洋的重视和开发利用，只停留在帆船时代。欧洲的工业革命为世界航海业带来了蒸汽发动机技术，航海事业从此进入蒸汽动力时代。欧洲的坚船利炮也成为各国竞相模仿的技术。

1807 年，美国发明家富尔顿（1765～1815）建造的蒸汽轮船开始从事纽约与阿尔巴尼之间的客运，从而成为世界上第一艘投入商业营运的轮船。早期轮船，由装置在轮船两侧或尾部的“明轮”推进。19 世纪 30 年代，欧洲人又发明了螺旋桨，使造船史进入到一个全新的阶段。螺旋桨在水面上无法看到，所以又被称为“暗轮”。据考证，驶入中国的第一艘轮船是宝顺轮①。

随着鸦片的汹涌侵入，外国来华船舶频繁地驶进广州、上海、厦门、福州、宁波等口岸，应运而生的是外商在各通商口岸开办修造船厂。率先创办

① 根据《劳氏英国及外国船舶年鉴》记载，宝顺轮是由螺旋桨推进的。1855 年宝顺轮刚到宁波时，在宁波生活的玛高温称其是“螺旋桨轮船”（Screw-steamer）。浙江图书馆所藏《浙东镇海得胜图》、北京大学所藏《浙江镇海口海防布置战守情形总图》、安徽省博物馆所藏《甲申浙东海防图》所绘宝顺轮图画，并无明轮。

船坞的是大英轮船公司驻广州的代表约翰·柯拜，于道光二十五年（1845）在广州黄埔长洲开办柯拜公司，雇用一批中国人替大英轮船公司等几家轮船公司修理船只。同年，英国人在福州马尾山麓下的中岐和厦门两地各设立船舶制造厂。

图 1－3　1889 年的闽江古桥

近代造船工业是世界各主要国家科技水平乃至综合国力的体现。中国近代工业，发端于 19 世纪 60 年代，以造船工业为先导。随着西方列强以其坚船利炮轰开中国大门，中华民族面临的灾难日益加深，清王朝统治阶级内部的有识之士开始推动“师夷长技以制夷”的自强运动，来回应“铁甲船时代”的到来，利用官办、官督商办、官商合办等方式发展近代造船工业，以增强国力。最早的官办船舶建造机构是同治四年五月初二日（1865 年 5 月 26 日）李鸿章在上海创办的江南机器制造总局，开始试造轮船；最有影响的是同治五年六月初三日（1866 年 7 月 14 日）闽浙总督左宗棠在福州马尾创办的船政，引进外来科学技术。随后各地方大员先后在广州、天津大沽、旅顺、上海等地创办船坞，建造轮船。

三　民族矛盾上升

鸦片战争后，民族矛盾上升，外国资本主义与中华民族的矛盾已成为各种社会矛盾中最主要的矛盾。当时，关心社会的学者、思想家们也试图解决社会的矛盾。他们开始抛弃夜郎自大的陈腐观念，关注世界，探索新知，关心时局，寻求强国御侮之道，掀起了向西方学习的新思潮。

清朝的统治，完成了“华夷一家”的大一统。当时，清政府的皇亲国戚都是满族人，而臣工中大部分是汉族人，自强的实施主要是依靠这些人。奕䜣是道光第六子，1853～1855 年间担任领班军机大臣，负责与英、法、俄谈判。在与列强的谈判中，他尝到了国家孱弱的滋味。1861 年，咸丰过世，奕䜣与两宫太后联合发动辛酉政变，从而成为“同治中兴”的实权人物。在地方有曾国藩、左宗棠、沈葆桢、李鸿章等汉族封疆大吏。一大批著书立说的知识分子以及一批渴望采用先进生产技术的民间工商人士，大多是汉族人。这次自强运动，是一次自觉的行动，以满族和汉族为主要推动力量。

许多学者把维护清朝统治与中华民族的振兴混为一谈，认为没落的封建主义行将就木，“自强”无非是大地主阶级让清政府苟延残喘而已，洋务运动最终是失败的。有的学者从质疑“洋务运动”一词开始，到“制人民有余、御外侮不能”的半殖民地官办近代军事工业为止，强调的多是洋务运动的失败。从中我们可以看到大多数学者对洋务运动是持鄙视态度的。若我们从民族复兴的视角来看洋务运动的作用，其实船政的所作所为显然是值得称赞的。

面对三千年未有之大变革，中华民族走在十字路口，该怎样应对呢？显然是朝野必须思考的问题。无视这一时期国人的探索，无视这一时期民族自强的奋斗，显然是不对的。

四　宗教危机突出

公元前后，佛教传入中国①。传入中国后，皇室即组织高僧进行翻译。

① 佛教传入中国的确切年代尚无定论，说法颇多，但一般认为是东汉永平十年，汉明帝派遣使者至西域广求佛像及经典，并迎请迦叶摩腾、竺法兰等僧人至洛阳，在洛阳建立第一座官办寺庙——白马寺，并于此完成我国最早传译的佛典《四十二章经》。

唐朝，又有玄奘法师到印度佛教中心那烂陀寺取经。随后佛教大小乘各派的主要经典逐渐被翻译过来。此时，各大宗派高僧辈出，佛教的辉煌与隋唐的盛世交相辉映。世界佛教的中心也逐渐转移到了中国，佛教也渐为世界性宗教。

佛教传入后，就和本地的宗教发生摩擦，但最后的结果是佛教中国化。佛教中国化后，儒释道三教合一，成为中国文化的一部分。2 世纪，民间有种说法，说佛不过是老子的弟子，老子出关后，不知去向。道家中人就以此编了故事，说他到印度去了，教了佛和许多弟子，有 29 位之多。但随着佛教教义的翻译著作逐渐增多，人们对佛教和道教的不同也慢慢有所理解。

基督教的传入也一样。唐代，有聂斯脱里派的基督教传入。传入后被称为景教①。景教传入后，逐步在中国演化，到明代已经衰微。

儒释道对景教都有影响。景教积极宣扬帝王功德，赞美唐太宗为“赫赫文皇”，赞美高宗、玄宗等，推崇祖先崇拜。景教采用许多佛教术语，如慈航、大德、法王、慈恩、功德、施主、救度无边等。其典籍也多模仿佛经形式，用语多与佛经相仿。其教义还常常采用道家用语，如湛寂常然、虚而不盈、无欲无为、能清能静，“真常之道，妙而难名，功用昭彰，强称景教”等，甚至称基督教“天主”为“天尊”。可见中华文化对外来文化有着强大的同化功能。

但是，鸦片战争后，宗教矛盾突出，其表现是教案频发。教案已经成为列强入侵后伴生的现象。晚清时期，民众与教民的冲突，实质上是外国势力借传教干预中国政治的严重事件。外国势力借传教分裂民众，染指基层政治，企图按外国势力的教义颠覆传统思想，达到颠覆政权的目的。教民则借宗教保护自己，并以外国势力自居，与官府形成对抗。典型的有不参与民间活动，不交份子钱等。

晚清教案频发，且烈度颇高，引发信仰危机，激化社会矛盾。当时国人因社会角色、地位和具体生活环境不同，相关群体和个人对教案的反应也不

① 景教，起源于叙利亚，是从东正教分裂出来的基督教教派。景教，被视为最早进入中国的基督教教派。

同。郭嵩焘说："夷人之与中国交涉者，一曰商，一曰教，一曰兵，三者相倚以行，而各异用。"严复说："其教宗夙以争政权、握利柄为二大事。要结官吏，争执产业，袒护徒党，以必胜为期，其长技矣"，"西人传教一事，若不早为之所，将终为吾国之大灾"。一些国人对教案形成共识，认为它侮吾学、挠吾政、侵吾教、诱坏吾民，深可危。

五 宗藩关系解体

面对大变革，中国与周边国家形成的宗藩关系也发生变化。宗藩关系，是周边一些小国家和中国达成的一种默契。周边一些小国家为了自身安全和经济政治利益而向宗主国中国称藩纳贡，而宗主国则对其加以册封，赐予印信。这种宗藩关系，有利于地缘政治的维系和稳定。通常情况下，宗主国采取一种"王者不治夷狄，来者不拒，去者不追"的态度对待周边小国家，原则上不干涉藩属国的内政。中国统治者以地大物博的天朝上国自居，总是以薄来厚往的原则接纳朝贡者。这种宗藩关系，和列强弱肉强食的国际关系有着本质的区别。西方宗主国与殖民地之间是控制与被控制、掠夺与被掠夺的关系，是压迫与被压迫、剥削与被剥削的关系。

明清之际，清廷重构宗藩关系，虽发生过武力征讨，但基本上采取的是温和的怀柔政策。《清世祖实录》载，顺治、康熙时期东至使鹿（大兴安岭等地）使犬（库页岛等地），西至厄讷忒黑、吐鲁番，北至喀尔喀（沿河地名，属漠北地区，今发展为外蒙古）、鄂罗斯（今俄罗斯），南至琉球、暹罗（今泰国）、荷兰、西洋诸国。清政府已基本上重构了中外宗藩关系的旧格局。

面对国际局势的变化，清政府不得不放弃"王道政治"，直面自己的内部问题，力图建立近代国家。对于藩邦受到列强侵害，清政府已经无力救助，于是宗藩关系淡化，其体制逐渐解体，导致乱局出现。1894 年，甲午中日战争以后，中国的最后一个藩属国琉球为日本吞并，清政府建构的宗藩关系解体，最终退出了历史舞台。

伴随着西方资本主义的东渐，殖民体系、条约体系成为国家关系的主要形态。

六　文明冲突明显

18 世纪后期，英国资本主义经济已有相当发展，谋求取消清政府在对外贸易中的种种限制，以便开拓中国市场，成了英商的选择。乾隆五十二年(1787)，英国派遣凯思卡特为使臣，前往中国交涉通商事务，不幸中途病亡。乾隆五十七年（1792)，英国又派遣马戛尔尼使团访华，名义是为乾隆皇帝祝寿。

《中国近代史》这样描述："1792 年 5 月 3 日，他被正式委命为'大不列颠国王特命全权派驻中国皇帝大使'。为增加他使命的隆重性，马戛尔尼还被加封了枢密大臣头衔和子爵封号。"①

1792 年 9 月 26 日，使团从伦敦出发，内中共 84 名成员……使团也为中国宫廷准备了琳琅满目的礼品，价值 15610 英镑……马戛尔尼受命尽一切可能收集有关中国的思想、政治、军事、社会、经济和哲学等情报，此外还应达到六项具体的目标：

> 1. 要求中国在茶叶和生丝产地及毛纺织品消费区域，割让一至两块土地，使英国商人可以在那里居住，并可以实行英国的司法管辖权。
> 2. 谈判一项商务条约，以便尽可能地把贸易扩展到整个中国。
> 3. 清除广州现存的种种弊端。
> 4. 唤起中国对英国产品的兴趣。
> 5. 安排在北京设置外交代表。
> 6. 使日本、交趾支那和东方群岛对英国贸易开放。②

中国社会科学院历史研究所研究员吴伯娅在《马戛尔尼使团访华》一文中说道：

① 〔美〕徐中约：《中国近代史》，世界图书出版公司，2008，第 122 页。
② 〔美〕徐中约：《中国近代史》，世界图书出版公司，2008，第 123 页。

特使马戛尔尼是一位有经验的外交官和殖民主义的老手，曾任驻俄公使，与俄国签订了十分有利于英国的商务条约。以后又历任格林纳达总督和英属印度马德拉斯总督。副使斯当东是马戛尔尼的挚友，有从事殖民外交的丰富经验。使团其他成员也都是各种专家，其中有哲学家、医生、机械专家、画家、制图家、植物学家、航海家以及有经验的军官。此外，还有东印度公司的职员和大量军事人员。

使团乘坐的船只和携带的大批礼物都是经过精心挑选和特意制造的。这艘“狮子号”炮舰，装有64门大炮，是当时英国第一流的军舰。使团携带的礼物除一部分是投中国皇帝之所好外，更多的是为了显示英国的科学技术，如天文地理仪器、乐器、钟表、车辆、武器、船只模型等。

对于祝寿，清政府当然欢迎。乾隆皇帝当下就连颁数道谕旨，1793年7月24日下达第一道谕令。8月1日又下一道谕令。并亲自确定接待方针，破例允许使团从天津上岸，免费提供食物。朝廷每天拨出5000两银子接待。逗留京城期间每天1500两。派钦差大臣征瑞，亲赴天津接待英国使团。

外交礼节的不同成为文化冲突的第一道难关，如果按清政府的礼节，必须行三跪九叩之礼，如果按英国的礼节，就行单膝跪地之礼并亲吻君主之手，二者显然不同，但总是要觐见的。最后，乾隆皇帝同意单膝跪地之礼，免了亲吻君主之手的英国礼节。但和珅的奏折说是行了三跪九叩之礼。

英国使团的目的并非祝寿，而是要求使臣驻京和扩大通商。马戛尔尼与和珅谈判后，于10月3日写了新六条，要求允许英商到宁波、舟山和天津贸易；准许英商在北京设立商馆；将舟山附近一处海岛让给英国商人居住和收存货物；在广州附近划出一块地方，任英国人自由来往；英国商货自澳门运往广州者，享受免税或减税；确定船只关税条例，照例上税，不额外加征。这些要求有一些是合理的，也有一些带有殖民性质，可以区别对待，但清政府一概拒绝。清政府认为祝寿已经结束，任务也就完成了。

英国使团要求谈判遭到拒绝，马戛尔尼一行花了78000多英镑的外交终于落幕，只好打道回府。南下时，军机大臣松筠伴送，1794 年 1 月到广州后回国。

马戛尔尼访华虽然没有达到目的，但沿途搜集了大量情报，改变了对中国强盛的看法，认为天朝“好比是一艘破烂不堪的头等战舰”。英国人敢于悍然发动侵华战争，这次情报的收集起到了至关重要的作用。

46 年后，鸦片战争爆发，英国终于用武力打开了中国的大门。

从清政府对待英国使团的态度，可以看出：对世界发生的巨大变化，清政府茫然不知；文明冲突已经显现，如何面对尚缺乏准备；是闭关锁国还是对外开放，在国家层面上毫无对策。

对外关系的着眼点决定了对外交往的态度。康乾时期，是经济国际化趋势日渐明显的时代。清政府在对外关系上采取闭关锁国的政策。对外政策的着眼点是怀柔远人、外夷归附，拘泥于三跪九叩之礼，不考虑经济利益，用朝贡代替国际贸易。乾隆皇帝在给英王乔治三世的信中说：“天朝物产丰盈，无所不有，原不借外夷货物以通有无。”清政府的对外政策，建立在天朝意识和自然经济观念之上，不会把贸易当作发展经济的途径。

1816 年 8 月，英国又派前印度总督阿美士德勋爵出使中国，但也没有达到目的，于是英王便考虑用军事手段来改变现状①。

今天，对外关系已成为国家交往的重要手段，和平共处成为处理国家间事务的准则，国家战略、国家安全成为国家之间竞争的利器。

第二节　看看周边海国

在古代，由于受认识水平的局限，人们认为中国四周环海，中国位于中心，其他的国家都在海外。这种观念根深蒂固，直到明朝末年，外国传教士利玛窦带来了世界地图，中国人才知道世界很大，中国也不是处于世界的中心。即便如此，利玛窦还是改绘了他的世界地图，将中国置于地图的中央。魏源在《海国图志》中使用了“海国”这一概念，把它分为

① 〔美〕徐中约：《中国近代史》，世界图书出版公司，2008，第 130 页。

“海岸之国”与“海岛之国”，将在地域上与中国相连的国家称为海岸之国，不相连的称为海岛之国。鸦片战争后，了解海国，看看海国，成为世人热切的期盼。

一 国人痛定思痛

鸦片战争是中国历史的转折点，标志着中国旧民主主义革命时期的开始。思想观念的更新最为重要，新老观念的撞击异常剧烈。国门被迫打开，国人痛心疾首，痛定思痛。

一些有识之士开始抛弃夜郎自大的陈腐观念，关注世界，探索新知，关心时局，寻求强国御侮之道，探索中国独立、富强的途径。思想观念发生了空前的变化。向西方学习开始形成思潮。在这之前，中国人对世界并非一无所知。早在 19 世纪初，王大海的《海岛逸志》就对西洋诸国的地理、人情、风俗和技艺等做了描述。由常年在外轮上担任水手的广东嘉应人谢清高口述、黄炳南笔录的《海录》，也对西方诸国的情况加以记载。但那时，人们对于西方的了解和记录，还不是出于政治经济改革的需要。直到鸦片战争英国炮火的轰击，才惊醒了一些有识之士，促使他们以政治经济改革的需要为出发点去了解西方。这种有目的、有选择和比较有系统性的了解记录，首推 1840 年林则徐领导编译的《四洲志》。

继《四洲志》《海国图志》之后，留心洋事的著作还有，1844 年梁廷枏的《海国四说》、1846 年姚莹的《康辅枏纪行》、1848 年徐继畬的《瀛寰志略》、桂文灿的《海防要览》、梁廷枏的《夷氛闻记》、何秋涛的《朔方备乘》、林福祥的《平海心筹》、严如熤的《洋防辑要》和稍后的《中西纪事》等。

林则徐是“开眼看世界”的第一人。他在总结鸦片战争的教训时，认为“器不良”“技不熟”是重要原因，而取胜的八字诀则是“器良技熟，胆壮心齐”，并说：“剿夷而不谋船炮水军，是自取败也”。林则徐把“船炮水军”提高到“驱剿外夷”“舍此易济”的高度来认识，认为“不论造船制炮以及练兵，均应以师夷长技为原则，因不论船炮，夷人均较我为优”。在他主持编译的《四洲志》中还写道：英国“技艺灵巧。纺织器具俱用火轮、水轮，亦或用马，毋须人力”，法国“精技艺，勤贸易，商船万四千五百三十”，而俄国“及至比达王，聪明奇杰，离其国都微行，游于岩氏达览等处船厂、火器局，讲习工艺，旋归传授，所造火器战舰，反优于他国。……造至近日底利尼王攻取波兰国十部落，又击败佛兰西国王十三万之众，其兴勃然，遂为欧罗巴最雄大国”。上述对英法技艺器具的肯定和对彼得大帝学习西方技艺以致强的论述，表明林则徐等许多有识之士已认识到：中国要摆脱落后挨打的局面，就必须学习西方先进的科学技术；而学习之首，就是船炮。这也就是“师夷长技”的思想。据魏源《道光洋艘征抚记》记载，林则徐曾奏言：“自六月以来，各国洋船愤贸易为英人所阻，咸言英人若久不归，亦必回国各调兵船来与讲理，正可以敌攻敌。中国造船铸炮，至多不过三百万，即可师敌之长技以制敌。”并自请“戴罪效力”，“必能殚竭血诚，克复定海，以慰圣廑”。

二　心血凝成图志

魏源（1794～1857），名远达，字默深，湖南邵阳人。道光进士，官至知州。学识渊博，著述很多，主要有《书古微》《诗古微》《默觚》《老子本义》《圣武记》《元史新编》《海国图志》等。《海国图志》是其中有较大影响的一部。魏源随父进京，和林则徐、龚自珍等爱国志士交往甚密，经常议论时政。由于魏源富有朝气、思想出格，在功名场上很不得志，大部分时间主要从事写作。

中英第一次鸦片战争爆发后，魏源入两江总督裕谦幕府，并到定海前线参谋战事。1841 年 8 月，在镇江，魏源遇到了因禁烟被革职的林则徐，两人促膝长谈。当时林则徐曾主持编译了《四洲志》，介绍世界五大洲 30 多个国家的地理、历史和政治状况。魏源受林则徐嘱托，立志编写一部激励世人、反对外来侵略的著作。他以林则徐主持编译的《四洲志》为基础，广泛搜集资料，1842 年（道光二十二年）编写成《海国图志》50 卷。此后，他对《海国图志》一再增补，1847 年（道光二十七年）刻本扩为 60 卷，随后，又辑录徐继畬在 1848 年（道光二十八年）所成的《瀛寰志略》及其他资料，于 1852 年（咸丰二年）刊行于世。全书已达到 100 卷。《海国图志》叙述世界各国的历史和地理，主张学习西方的科学技术，对当时思想界影响深远，是一部具有划时代意义的巨著。梁启超在《清代学术概论》中盛赞该书，说“治域外地理者，(魏）源实为先驱”。

魏源的《海国图志》阐述了“师夷制夷”的主张。魏源自问，是书何所据？一据前两广总督林尚书所译西夷之《四洲志》，再据历代史志，及明以来岛志，及近日夷图、夷语，钩稽贯串。又问，是书何以作？曰：“为以夷攻夷而作，为师夷长技以制夷而作。”写书的目的，就是了解“夷情”，帮助人们习其“长技”，以抵御外侮。给那些把西方先进的科学技术视为“奇技淫巧”的人，以一猛掌。魏源说，“有用之物，即奇技而非淫巧”。对付外国侵略者，不能“舍其长，甘其害”，而必须“塞其害，师其长”，“善师四夷者，能制四夷”。他认为“夷之长技三：一战炮，二火箭，三养兵”，提出制造船械、聘请夷人、设水师科等设想，认为可以“行取佛兰西、弥利坚二国，各来夷目一二人，分携西洋工匠到粤，司造船械，并延西洋柁师，司教行船演炮之法，如钦天监夷官之例。而选闽粤巧匠精兵以习之，工匠习其制造，精兵习其驾驶攻击。……而尽得西洋之长技，为中国之长技”，“使中国水师可以驶楼船于海外，可以战洋夷于海中”。魏源还意识到“师夷”“制夷”，不能仅限于军事，而应该是多方面的。因为“夺造化，通神明”的西洋器械，“无非竭耳目心思之力，以前民用”，“因其所长而用之，即因其所长而制之”，更多的应该是在“民用”方面。他设想引进西方技术所建造的船厂，不仅是造军舰，更要制造商船。这样，一方面有利于航运的发展，另一方面可使船厂长期兴旺不衰，因为“战舰有尽，而出鬻之船无尽”。军事工厂，照样可以制造民用器械，“量无尺、千里镜、龙尾车、风锯、水锯、火轮机、火轮舟、自来火、自转难、千斤秤之属，……皆可于此造之”。最可贵的，是魏源还提出培养新式人才的设想。他认为发展近代工商业，必须有相应的新式人才，而原来的科举取士显然不能适应这一需要。他主张学习西洋“专以造船驾舶、造火器奇器取士抡官”的办法，“今宜于闽、粤二省，武试增设水师一科，有能造西洋战舰、火轮舟，造飞炮、火箭、水雷奇器者，为科甲出身”。他相信，抓紧培养新式科技人才，必能促进近代工商业的发展，必能“风气日开，智慧日出”，“东海之民犹西海之民”矣。

林则徐提出“师敌制敌”，魏源提出“师夷制夷”。他们的主张已经被国人接受，也付诸实施，但结果如何呢？100多年过去了，“师夷”和“制夷”的历史使命，都不能说已经完成。

三 《海国图志》在日本畅销

魏源的《海国图志》在国内并不畅销，东渡日本后却受到很多读者的关注，成为畅销书。

《海国图志》百卷本，除了以《四洲志》为基础外，先后征引了历代史志14种，中外古今各家著述70多种，另外，还有各种奏折十多件和一些亲自了解的材料。应当注意的是，其史料来源还有外国人的著述，如《外国史略》《地理备考》等20多种著作。书中征引中外古今近百种资料，系统地介绍了西方各国的地理、历史、政治状况和许多先进的科学技术，如火轮船、地雷等新式武器的制造和使用。所记各国气候、物产、交通贸易、民情风俗、文化教育、中外关系、宗教、历法、科学技术等，向人们提供了80幅全新的世界各国地图，又以巨大篇幅详叙各国史地。这样，使读者通过《海国图志》这一望远镜，开眼看到世界。既看到了西洋的“坚船利炮”，又看到了欧洲国家的商业、铁路交通、学校等情况，不仅看到各国的经济，也看到各国的政治。这让读者十分好奇，对想了解世界各国历史地理情况的，更是雪中送炭、一场及时雨。魏源还在书中提出“以守为战”“以逸待劳”“诱其深入”“坚壁清野”“出奇设伏”“水陆夹攻”“草木皆兵”等战术原则，这使爱好军事的人们十分钦佩。当时，日本有个叫鹫津毅堂的人，读了魏源的著作后，就在他写的《圣武记采要序》中说：“海防之策莫善于是篇。”

1854年，日本翻刻了《海国图志》60卷本，很多日本人争相购读。日本学者井上靖在《日本现代史》中说过：“幕府末期日本学者文化人等，……例如，横井小楠的思想起了革命，倾向开国主义，其契机是读了中国的《海国图志》。”

日本倒幕运动一浪高过一浪，维新潮流日趋高涨，1868年推翻了幕府统治，酿成了著名的明治维新运动。魏源《海国图志》在介绍和传播西洋情形与一般近代文化，在影响日本维新运动的发展上，功不可没。梁启超在《论中国学术思想变迁之大势》中指出，《海国图志》对日本明治维新产生了巨大影响。

四　以国家理由发展海运

明代，漳州诏安人吴朴提出以“国家理由”发展海运，具有海权立国的启蒙思想，却因“议海禁”而入狱。他著有《渡海方程》《龙飞纪略》等书。《渡海方程》于嘉靖十六年（1537）首印，是我国首部刻印的既有国内南北海道又有东西洋海道的水路簿。该书比欧洲第一本水路簿《意大利口岸簿》早了47年。吴朴认为，福建“实华夷之要”，是南北海上交通路线之中心，要以国家理由经营海运。《渡海方程》为我国最早发现、命名岛屿和沙洲，并为其提供法理依据的重要文献。它证明至迟在明朝，我国已发现、命名“钓鱼屿”和“赤坎屿”（即今天的钓鱼岛、赤尾屿等一些岛屿），并用于航海和渔业。《渡海方程》被誉为“定海神针”，出版前后被辗转传抄，改名为《顺风相送》《指南正法》《海道针经》《郑和航海图》等，对明清时期海上交通发挥了重要作用。

要不要经营海洋，一直是中国统治者考虑的问题。朝贡和禁海，是根据统治者的需要而采取的政策。朝贡贸易使国家退出远海海权，海禁政策使国家退出近海海权。而葡萄牙、西班牙、荷兰及英国等国，则以国家的力量经营海洋，以武力确立殖民。领海是指沿海国主权管辖下的海域，是国家领土的组成部分。1608年，荷兰法学家格劳秀斯提出领海问题。1982年，联合国《海洋法公约》确定各国领海为12海里。领海概念传入中国之前，中国对管理的海域已有了划分，一般分为内洋与外洋。清代将其划分为三个部分：一是靠近大陆海岸或岛岸的为内洋，它以一些小岛为标志，由沿岸州县和水师官兵负责管辖。二是内洋以外的海洋，称为外洋，以距离中国海岸、岛岸最远的岛礁为标志，委派水师官兵巡视管理。三是外洋以外的海洋，称为大洋、深水洋或黑水洋，这部分海域类似于现代的公海。清朝入关后，顺治帝对于海洋持有较为审慎的态度，对盘踞沿海岛屿的郑成功势力采取“迁界”政策。但同时也给沿海地区的民众造成了经济上的巨大损失。康熙帝对海洋的认识较有远见，他看到了海洋的价值，实行推进民众海上活动及海外贸易的政策，使海上活动呈现出积极和活跃的局面。

五　明代下西洋与《船政》一书

明代，海禁之前，人们对大海是有相当的认识的，而且喜欢亲近它。1405年，郑和就奉命下西洋。随后的28年间，他统率舟师七下西洋，访问亚非30余国，“其规模之大，人数之多，范围之广是历史上所未有的”，被孙中山誉为“超前轶后之奇举”。郑和下西洋是和平之旅，主旨是“宣德化而柔远人”。

我国海岸线长，港汊和岛屿多，上古时代华夏民族就与大海结下了不解之缘。“古者观落叶因以为舟”（刘向《世本》），“古人见窾木（中空的木头）浮而知为舟”（《淮南子·说山训》）。《周易》记述“包荒冯河”，《淮南子·物原》说“燧人氏以匏济水，伏羲氏始乘桴”，《易·系辞下》说，“伏羲氏刳木为舟，剡木为楫，舟楫之利，以济不通”。甲骨文就有“舟”字，说明实物比这更早。河姆渡出土的雕花木桨和陶舟、舟山群岛出土的陶器、环渤海湾出土的文物，证实了中国7000年前就已出现了舟楫。20世纪70年代，美国地质打捞队在加利福尼亚南部浅滩发现石锚，经鉴定是古代中国航海船只遗留下来的。南岛语系的研究、粳民的研究以及新近的考古发现，也说明先民早已跨洋过海，掌握了航海技术。

随着舟船的发展和壮大，造船规范、安全检查、船队编制、舟船调度、船员训练等成为必要，相应的组织和管理就成为必然。于是，管理这些船舶的事务应运而生。管理事务的首要职能就是技术规范，确保安全。西周就设有主管舟船的舟牧。《礼记》记有“命舟牧覆舟，五覆五反”。说检查了五遍，确信没问题了，才让天子乘舟。这是有记载的最早的船检制度安排。

据《竹书纪年》记载，“帝芒十二年，命九夷东狩于海，获大鱼”。说明古代就组织船队到较深的海域捕鱼。公元前1027年牧野之战，周武王率300乘战车和45000名甲士，联合其他部落伐商。参战军队由47艘大船运送，在孟津渡过黄河。《文献通考》记载：“用舟师自康王始”。楚康王以舟师伐吴，俘吴之王舟。这次吴楚长江水战是历史记载最早的水战，发生在公元前549年夏天。

吴王夫差十一年（公元前485），“徐承率舟师，将自海入齐，齐人败之，吴师乃还”。这是春秋时的吴齐黄海海战，是我国历史上有记载的最早的海战。有了舟师，就有了舟师编队、船上编制、训练水军以及发展战舰的需要。据《吴越春秋》《越绝书》等记载，越国就已经拥有戈船、楼船、大翼、中翼、小翼、突冒、篙船等组成的完整舰队。

到了郑和下西洋，舟师已十分完备。郑和（1371～1433）被誉为“海上之巨人”（梁启超语），是“历史上最早的、最伟大的、最有成绩的航海家”（吴晗语）。郑和下西洋被誉为世界古代航海史上的创举。郑和“比哥伦布（1451～1506）发现新大陆早87年，比迪亚士（1455～1500）发现好望角早83年，比达·伽马（1460～1524）发现新航路早93年，比麦哲伦（1480～1521）到达菲律宾早116年”。

七下西洋后，海禁变本加厉。海禁一直是明政府对海洋的基本政策，不仅远洋性质的海外民间贸易被禁止，明政府甚至不容许百姓从事捕渔业及沿海贸易。明清海禁，严重抑制了海洋经济活动。人们不得不在犯禁的情况下，寻求突破。而首先敢于犯禁的是地方豪强，他们见海上贸易有厚利可图，故铤而走险。漳州、泉州地区因官府管辖薄弱，成为海上走私猖獗之地。当时“寇盗充斥，龙邑鞭长不相及”。明代中后期，福建沿海的海商改变了以往被动消极的态度，冲破政府的禁令，积极地参与海上贸易活动。其中尤以漳州、泉州二府的居民最为活跃。位于诏安的梅岭港，成为重要的海运港口，其后在漳州城东南50里的月港，也逐渐从明初甚为荒凉的小洲发展到成弘年间走私海商聚集的重要港口。漳州耕海人，“或出本贩番，或造船下海，或勾引贼党，或接济夷船”。

明代嘉靖年间兵部车驾司编写有《船政》一书①。该书不分卷，成书于

① 《船政》一书，藏于浙江宁波的天一阁。天一阁藏书楼由明嘉靖年间兵部官员范钦（1522～1566）创建，是中国最早的大型藏书馆。《船政》一书是南京兵部车驾司于1546年（嘉靖二十五年）抄刻出版的官方档案文书，汇集了嘉靖二十一年至二十五年南京兵部所辖船厂的船政管理文档的专业书籍。书中记载了许多有关船政管理、检验规范和船样复查等方面的内容。编撰此书的车驾清吏司，是明清时期兵部下设的掌全国马政及驿传等事务的军事机构，设郎中3人、员外郎4人、主事2人、笔帖式若干人、经承6人。兵部车驾司掌管所辖地区的军船厂。

嘉靖二十五年，嘉靖刻本，三册，九行二十字，白口，左右双边。该书未见其他版本著录，应为海内孤本。该书记载嘉靖年间船政典章制度沿革变化以及船的发展状况，奉旨汇集历年管理船政题例文卷编纂刊行，具有档案文书的性质，是明代船务管理的第一手资料，弥足珍贵。更引人注目的是，卷首刊有两幅船的图式，不同于明代史籍中载有的各种船图。那些图都是一些示意图，并不是严格的技术图样，而在这两幅图式上，全船各部位直接标注着用料尺寸，既为南京兵部车驾司所刊布，应是迄今所见的明代部颁造船图式，具有官方权威性，为我们今天复原古代船舶提供了十分具体和精确的原始资料，有着很高的史料价值。

造船图式是兵部刊布，而不是工部刊布，可见当时，官方就把官船的造船规范和监造视为军事管理范畴。因此，清代官方沿用“船政”这一概念，令总理船政事务衙门设局造军事船舰、办学培养军事人才和整顿旧式水师，以强国强军就不足为怪了。

六　洋务运动兴起

“师夷长技以制夷”的思想，催生了19世纪60年代发展起来的洋务运动。

第二次鸦片战争的失败，使更多的中国人觉醒了。不同出身、不同地位的人，在学习西方先进科学技术和思想文化的共识下聚集起来，形成了一股强大的政治势力——洋务派。在中央以恭亲王奕䜣、大学士桂良、户部左侍郎文祥等权贵为代表，在地方有曾国藩、左宗棠、李鸿章、沈葆桢等封疆大吏，洋务派还拥有一大批为革新著书立说、大造舆论的知识分子，以及一批渴望采用先进生产技术的民间工商人士为他们摇旗呐喊。他们适时地登上政治舞台，在19世纪60~90年代掀起了一场蓬勃的洋务运动，推进了中国的近代化进程。

咸丰十年十二月初十日（1861年1月20日）清政府批准设立“总理各国事务衙门”，标志着洋务运动的开始。总理各国事务衙门是根据奕䜣等所上“通筹夷务全局折”六条章程中的首条——“京师设立总理各国事务衙门以专责成”的建议而成立的。上谕任命奕䜣和桂良、文祥等管理该衙门，其中以奕䜣为首席总理大臣。从此，奕䜣成了洋务派的首领，坐镇中央。

历史给洋务派以机会，正所谓“洋务运动适逢其会”。1861 年 8 月 22 日，咸丰帝病死热河。权力欲极强的慈禧趁机联合恭亲王奕䜣于 11 月 2 日发动了政变，消灭了肃顺集团，夺取了朝政大权。奕䜣集团和后党势力紧密配合，从此，洋务运动蓬勃兴起。

第三节　走在改革的前列

“清朝的中国不是一个富有近代色彩的国家。但是如果当时产生了一种意识将国家的利益和命运置于法律、制度或传统之上，那就可以说是走向民族主义的意识。”① 庞百腾认为，这就是当时沈葆桢的心理状态。他在《沈葆桢评传》中还说沈葆桢“认为必须实行广泛的改革才能改善中国国际地位”②。

一　自强之计

面对三千年未有之大变革，有识之士认为“天下事，穷则变，变则通”。李鸿章就这样认为，他说“窃以为天下事，穷则变，变则通”。沈葆桢引用《易经》的观点，也认为“穷则变，变则通，通则久”，唯有“善变”者，才能“持久”。沈葆桢宣称是“自强之方”。③

李鸿章在致总理衙门的函中说：“中国士大夫沉浸于章句小楷之积习，武夫悍卒又多粗蠢而不知细心，以致所用非所学，所学非所用。无事则嗤外国之利器为奇技淫巧，以为不必学；有事则惊外国之利器为变怪神奇，以为不能学，不知洋人视火器为身心性命之学者已数百年。”他不仅提出了“变法自强”的必要，而且提出了中国要“自强”，就必须跨越用手工制造机器的阶段，尽快实现从手工作坊到近代大企业生产的转化。李鸿章的意见得到了朝廷中掌握实权的恭亲王奕䜣的支持。奕䜣把此函呈送慈禧“御览”的

① 〔美〕庞百腾：《沈葆桢评传》，陈俱译，上海古籍出版社，2000，第 368 页。

② 〔美〕庞百腾：《沈葆桢评传》，陈俱译，上海古籍出版社，2000，第 368 页。

③ 〔美〕庞百腾：《沈葆桢评传》，陈俱译，上海古籍出版社，2000，第 376 页。

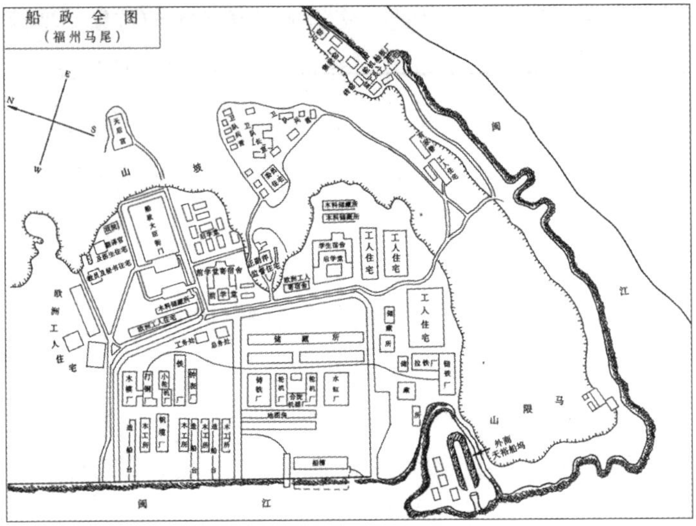

图 1－4　船政规划全图（译自日意格的法文规划图）

同时呈了一份奏疏，说：治国的根本在于自强。

慈禧很快便下谕同意了关于练兵、制器以图“自强”的方针，并令学习洋枪洋炮和各种军火机器与制器之法，“务得西人之秘”。

同治皇帝下旨说：“中国自强之道，全在振奋精神，破除耳目近习，讲求利用实际。”

沈葆桢认为，西法虽千头万绪，要权舆于算学。中法与西法派虽别而源则同，臣尝会同前督臣英桂有请设算学科之奏，部臣因无人可以阅卷议驳。然闻京师同文馆教习李善兰通西学者也，前任山西河东道杨宝臣通中学者也，倘废无用之武科以励必需之算学，导之先路，十数年后人才蒸蒸日上无求于西人矣。

《易经》说得好：“穷则变，变则通，通则久。”薛福成认为，“华夷隔绝之天下，一变而为中外联属之天下”，“世大变，则治世法因之大变”。他认为“且今日所宜变通之法，何尝不参古圣人之法之精意也”。

二　在马尾划圈试验

面对大变革，船政在马尾划圈搞试验。

为什么在马尾，而不在别的地方？

左宗棠在上奏清廷的奏折中说：“日意格七月初十日来闽后，臣与详商一切事宜，同赴罗星塔，择定马尾山下地址，宽一百三十丈，长一百一十丈，土实水清，深可十二丈，潮上倍之，堪设船槽、铁厂、船厂及安置中外工匠之所。”① “土实水清，深可十二丈”并没有什么特别的地方。但实际上，选择在马尾是有很多考量的。我在《船政学堂》一书中说：“同治五年七月（1866年8月），左宗棠到福州为船政工程选址。选址基于以下几点考虑：（1）马尾港是闽江的河口港。汉时，即以东冶港著称。闽江，是福建省第一大河，发源于闽赣边界的武夷山脉东侧，上游有沙溪、富屯溪和建溪三大支流。全长541公里，流经30多个县市，流域面积约60992平方公里，占全省面积的一半。上游三大支流至南平汇合，南平至古田溪口，称中游，以下至马江东流入海则称下游。从马尾港到闽江入海处‘五虎门’，称为闽江口，乌龙江、白龙江、琴江三江于此交汇。马尾港是内河港，离闽江口约30公里。马尾港四周群山环绕，东有龙腰山，西南有五虎山，大象山屏其南，鼓山障其北。闽江口外又有琅岐岛、马祖列岛等岛屿，为天然屏障，是避风条件好、淡水供应充足、不冻不淤的天然良港。拥有可以容纳吃水一五·六到一六·三尺船舰的泊地，可以容纳该厂设计、制造的船只，也十分适合兴建沿码头展开的工厂沿岸设施。开始时，左宗棠担心‘马尾山下土色或系积淤所致，未能径决’。后来，‘开掘取验，泥多沙少，色青质腻，知非淤成，德克碑乃信其真可用也’。（2）马尾港内涵三江，外通四海，港汊纵横，地势险要，易于防守，内部水域宽阔，适于船舰驻泊操练，历史上群雄逐鹿，是兵家必争之地，具有重要的军事战略地位。（3）福建历史上造船业发达。自远古以来，闽越人即以‘习水便舟’、‘船车楫马’著称于世。福建又是林产丰富的地方，能就近给船厂提供所需的木材，而台湾产煤炭，离此不远，所以有其造船材料多、工匠技术优秀、工人工资低廉以及所造船型适于远航等得天独厚的条件。唐代福建可造千石以上大船。宋代，福

---

① 闽浙总督左宗棠：《派重臣总理船政折（同治五年九月二十三日）》，沈岩、方宝川主编《船政奏议全编》（第一卷），国家图书馆出版社，2011，第24页。

建造船的数量与质量，皆居全国首位。（4）靠近福州，便于高级官员特别是闽浙总督的管理和监督。当时左宗棠任闽浙总督。提出设局造船，当然首选在自己管辖的地盘上，便于他监督照顾。（5）罗星塔对面的营前便是闽海关。船政经费由清政府核准在闽海关关税、厘税等项下拨付，靠近闽海关也有其便利之处。”①

图1－5　1870年的福州租界（汤姆森拍摄）

马尾港与其他港口相比，有其他港口如珠江口、长江口、黄河口都不具备的天然条件。所以左宗棠说：“福建海口罗星塔一带，开槽浚渠，水清土实，为粤、浙、江苏所无。”② 马尾港的对面就是七省门户的台湾，从政治、军事、经济、技术等方方面面考量，在这里办船政是再合适不过的了。

晚清时期，体和用之说盛行，常常用体和用之说解释物理现象，如“通信以电气为体，以吸铁气为用。”“照像之法，乃以化学之药为体，光学

① 沈岩：《船政学堂》，科学出版社，2007，第22页。

② 左宗棠：《试造轮船先陈大概情形折》，张作兴主编《船政文化研究——船政奏议汇编点校辑》，海潮摄影艺术出版社，2006，第4页。

之法为用。”[①]《闽县乡土志》记载：罗丰禄“于西学则以格致哲学为体，政治交涉为用”。可见，当时对体与用的理解五花八门，并没有确定的含义。由于有此思维定式，当接触西学时，就有“中学为体，西学为用”之说。但船政的看法不同，沈葆桢认为“今日之事，以中国之心思通外国之技巧，可也，以外国之习气变中国之性情，不可也”[②]。强调的并不是体与用的问题，而是要有国家的尊严，不能以外国的习气改变中国的性情。关于习气，我的理解是好的习气可以借鉴，坏的习气要摒弃。这里说的性情，我的理解指的是，中华文化形成的传统习惯[③]。船政学子严复认为“体用者，即一物而言之也。有牛之体则有负重之用，有马之体则有致远之用，未闻以牛之体以马为用者也”[④]！他批评“中学为体，西学为用”的命题，认为体与用是针对一物而言的，不能用牛的体求马之用。这种体用一物说，有它符合逻辑的地方。但学习西方的科技、法律、政体等，并不能用一个简单的“用”字来概括，对一个生命体而言，学习外在的书本知识，吸收外来的成功经验、博采众长，历来是提高自身素质的需要。对一个人是这样，对一个国家也是这样。

三　列强阻挠是意中之事

鸦片战争之后，以英法为代表的西方列强，利用不平等条约处处干涉中国内政。船政创办伊始，从购置机器设备到聘请洋师、洋匠，英法驻华公使就企图操控船政。他们从各自国家利益出发，既要从中渔利，又不希望中国真正强大，力图渗透控制。但船政创办者左宗棠、沈葆桢始终坚持独立自主的原则，维护国家主权。1869 年 7 月，左宗棠认为“其最要则中国人自造自驾，不致受彼族挟制”。轮船“借不如雇，雇不如买，买不如自造”。沈葆桢也指出兵船“购者权操于人，何如制造者权操诸己”。光绪二十一年腊

---

① 宜垕：《初使泰西记》，《洋务运动》（八），上海人民出版社，1961，第 263～264 页。

② 沈岩：《船政志》，商务印书馆，2016，第 304 页。

③ 习气和性情的理解，见仁见智。

④ 严复：《与〈外交报〉主人论教育书》，周振甫选注《严复选集》，人民文学出版社，2004，第 146 页。

月十三日，闽浙总督边宝泉在上呈给朝廷的《整顿船政局折》中建议，造船所需物料应“就地取资”。炼钢熔铁、大小机器，“必须潜心考究，依法仿造，自成机杼”，要做到“不常仰给于人，则权自我操，而财不外溢”。

左宗棠清醒地指出：“外国多方阻挠，乃意中必有之事，见在英国领事等屡以造船费大难成，不如买现成船为便宜，此即暗中使坏之一端。不然，伊何爱于我，而肯代为打算乎！”船政未创办之前，英国驻华公使威妥玛、总税务司赫德就先后向清政府提出《新议略论》和《局外旁观论》，“扬言制造耗费，购雇省事，冀以阻挠成议”。忽悠清政府别造轮船，企图把船政扼杀于襁褓之中。

左宗棠针对洋人技术垄断的目的，针锋相对地提出要积极引进和学习西方先进科学技术，做到中国人自己掌握造船技艺。为此，他对于自造轮船的计划制定了保密措施，规定“事前不得不密者，缘彼族险竟嗜利，有益于我之事，彼必挠之；别国有结好于我之意，彼必忌之；或以利器不可示人之说，行其间于外国；或以工繁费巨事难必成之说，行其间于中国，使我疑信相参，颠倒于彼术之中，而彼得久据其利”。为了打破外国人“久据其利”，左宗棠认为必须自己掌握造船技术和培养人才。

船政建立后，帝国主义在华势力也时加阻挠。如同治六年（1867），福州税务司美理登百计钻营入局；总税务司赫德替他到北京总理衙门活动，要求准其会办。又如同治八年（1869），法国驻福州副领事巴世栋搬弄是非，造成船政正监督日意格与副监督德克碑不睦。1869 年 9 月“万年清”号试航时，总监工达士博要求用洋人引港。沈葆桢批驳：港道非附近渔船不能熟悉，何以反用洋人引港？达士博以不用洋人引港，各员匠不肯前往，语涉挟制。沈葆桢坚决抵制，坚持用中国人引港。严正拒绝达士博的无理要求。当达士博的要求遭到拒绝后，聚众怠工。沈葆桢果断革退“不遵匠头约束”的法国工匠博士巴。达士博赴法领事馆具文控告沈葆桢“违约”，法国驻福州副领事巴世栋出面干预，要求沈葆桢收回成命，遭沈葆桢驳斥。沈葆桢说：达士博“应撤与否，本大臣必视该员匠功过为衡，即监督亦不能任意为之，与领事官毫无干涉，何得过问也”。沈葆桢在给北京的总理各国事务衙门呈文中指出：“船政与通商两不相涉，领事为通商而设，不应干预船政。”挫败了外国人干涉中国船政的企图。

此后，法国驻福州副领事巴世栋等外国人又多次以各种方式企图干涉中国船政，都因沈葆桢等人的坚决抵制而未能得逞。同年英国驻福州副领事贾禄，要侵占马尾船政厂界建筑教堂。光绪二十一年（1895），法驻华公使竟要求船政后学堂改读法文，均遭我方据理驳斥。这些事件的发生，充分暴露了他们对于中国内政的干预和主权的侵犯。

沈葆桢认为：外人之垂涎船厂非一日矣，我朝弃则彼夕取，始也以借用为言，无辞以却之也。继必于他处故启衅端，勒赔兵费，而以此为抵，枝节横生，有非意料所及者。他说：当时，左宗棠与洋将坚明约束，是各国都知道的。“今无故而废之，一则谓中国办事毫无把握，益启其轻视之心，一则谓中国帑项不支，益张其要求之焰”。

船政后期聘任的洋监督杜业尔，自称为船政代表，擅自与法国立兴洋行签订承造三艘商轮的合同，未经船政大臣允准，即先行开工，使船政遭受巨大损失。光绪二十九年（1903），会办船政大臣魏瀚上任后，鉴于前聘洋监督杜业尔的“擅专”行为，坚持予以遣退，法国驻华大使曾向清外务部要求，“谓将来船厂若用洋员，仍应聘用法人”。外务部（1901 年，总理衙门改组，成立外务部）答以“船厂用人，中国自有主权”，予以回绝。船政始终坚持权操诸我，与他们的爱国情怀分不开。

第四节 非常之举的尝试

设立专门机构管理船政事务，这是从来没有的事情。按照当时的政务结构，也没有船政衙门或者海军衙门一说。遇到三千年未有之大变革，清政府设立“总理船政事务衙门”，有着应变的意味。但为了生存和发展，又有闽浙总督左宗棠之提议，因此设立“总理船政事务衙门”就成为顺理成章之事。

一 机构的临时性

设立专门机构管理船政事务，有着应变的味道。但当时也考虑使命十分艰难，必须高规格，才能行得通、镇得住。

图 1－6　19 世纪 70 年代的船政衙门

总理船政事务衙门的级别，确实很高。首任船政大臣沈葆桢是一品，而且可以联名向皇帝直奏。提调配备的是道员，委员配备的是府台一级。但是这个机构是什么级别，却没有明确记载，也没有明确规定。从清廷任命的所有船政大臣看，一品到三品都有。同治五年十一月二十四日（1866 年 12 月 30 日）同治皇帝的上谕同意左宗棠所奏船政章程及授权的请求，指出“沈葆桢总理船政，其未服阕以前，遇有船局事宜，由英桂等陈奏，服阕以后，由沈葆桢会同该督抚陈奏，均著仍列左宗棠之名，以期始终其事”，明确了船政大臣有权直接向皇帝具奏的权限。沈葆桢丁忧期间由英桂等陈奏，丁忧以后，由沈葆桢会同该督抚陈奏，同时仍列左宗棠之名。

总理船政事务衙门是专职还是兼职，也根据形势的需要而定。如沈葆桢等是专职，也有以福建巡抚、福州将军等兼职的。

总理船政事务衙门的职能，也没有定论。从实际发生的情况看，船政主要职能有三，一是造船，一是办学，一是管理海军。船政像是个企业，但更像兵工厂，所以法国洋教习等习惯称其为“The Foochow Arsenal”，翻译为

“福州兵工厂”。船政衙门是新生事物，处于转型时代，也没有像今天这样分工明确具体。海军处于刚刚诞生的时刻，也不可能像今天这样有一个专门的管理部门。所以，在大变革初期，这种粗线条的管理和临时性的机构是不可避免的。一切都在变化之中。

同治五年九月二十三日（1866 年 10 月 31 日）闽浙总督左宗棠奏请派重臣总理船政时就呈请“特命总理船政，由部颁发关防，凡事涉船政，由其专奏请旨，以防牵制。其经费一切，会商将军、督抚臣随时调取”。其中说到关防，也就是印章，是木质的。这也和正规的铜质印章有别。

同治五年十一月初五日（1866 年 12 月 11 日）左宗棠上奏《详议创设船政章程折》，在船政章程中明确提出“其委绅等应由总理船政大臣遴选给委”，以明确船政大臣的权限。同时也提出洋员应分正、副监督。“日意格、德克碑各有所长，臣前折曾陈及之。现经上海总领事自来尼以日意格通晓官话、汉字，办事安详，令德克碑推日意格为正监督，德克碑为之副。咨商允洽，均无异词。一切事务仍责成该两员承办”。上谕还准许“如有可用之才，即由沈葆桢酌委”，事实上是给予船政大臣任用员绅的人事权。

二　使命的挑战性

沈葆桢丁忧在福州家中。左宗棠要调任陕甘总督时极力推荐他。左宗棠再三考虑，请沈葆桢出任。左宗棠三次到沈葆桢的家里去请，沈葆桢本不想出山，因为他知道办船政不容易，又是本地人，要避嫌。而且按照他的身份，已官居一品，当过江西巡抚，为什么要在名分不明确而又甚具挑战性、风险性的位子上呢？但是他最后还是同意了，愿意为我们海军的建设、工业的发展和人才培养奉献他的力量。可见，他是一个以事业为重的人，不是权力欲熏心的官迷。

新疆西捻军和回民起义，形势吃紧，左宗棠被调任陕甘总督。刚刚立项的船政谁来接管呢？左宗棠思量再三，想到了沈葆桢。左宗棠认为非他莫属，理由是：①沈葆桢在政界、在当地都有名望；②考虑事情很严谨周到；③皇帝对他有好印象；④对家乡的事业很关注、很支持。

左宗棠与福州将军英桂、福建巡抚徐宗干商量，这两位也都认为非沈氏莫属。于是左宗棠亲自三次造庐商请。虽然沈葆桢都婉言谢绝，但左宗棠还是坚挺沈葆桢主持船政。

朝廷下旨，沈葆桢只好出山。实际上，他对办船政是很支持的，左宗棠的想法他十分理解，能实践“师夷制夷”也是他盼望已久的事。但为什么他再三推辞呢？有几个原因：一是办船政是非常之举，朝中保守势力强大，朝廷财政吃紧，没有特别措施是不可能办成的。二是忠孝不能两全，守制之人，尽孝难以尽忠，而且无责无权，无法指挥。三是他一贯作风务实，虑事详细周密，考虑不周的事，不会轻易答应。四是在家乡办事，避嫌是很重要的。朝廷就有“回避法”的严格规定。因此他领衔具名联合福州士绅上疏，请求福建巡抚徐宗干挽留左宗棠暂缓西征，认为：办理船厂一事乃左宗棠一手经划，必须由他与洋人协调，建厂工作方能顺利达成，故左必须在建厂之事稍有定局后再行出发，方不致影响大局。

沈葆桢在守制中就参与了船政创办的筹议。此后，大凡与福州船政有关之事，皆将沈之名字与福建督抚及福州将军一并开列，一若沈亦为与船厂有关之地方大吏者然。船政提调等官员，左宗棠都与沈葆桢会商过。沈葆桢在《船政创始需才折》中就提道：“左宗棠与臣会商派周开锡、胡光墉为提调，又奏请广东补用道叶文澜等一并交臣差遣得旨允行。”同治五年十一月十七日，即左宗棠离开福州后7天，沈葆桢就主其事。6天后，日意格、德克碑便被派往香港。

沈葆桢接事后，一方面让日意格、德克碑回国购买设备，并聘请洋师、洋匠。当时法国造船工业发达，长于制造，所以引进法国的先进技术和设备；英国长于航海，所以聘请英人教授驾驶，各取英法两国之长。另一方面在马尾中岐征购土地，建设工厂、船坞、学堂、宿舍等。左宗棠原订合同设工厂5所、学堂1所，用地200余亩。在沈葆桢主办期间大加发展：工厂增至13所，学堂增至6所，用地扩大到600亩。为了防潮涌，沿江厂地，用土填高5尺，“以钱购土，竟至10数里内无可购者”，可见工程之艰巨。

三　使绊的客观性

任何事情都有使绊的，船政是非常之举，更不会例外。除洋人阻挠外，还有国内顽固派的干扰。他们鼓噪“雇买代造”，不必自己制造，还提出一系列困难，如：“船厂择地之难”，“机器购觅之难”，“外国师匠要约之难”，“筹集巨款之难”，“中国之人不习管驾之难”，“轮船既成，煤炭薪工，需费不资，月需支给，又时须修造之难”等，认为还是不造船为好。1867 年秋，正当建厂工程紧张进行时，新任闽浙总督吴棠就利用职权进行破坏。吴棠最初扬言：“船政未必成，虽成亦何益?”初时沈葆桢尚希望“各行其是，彼此两不相妨”，坚不为动。后来，福州由于出现反对船政的匿名帖《竹枝词》刻本，吴棠立案调查。当时任船政提调的代理布政使周开锡，为匿名帖所牵涉。吴棠明知其诬，仍不令周开锡到局办事。船政局员、署藩司叶文澜亦受诬被控。吴棠又弹劾另一局员、延平知府李庆霖专事趋承，奏参革职。沈葆桢挺身而出，抗疏力争。在沈的辩护下，原被吴棠调离船政衙门的周开锡等人，终被清廷下旨留局差遣，而吴棠则于同年底被调离。

同治十年十二月十四日（1872 年 1 月 23 日）内阁学士宋晋又挑起事端，上奏《船政虚耗折》，认为：一、船政连年制造轮船，经费已拨用至四五百万，未免靡费太重。二、此项船政项目目的是制夷，但早经议和，不必为此猜嫌。三、船政名为远谋，实同虚耗。四、何必于师船之外更造轮船转增一番耗费。五、闻历任督臣吴棠、英桂、文煜亦多不以为然。江苏上海制造轮船局亦同此情形。六、应请旨饬下闽浙、两江督臣将两处轮船局暂行停止。

宋晋的上奏引起了轩然大波，朝廷内反对造船者与日俱增。首先是李鸿章对造船无信心，多次表示不赞成。同治十一年正月二十六日（1872 年 3 月 5 日）函曾国藩，慨叹闽、沪造船六载无成效，“前兴之而后毁之，此信之而彼疑之，及今吾师与左公尚存，异议已多，再数十年后更当何如?”同年二月初九日（1872 年 3 月 17 日），文煜等又上奏马尾船政“惟现在造成之各号轮船虽均灵捷，而与外洋兵船较之，尚多不及。以之御侮实未敢谓确有把握”，提出“查已成各船如租给殷商，殊属可惜”。建议拨往各地酌量调用，故有同治帝二月二十八日之谕令。至三月初一日，军机处亦主张：“即将闽省轮船局暂行停止，以节帑金”，主张船政停办。在这种强大压力下，总署通知广东、盛京（沈阳）、山东、南北洋及沿海各省大臣，请讨论调用、分配闽厂所产轮船方案。而针对宋晋奏议及吴棠、英桂、文煜的反对意见，南洋大臣曾国荃于正月二十八日（1872 年 3 月 7 日）便致函总署不赞成停办船政。左宗棠也于三月二十五日（1872 年 5 月 2 日）力排众议奏船政有利无害，不可裁撤。

左宗棠在《船政自强要著折》中说：窃臣于三月初十日钦奉二月三十日密谕，窃维制造轮船，实中国自强之要著。臣于闽浙总督任内请易购雇为制造，实以西洋各国恃其船炮横行海上，每以其所有傲我所无，不得不师其长技以制之。其时英人威妥玛、赫德有借新法自强之说，思藉购雇而专其利，美里登、有雅芝等亦扬言制造耗费，购雇省事，冀以阻挠成议。幸赖圣明洞鉴，允于福建设立船局，特命沈葆桢总理船政，而后群喙息而公论明。臣于具奏后旋即去闽，然于船政一事则始终未敢恝置也。

他认为：此举为沿海断不容已之举，此事实国家断不可少之事。若如言者所云，即行停止，无论停止制造，彼族得据购雇之永利，国家旋失自强之远图，隳军实而长寇仇，殊为失算。且即原奏因节费起见言之，停止制造，已用之三百余万能复追乎？定买之三十余万及洋员、洋匠薪工等项能复扣乎？所谓节者又安在也？

他说：臣于同治五年奏请试造轮船时，即豫陈非常之举，谤议易兴，事败垂成，公私两害，所虑在此。兹幸朝廷洞瞩情形，密交疆臣察议。成效渐著，公论尚存，微臣得于钦承垂询之余，稍申倦倦不尽之意。否则，微臣虽矢以身家性命殉之，究于国事奚所裨益？兴念及此，实可寒心。所有福建轮船局务必可有成：有利无害，不可停止实在情形，谨披沥直陈。

这样，朝野上下便对船政可行与否展开一场大论战。同治十一年四月二十一日（1872 年 5 月 27 日），沈葆桢致函总署，列举办厂的好处，力驳宋晋的主张。沈葆桢在《船政不可停折》中进行驳斥：首先，他认为自强之道与好大喜功不同，“即使中国船炮远胜西国，我皇上断不肯劳师异域，为汉武、唐宗之所为，至自固藩篱，为民御灾捍患，非惟声势所不容已，抑亦复畴所不可遗”。其次是驳斥宋晋称“早经议和，不必为此猜嫌之举”论调，说：“道光年间已议和矣，此数十年来列圣所宵旰焦劳者何事？天下臣民所痛心疾首不忍言者何事？耗数千万金于无底之壑，公私交困者何事？夫恣其要挟，为抱薪救火之计者非也。激于义愤，为孤注一掷之计者非也。所恃者未雨绸缪，有莫敢侮御之一日耳。若以此为猜嫌，自碍和议，是必尽撤藩篱，并水陆各营而去之而后可也。”再是驳斥“名为远谋，实同虚耗”论，认为：“以数年草创伊始之船，比诸百数十年孜孜汲汲精益求精之船，是诚不待较量可悬揣而断其不逮。旋亦思彼之擅是利者果安坐而得之也！抑亦苦心孤诣不胜靡费而得之耶？”他用读书做比喻，“读至数年，谓弟子当胜之于师者妄也；谓弟子即不如师矣，莫若废书不读，不益妄乎？”他认为各国轮船有利有不利，其创之也各有后先，其成之也互相师法，久于其道，熟能生巧者则利，鲁莽从事浅尝辄止者则不利；加意讲求竟之惟恐失之者则利，恃其精巧疏于防范者则不利。此中人事居其半，天事亦居其半。他铿锵有力地说：“勇猛精进则为远谋，因循苟且则为虚耗，岂但轮船一事然哉？”

他认为：外人之垂涎船厂非一日矣，我朝弃则彼夕取，始也以借用为言，无辞以却之也。继必于他处故启衅端，勒赔兵费，而以此为抵，枝节横生，有非意料所及者。且当日左宗棠与洋将坚明约束，各国周知。今无故而废之，一则谓中国办事毫无把握，益启其轻视之心，一则谓中国帑项不支，益张其要求之焰。此微臣所以反复思之，窃以为不特不能即时裁撤，即五年后亦无可停，所当与我国家亿万年有道之长永垂不朽者也。

沈葆桢力驳宋晋的主张，坚持船政万难停止，认为不但不能裁撤，五年后乃至亿万年后也不能停止。[①] 四月二十日（1872 年 5 月 26 日），奕䜣信令中有“俟李鸿章奏到，再降谕旨”，仍倾向于继续造船。五月十五日（1872 年 6 月 20 日），李鸿章突然 180 度大转弯，态度由对船政不满意变为全力支持。他上奏提出：“国家诸费皆可省，唯养兵设防，练习枪炮、制造兵船之费万不可省”，如裁撤船政则“前功尽弃，后效难图”，“不独贻笑外人，亦且浸长寇志”。

最后，奕䜣陈述了支持继续办好船政的总结性意见，他于同治十一年六月二十八日（1872 年 8 月 2 日）总署上奏《船政乃自强之要折》中说：

---

① 沈葆桢：《船政不可停折》（同治十一年四月初一日），《中国近代舰艇工业史料集》，上海人民出版社，1994，第 49 ~ 51 页。

“臣等于船厂未经亲历，实不知其详，惟李鸿章、左宗棠、沈葆桢诸臣虑事周详，任事果毅，意见现已相同，持论各有定识，且皆身在局中，力任其难，自必确有把握，其间造商船以资华商雇领一节，李鸿章、沈葆桢俱以为可行，应由该督抚随时查看情形，妥筹办理。”

四 实施的艰巨性

办船政是非常之举，问题多多，困难重重。针对船厂择地、机器购觅、聘请洋匠、筹集巨款等一系列困难，必须分析利弊，认真解决。首先是选址问题，就是船厂设在哪里？

左宗棠认为马尾港这个地方，“水清土实”，“为粤、浙、江苏所无”。他说在浙江就听到洋人这么讲，来到福州也听到相同的议论。中国海岸线那么长，为什么说广东、浙江、江苏的海口不行，偏偏要选择在马尾？这有客观条件和主观原因。所以，左宗棠把马尾列为设立船政的首选。接下来是机器哪里买？左宗棠认为，“如虑机器购觅之难，则先购机器一具，巨细毕备，觅雇西洋师匠，与之俱来，以机器制造机器，积微成钜，化一为百”。他觉得，可先请洋匠去购买一件机器，因为事属创始，中国还没有善于赴各国购买机器的人，而且机器的优劣也难辨别，还必须托洋人购买，只要“宽给其值，但求其良，则亦非不可必得也”。然后以它来生产机器，积少成多。他相信“机器既备，成一船之轮机即成一船，成一船即练一船之兵”。奋斗五年，成船稍多就可以布置沿海各省，加强海防。由此更添机器，触类旁通，凡制造枪炮、炸弹、铸钱、治水，有适民生日用者，均可自己制造。还有洋匠如何请？左宗棠认为，“如虑外国师匠要约之难，则先立条约，定其薪水，到厂后由局挑选内地各项匠作之少壮明白者，随同学习。其性慧夙有巧思者，无论官绅、士庶，一体入局讲习，拙者、惰者随时更补。西洋师匠尽心教艺者，总办洋员薪水全给，如不传授者，罚扣薪水，似亦易有把握”。即订立条约，确定薪酬，然后根据教艺情况给以奖惩，就有把握。经费如何筹集？左宗棠认为，“如虑筹集巨款之难，就闽而论，海关结款既完，则此款应可划项支应，不足则提取厘税益之。又，臣曾函商浙江抚臣马新贻、新授广东抚臣蒋益澧，均以此为必不容缓，愿凑集巨款，以观其成”。他匡算了一下，造船厂、购机器、募师匠，须费30余万两；开工集料，中、外技匠薪金，每月约需5万~6万两，以一年计算，需费60余万两。创始两年，成船少而费用极多。第三、四、五年，则技术熟练成船快速，成船多而成本也就降低了，通计五年所费，不过300余万两。他认为，五年之中，国家拿出300万两来并不是太难的事。

关键是船成后谁来开？左宗棠认为，“如虑船成以后中国无人堪作船主，看盘、管车诸事均须雇请洋人，则定议之初，即先与订明：教习造船即兼教习驾驶，船成即令随同出洋，周历各海口。无论弁兵各色人等，有讲习精通能为船主者，则给予武职千、把、都、守，由虚衔补实职，俾领水师，则材技之士争起赴之。将来讲习益精，水师人材固不可胜用矣。且臣访闻浙江、宁波一带，现亦有粗知管驾轮船之人。如选调入局，船成即令其管驾，似得力更速也”。这里讲得很清楚，一是边造边教，教习造船兼习驾驶；二是有粗知管驾轮船之人可选调入局。

左宗棠最为担心的是“非常之举，谤议易兴”，反对的人多，“始则忧其无成，继则议其多费，或更讥其失体，皆意中必有之事”，只有下定决心，力排众议才能成功。对此，他慷慨陈词：防海必用海船，海船不敌轮船之灵捷。西洋各国与俄罗斯、美利坚，数十年来，讲求轮船之制，互相师法，制作日精。东洋日本，开始购买轮船，拆解后仿造未成，派人赴英国学习，不数年后，日本自己建造的轮船也会成功。唯独中国“因频年军务繁兴，未暇议及”。虽然有代造之举，现在又奉谕购雇轮船，然而都不是好办法。

左宗棠以为，各国都在大海争利，彼有所挟，我独无之。就像渡河，人家是“操舟”而我“结筏”；就像人家是骑骏马，而我骑驴。他批评预虑难成而自阻者，就像治河的人考虑合龙无期而放弃施工，治军的人考虑战役不知道什么时候能开打而罢兵一样。他认为“天下事始有所损者终必有所益。轮船成，则漕政兴，军政举，商民之困纾，海关之税旺，一时之费，数世之利也”。兴办船政虽然一时花费巨大，但建成轮船，则漕政兴、军政举，对国家的长远利益有利。

五 自主的坚定性

要引进技术和管理，又要避免阿思本舰队的笑话，船政采用契约形式，

图 1-7　从婴脰山看船政，左上角环绕烟囱的建筑是保存至今的轮机厂和绘事院（汤普森摄于 1871 年）

坚持权操诸我的原则。船政与日意格、德克碑签订保约、条议、合同规约等一系列文件，约定以 5 年为期完成一批造船和育才任务，明确双方在建设期间的职、权、利，包括聘期、工资、工作任务、生活医疗待遇、奖励、辞退等，并规定洋监督在船政大臣领导下开展工作和管理外国人员，洋员与洋匠要服从中方船政提调的管理和差遣，并接受洋监督的具体工作指挥，遵守中国法律和船政及学堂的规章制度，忠实履行合同规定的工作职责。签后送所在国家的驻华外交官画押担保。

按章办事对洋教习赏罚分明。同治十三年（1874），包教包会合同期满，按聘用合同规定，奖给白银 6 万两。外加奖给正、副洋监督各白银 2.4 万两，以昭大信。正监督日意格赏给一等宝星。当时，在勋章上嵌珍宝称宝星，分为五个等级，每个等级又分为三个级别。后学堂教习嘉乐尔工作认真，富有成效，师生关系融洽，堂课毕业后上船实习，学生集体写信向他表示深情的谢意。造船教习法国人迈达深得好评，多次延聘，连续聘用前后达 40 年之久。沈葆桢办学整肃，对不负责任的洋教习，依合约给予责任追究。

同治十年（1871）十一月，后学堂学生因洋教习逊顺“非礼虐待”，为之“哄堂”，即罢课。船政提调夏献纶袒护逊顺，罚为首学生刘步蟾、邱宝仁为小工，挑土以示辱，学生哗然。当时沈葆桢在家丁忧守制，闻讯后不顾禁例，赶赴节署，亲自处理。为维护学生权益，把逊顺解雇遣返。总监工达士博，仗势欺人，时时居奇挟制，沈葆桢严词斥责，把他撤职。监工贝锦达办事迟缓，匠首布爱德盛气凌人，都被沈葆桢斥责辞退。先后被船政开除的洋工和教习还有：理格、李家孜、歌迭、西林、贝那德、格里那等十多人。

自己建造的轮船，船员自配，自家引航。同治八年（1869）五月船政造的第一艘轮船“万年清”号即将下水，渔民出身、熟悉海上情形的贝锦泉，被沈葆桢破格任命为该轮管驾。贝锦泉熟练地驾轮出港试航，沈葆桢亲自登船观察。当时欧美各国士大夫到中国来游历的，都要绕道到福州马尾参观中国船政。第一艘轮船“万年清”号出海试航，法国人总监工达士博坚持要用外国人引港，多方挟制。沈葆桢坚称中国舰船要中国人自己驾驶，从管驾、引港到舵工、水手全用中国人，终于取得试航的成功。

1869 年，法国领事馆从宁波迁至福州，要在船厂贴布告，沈葆桢不同意。

图 1-8 2009 年笔者在“周末讲坛”讲船政系列

第二篇
科技篇

18世纪60年代，工业革命从英国开始。蒸汽机的发明与广泛应用，使生产效率得到空前提高。詹姆斯·瓦特（1736～1819）是英国工业革命时期的发明家。1776年发明了第一台有实用价值的蒸汽机。这一重大发明，标志着工业革命的开端。后人为了纪念他，将功率的单位称为“瓦特”。

鸦片战争使国人看到船坚炮利的厉害，实际上是看到蒸汽机的魔力。师夷制夷，实质就是认识到工业革命的到来，走进蒸汽机时代。1807年，美国发明家富尔顿（1765～1815）建造的蒸汽轮船开始从事纽约与阿尔巴尼之间的客运，从而成为世界上第一艘投入商业营运的轮船。早期轮船，由装置在轮船两侧或尾部的“明轮”推进。19世纪30年代，欧洲人又发明了螺旋桨，使造船史进入到一个全新的阶段。螺旋桨在水面上无法看到，所以又被称为“暗轮”。据考证，1855年驶入中国的第一艘轮船是宝顺轮。船政不但造船成功，成为远东第一大船厂，而且由于引进西方的科学技术，高起点嫁接，迅速地提高了造船、航海以及枪炮、鱼雷、矿冶、机械、无线电、天文等科技和工艺水平，从而成为迈向近代科技的发祥地和摇篮。

第一节　高位嫁接契合科技发展

船政瞄准当时的科技发展方向，一开始就实行高起点嫁接。

一　试造轮船与“万年清”号

“万年清”号就是一个很好的例子。该轮取自法国军舰的图纸，但并不是照搬照抄。把它与法国类似的军舰相比较，不难看出其在技术上有着许多改进。法国在“万年清”号投入生产的十年前建造了一艘类似的军舰，称为“la motte picquet”号，排水量672吨，舰长54.55米，宽8.52米，吃水3.22米，功率150马力，航速7.9～11.25节。“万年清”号与之相比，并不逊色，排水量1370吨，舰长76.16米，宽8.89米，吃水4.03米，功率580马力，都有过之而无不及。日本横须贺造船所，1865年设立，1868年收由政府管理，1874年改为海军管理。1876年首艘日舰“清辉”号完工。“清辉”舰排水量897吨，船长60.96米，均不如6年前建造的“万年清”舰。

“万年清”号虽然按左宗棠关于兵商两用的设想而进行建造，却明显存在着不利于作战的弊端，而为后人所诟病，但船政第一艘舰船的建造开创了轮船建设的新纪元，是不言而喻的。它的高位嫁接也开启了科技立国的先声。

船政生产的轮船按顺序编号，“万年清”号为第1号。“万年清”号船为木壳木胁暗轮，建造工艺为铁钉连接捻缝，由船政洋员、法国人达士博监造。该船排水量1370吨，载重450吨，船长76.16米（23丈8尺），宽8.89米（2丈7尺8寸），型深5.12米（1丈6尺）。配置一台由法国进口的普通立式单汽缸往复式蒸汽主机，实马力580匹，虚马力150匹，两座燃煤锅炉，货舱可装货70万斤，煤舱两所可装载煤量25万斤，单轴推进，航速10节。装备有5.5寸前膛炮4门。配备有全套帆具，主匡面积30.88平方米，风帆面积962.12平方米，使用风帆时顺风航速约15节，乘员55人。

“万年清”号1868年1月18日开工，1869年9月26日试航，28日完工。下水仪式隆重，沈葆桢率大小官员祭告天后、江神、土神、船神，趁潮

图 2－1 1868 年船政船台上的第 1 号轮船——“万年清”号

平下水。福州法副领事巴世栋到厂视贺。轮船于 1869 年 6 月 10 日下水后，21 日，沈葆桢郑重其事，上报成船经过。9 月，组织人员绘制了一幅精美的“万年清”轮彩色侧视图，上呈军机处存档。该图现保存在故宫西华门的中国第一历史档案馆。沈葆桢奏折附件呈送的军舰图纸，引起同治皇帝和慈禧太后的兴趣，批示“留中备览”。

新船试航，达士博坚持要用洋人引港。沈葆桢批驳：港道非附近渔船不能熟悉，何以反用洋人引港？达士博以不用洋人引港，各员匠不肯前往，语涉挟制。沈葆桢坚决抵制，坚持用中国人引港。

试航成功后，由船政提调吴大廷率领开赴天津接受朝廷的验收。10 月 25 日驶抵天津。天蓝色的“万年清”号高扬红底金龙的三角牙旗，十分引人注目，围观者惊叹不已，“华夷观者如堵，诧为未有之奇”。11 月 5 日，清政府派三口通商大臣崇厚验收。崇厚奏报：“沈葆桢悉心讲求一切轮机器具，教习驾驶，实能集外国之所长，得其窍妙，从此精益求精，续造大小各号轮船，自必更臻妥善，以之靖宇宙而宏远模，洵属无疆之利”。崇厚还赠送物品，奖励贝锦泉等舰上人员，要求随行人员把验收情况记录刊发。1869年12月2日，“万年清”号离天津返航，1870年1月8日抵达马江。

船政第2号兵船为“湄云”号。1869年2月8日开工，1870年1月10日由沈葆桢、日意格等督率试航。首任管驾为游击吴世忠。值得一提的是，近代首航闽台的是“湄云”号。1869年3月6日，即首航台湾运粮食（采运贡米）。随后，“琛航”“永保”等船担任了闽台通航任务。

二 自制配件与“福星”号

自“福星”号后，船用罗盘、望远镜、气压计、气压表、船炮瞄准器等皆为自制。

船政第3号兵船“福星”号，1869年12月6日开工，1870年10月竣工，与“湄云”号同级，由船政代总监工法国人安乐陶监造，造价10.6万两。

图2-2 船政第3号轮船——“福星”号

“福星”号为木肋木壳船身无装甲，采用铁钉连接捻缝工艺制造。尺度与动力均与“湄云”相仿。排水量515吨，动力为一台购自法国的卧式单汽缸往复蒸汽机，实马力320匹，虚马力80匹，单轴推进，4座圆式锅炉，航速9节；主匡面积18.88平方米，风帆面积737.7平方米。装备有惠特沃思70磅前膛1门，法华士40磅前膛钢炮2门，英制14磅前膛钢炮2门。乘员67人，后增加到80人。该舰“其式本属战舰，利于巡洋，拟以学堂上等艺童移处其中，饬洋员教其驾驶”，建成之时拟作为船政学堂的练习舰，并为之拟订了包括扩大船员舱、减轻武备等项目在内的改装计划。后因船政监督日意格认为训练之初风帆船训练即可，不必用蒸汽机的舰船，遂于1870年购入普鲁士三桅练习夹板帆船“马得罗”号，改帆船475吨，以10782两白银购入。购入后改名“建威”号，专供练习用。“福星”号改造工程遂中止。

“福星”号由五品军功杨永年任管驾。该舰定员80人，比“湄云”号多13人。1884年8月23日中法马江海战中，“福星”号在遭到突然袭击后立即组织还击，开炮击伤法军45号雷艇。当时管驾陈英不顾炮火纷飞，一直屹立于望台指挥战斗。海战中“福星”号遭到重创，部下军官建议驶往上游暂避，陈英怒斥曰：“欲我走耶？大丈夫食君之禄，宜以死报。今日之事，有进无退！”“福星”号战至最后时，陈英指挥战舰冲向法军旗舰“窝尔达”号，不幸被法舰的舰载汽艇“怀特”号发射的鱼雷击中弹药库爆炸而沉没，陈英与二副张春、三副王涟等官兵70余人殉国，仅20余人生还。

同治十年（1871），“福星”号成船后，沈葆桢奏请设立轮船水师。农历八月旨从沈葆桢之请，并简授福建水师提督李成谋为轮船统领，由船政衙门统辖。当时已有船政自制的“万年清”“湄云”“福星”3艘兵舰及外购的“海东云”等舰，遂组成船政轮船水师。这是近代中国一支有别于旧式水师的新式舰队，是中国近代海军建设的开端。组建后，水师各兵轮调往各港口执行任务。

船政第4号轮船“伏波”号。该舰为“湄云”级的放大型，双桅，木肋木壳，船身无装甲，采用铁钉连接捻缝工艺制造。历任管驾布国炳、贝珊泉（贝锦泉胞弟）、林国祥、吕文经。1909年，日本商社在我西沙群岛擅自开采鸟粪，“伏波”舰由广东水师提督李准率领前往调查，斥退不法日人，并赴东、西沙群岛巡视。为纪念此事，清政府将西沙群岛之一岛（北纬16°

28′，东经 111°45′）命名为“伏波岛”，将南沙群岛的一岛礁（北纬 9°28′，东经 114°11′）命名为“伏波礁”。这是中国近代海军建立以来第一次南疆巡弋，也是我国对东、西沙拥有主权的铁证。

三　自制蒸汽机与“安澜”号

船政制造的船舶动力使用蒸汽机，由蒸汽锅炉和轮机配套而成，因此在生产设施的建设中，轮机厂和锅炉厂是船政核心生产车间。轮机厂配有 200 多台（套）进口的机械加工设备，用于加工制造蒸汽机各部件。各部件制好后，在西侧厂房合拢组装，因而，西厂房又称合拢厂。

船政制造的第一艘至第四艘木质轮船，配备轮机均购自国外。在安装前，船政工匠进行了分解测量，取得数据并绘制出图纸，对构成部件进行仿造。同治十年（1871）六月，经过“成胚、车光、刮磨、合拢”等工序，船政造出了第一台二汽缸竖式蒸汽机，功率 580 马力。这台蒸汽机的制作过程，从绘图到成品均由外国技师指导，制作加工由华匠操作，其工艺水平不亚于欧洲的产品。第一台蒸汽机制成后，安装在第 5 号轮船“安澜”号上，经试航，“船极灵捷平稳，机器搭配亦均合宜，与购自外洋者无异”。第一台船用蒸汽机的制造成功，初步实现了左宗棠“以机器制造机器，积微成巨，化一为百”的设想，也标志着中国自制的实用蒸汽机在船政诞生。

船政第 5 号轮船“安澜”号，1870 年 11 月 12 日开工，1871 年 12 月竣工。由船政代总监工法国人安乐陶监造，造价 15. 6 万两。轮机为厂中自制，木胁木壳，船身无装甲，采用铁钉连接捻缝工艺制造。该舰排水量 1258 吨，船长二十丈（72. 6 米），宽三丈（11. 67 米），自船面至船底深一丈八尺有奇（舱深 5. 5 米），船前吃水一丈有奇、船后吃水一丈二尺有奇（舰艏吃水 3. 67 米、舰艉吃水 4. 33 米）。除机器、煤舱外，可装货 400 吨，计重 67 万余斤。主匡面积 36. 44 平方米、风帆面积 1333. 2 平方米；排水量 1258 吨，装货量 400 吨。采用卧式蒸汽机，实马力 580 匹（功率 427 千瓦），虚马力 150 匹，航速 10 节。装备 62 磅后膛钢炮 1 门、40 磅后膛钢炮 4 门。乘员 100 人（一说 98 人）。

“安澜”号时速达 10 海里，用自制的往复式发动机（蒸汽机），试用之后，证明机件比两年前进口的性能优越。此后，功率580马力的轮船蒸汽机均由船政自造。蒸汽机的制造属于机械学，这方面船政学生陈兆翱在法国学习期间创制新式锅炉，引起法国人重视。他改进船用抽水机和轮船车叶，车叶化平为侧，性能优异。外国制造商争相仿效，取名陈兆翱抽水机。1880年陈兆翱回国后留厂任蒸汽机制造总司，从事设计与监造船机工作。

此后，船政新船配备的轮机大都在本厂自制，但在产品升级之际，多以先外购后仿造的方式造出新轮机。第7号轮船“扬武”号巡洋舰主机功率1130马力，购自英国，船政同时进行仿造，不久也造出同级别的卧式二汽缸往复蒸汽机。光绪二年（1876）船政开造铁胁船，首制船“泰安”号轮机采用改进型卧式康邦蒸汽机。为快速实现产品的更新换代，“泰安”号的圆形高压锅炉及卧式康邦蒸汽机全套进口，在未安装上船前，技术人员进行了部件拆解绘图，并逐一仿造，顺利地造出了同样式蒸汽机。这台仿造的康邦卧机，安装在第二号铁胁船上，性能达到设计标准，船政的蒸汽机制造又攀上了一个新台阶。

四　兵商分造与“扬武”号

按照左宗棠初创船政时的构想，船政所造军舰，“无事之时，以之筹转漕”，“有事之时，以之筹调发”，同时具备运输与作战两种功能，以达到充分利用资源、贴补经费不足的目的。“万年清”号船就是这种指导思想的典型代表。船政初创时这种兼顾兵舰和运输船两种功能的轮船，在成船后的实际运用中很难兼备。沈葆桢在实践中认识到这种船舶，既不利于作战也不利于运输。他说：“不知兵船与商船迥别，商船高其顶、广其舱以受客货；兵船则避枪炮、压风涛。敛之惟恐不密。以后兵船畀之商人，即不索其租，彼亦不以为利也。”因此，从第7号轮船开始，沈葆桢奏请按照商船与兵船进行分类制造。

船政第7号轮船为木壳巡洋舰“扬武”号。该舰1871年7月12日开工，12月竣工。仍由安乐陶监造，造价25.4万两。该舰排水量1560吨，舰身为木胁木壳，采用铁钉连接捻缝工艺制造，排水量1560吨，长60.8米（190营造尺），宽11.52米（36营造尺），型深6.72米（21营造尺），舰艏吃水 5.09 米（15.9 营造尺）、舰艉吃水 5.73 米（17.9 营造尺）；动力采用一台英国格拉斯哥进口的普通卧式 2 汽缸蒸汽机，实马力 1130 匹（功率 842 千瓦），虚马力 250 匹，方式锅炉 2 座，航速 12 节。该舰烟囱独特，为三节，可以伸缩，以便战时躲避敌人的炮弹。另配备帆具，三支桅杆，主匡面积 43.44 平方米，风帆面积 1822.04 平方米，顺风航速约 15 节；功率与吨位比过去有了很大的提高。编制 147 人。

图 2-3 19 世纪 70 年代后期的船政第 7 号轮船——“扬武”号

装备 1 门 7.5 英寸惠特沃思 150 磅前膛六角钢炮，8 门 70 磅前膛六角钢炮，2 门英国造 6 磅后膛钢炮，按船旁列炮法布置于主甲板上的两舷。

“扬武”号很特殊的是装有三节可伸缩式烟囱，可以躲避敌人的炮弹射击，“全照外洋兵船式样，其工料之繁巨……较一百五十匹马力者约多一倍有零，其汽炉、机器安置舱内，适与水面相平，以取其能避炮子也。烟筒分作三截，随意升降，亦能避炮子之意。一百五十四马力轮船配炮不过六七尊，舵水兵勇人等有一百三四十名即可操驾。二百五十四马力兵船配大炮十三尊，舵水兵勇人等非配二百余名不敷遣用”。

该舰是船政早年所造兵舰最耗工费料而且成本最高的一艘，是公认的中国乃至亚洲第一艘近代巡洋舰。该舰不再兼设货舱，下水比原计划提早半年。

中法马江海战时，该舰为旗舰，海战时第一炮即命中法军旗舰“窝尔达”（La Volta）号舰桥，并击毙5人。首任管带吴世忠，1879年7月25日因病，大副邓世昌接任，后邓因赴北洋，而由游击张成接管。1884年马江海战中被法军“46号”雷艇发射鱼雷击中右舷，驶至岸边搁浅并焚毁沉没。

第二节　中华发轫之始

按照雇用洋员合约，自同治八年（1869）船政铁厂完工之日起算，洋匠应在5年时间内造船16艘。因“扬武”号船大量繁，以一抵二，实造15艘。同时，约定“包教包会”，培训华匠自主造船。从履约的第四年起，洋员已基本放手让船政员工自行建造。同治十三年（1874），外聘的洋匠完成合约陆续回国。光绪元年（1875），船政学堂制造专业学生绘制出一艘250吨级炮艇设计图，请求制造获准，次年建成下水。这艘命名为“艺新”号的小型木壳炮艇制造成功，标志着船政造船进入自主造船生产阶段。

“艺新”号为船政第17号轮船。1875年6月4日开工，1876年7月16日完工。造价银5.1万两。

该船为木肋木壳，船身无装甲，采用铁钉连接捻缝工艺制造。排水量245吨，舰长118.8尺（18.88米），宽17尺（5.67米），舱深13.1尺（4.37米），吃水8尺（舰艏吃水2.23米、舰艉吃水2.67米），主匡面积10.11平方米、风帆面积399.96平方米；实马力200匹（功率149千瓦）。采用普通立式2汽缸蒸汽机、2座方式锅炉，航速9节，装备有法国造20磅前膛钢炮1门、9磅炮2门、6磅炮2门。

图 2-4 船政学生独立设计制造的“艺新”号

中法马江海战时，该舰与“伏波”舰驶至林浦自沉阻塞航道，当时管驾为林承谟。

该船为蒸汽船，由船政前学堂学生吴德章、汪乔年、罗臻禄、游学诗等首次自行设计、自行建造。“并无蓝本，独处心裁”，“下水具臻稳善”，为船政首次自行设计建造，因此命名为“艺新”，被沈葆桢誉为“实中华制船发轫之始”。

“艺新”号的成功建造，标志着船政开始进入自主造船时期。

随后，自制“登瀛洲”号、“泰安”号。1876 年底下水的第 19 号木壳兵船“泰安”号，是船政制造的最后一艘木质轮船。

除造船外，船政还“更添机器，触类旁通，凡制造枪炮、炸弹、铸钱、治水，有适民生日用者，均可次第为之”。制造“开济”轮时，所有铁中和铁后汽鼓并铁套筒、铁汽瓶杆头、铁汽瓶转轮轴毂、铁盖轮机铁座、铁滑轨等部件，大小千余件，“均由铸铁厂、拉铁厂制造”。据资料统计，在 1883～1893 年间，船政的船厂、铸铁厂、拉铁厂、轮机厂、水缸厂等，自制烘炉、转炉、锅炉、水缸、旋机、钻机、起重机、压汽机、钻孔机和各种碾轮达 66 件，价值 4 万多两，提高了机器的自给率。

第三节　更新换代“三步跳”

一　铁木合构与“威远”号

铁肋船即铁木合构轮船，盛行于19世纪中叶。铁肋船以钢铁材料替代天然曲木作为船舶肋骨及内部构架，船体外壳、甲板以及上层建筑仍以木料为主，木料外部辅以铁胁件，轮船坚固性明显提高。在造船技术发展史上，铁肋船是木质轮船过渡到钢铁轮船的过渡性产品。

同治十三年（1874），沈葆桢率船政轮船水师赴台。事前，他已侦知日本购进两艘铁胁军舰。为增强我方实力，沈葆桢上奏清廷，提出自主建造铁胁船的主张，得到朝廷批准。考虑到铁胁船建造，在技术工艺上与木壳船有较大区别，仍确定以先行仿造的方针。首制船的铁胁构件购自法国，再行聘请两位法籍洋匠来厂指导。同时对厂内现有车间进行改造，增设铁胁厂，专任制造龙骨、肋骨、横梁、泡钉等各铁胁构件，配备打造、拗弯、镶配各工种。

光绪二年七月十五日（1876年9月2日），船政第一号铁胁船开工，工程顺利，第二年5月下水，命名为“威远”号。首制铁胁船长72.3米、宽11.7米、型深5.9米，排水量1268吨，配置购自英国的新式康邦卧式蒸汽机，实马力750匹，航速12节，配备舰员110人，炮位7门。成船后，先在厂前江面试行，9月14日正式出洋试航，船政大臣丁日昌随船出航，“察看船身坚固，机器精良”，“轮机灵捷，适合成法”。前后历经一年，船政造船实现了由木壳船到铁木合构船的产品更新换代。

随后，有“超武”号、“康济”号、“澄庆”号、“开济”号、“横海”号、“镜清”号、“寰泰”号、“广甲”号等铁胁船诞生。序号为第21到28号轮船。

在第一艘铁胁船即将完工之际，光绪三年六月（1877年7月），船政第二艘铁胁船“超武”号开工。与第一艘铁胁船不同的是，二号船“所有铁胁、铁梁、铁龙骨、斗鲸及所配轮机均系华工按图仿造，视威远经始时手技较熟”。“超武”号船型仿“威远”号，随后船政续造的“康济”、“澄庆”铁胁兵船，都是这一制式。“铁胁、铁梁、铁牵及船舱锅炉应用四尺零阔之铁板，均由厂内工匠自制”。特别是锅炉铁板厚达五分三厘，铁板质量及技术要求很高，“平方者务取精良，转折者尤求坚韧”，造出的锅炉“工竣验试，能胜火力，不漏汤气，乃称完善”，且轮机安装在低于舰船水线位置，有利于战斗中轮机的保护。19 世纪 80 年代初，船政遣欧留学深造的学生陆续回国，带回造船新理念，以增强舰船战斗力为着眼点，就是建造大功率巡海快船，即国外的铁木合构巡洋舰。船政制造新式巡海快船，把铁胁船建造推向了一个更高的水平。裴荫森认为“自中国开厂造船以来，至‘开济’而规模始拓”①。

二　铁胁快船与“开济”号

船政制造的第一艘铁胁巡海快船取名“开济”号，光绪七年九月（1881 年 11 月）开工，由船政学生吴德章、杨廉臣、魏瀚、李寿田、陈兆翱等监造。在之前所造铁胁船基础上，巡海快船强化了船身的坚固性，铁胁外掩以双重厚木，内重以铁栓，外重以铜栓，两相嵌固。“开济”号机件之多、功率之大，皆为船政创设以来所未有。

船政建造快碰船船模说明书称：“近世制造之学日精，船式屡变不定，然不外坚固与快速二者而已。钢甲舰主坚大则武力自强，快舰主灵速则武力较逊。然二者皆具有战斗力，均海军之利器也。船政当光绪八、九年时，出洋各学生自定图式，兴制快碰船，其时盖已力求新异。告成之后，亦能动中规矩，未始非兴办船政之成效也。然距今又二十年矣，此种船式又成老旧矣。此足见世界进步之速，急起力追之不容缓也。”

“开济”号船长 85 米、宽 11.5 米、型深 8.1 米、排水量 2200 吨，航速 15 节。主机为一台康邦卧机，实马力 2400 匹。该舰机件之多、功率之大，皆为船政创设以来所未有。“开济”号的武备也有改进，全舰前后左右置炮

① 裴荫森：《遵议复奏核减快船保案文职员数折》（光绪十三年八月廿四日），张作兴主编《船政文化研究——船政奏议汇编点校辑》，海潮摄影艺术出版社，2006，第 358 页。

图 2-5　船政第 24 号轮船——“开济”号

10 门，每门炮均可旋转，舰首水线下设碰撞装置，用以冲击敌舰。

自“开济”号后，船政又陆续建造了横海、镜清、寰泰、广甲各铁胁快船，制式愈加精良，显示了很高的造船水平。如铁胁快船制造中，不少铁件改用韧性更好的钢件；主机也由二汽缸卧式康邦蒸汽机发展至三汽缸，功率大增。从第二号铁胁快巡海船“镜清”号开始，“船底两旁添帮龙骨两条，日后船行愈稳而不簸”。“帮龙骨”现称为“舭龙骨”，这也是我国造船史上首次应用了减少船舶摇摆度的消摇装置。

三　钢甲舰与“平远”号

随着钢铁工业的发展，西方国家在 19 世纪 60 年代已尝试使用钢板为船壳材料，后因钢板强度不足又改用铁板为船壳，制造出铁甲舰。十余年后，钢板材质强度性能提高，以钢板制作船壳和甲板的钢质船正式出现。钢板和铁件在轮船制造中混合使用，统称钢铁船，而以钢板为主体的船舶，称为钢船。

中法马江海战后，朝野均认为应提高船舰实力，发展铁甲舰。十一年

（1885）7 月，时任船政大臣的裴荫森与督办福建军务军机大臣左宗棠联名上奏，请在船政开造钢质军舰。船政留学生经比对论证，选取法国“黄泉”级钢质舰为蓝本，仿造新式钢壳钢甲炮舰。船政请求批量生产三艘，后朝廷下旨同意建造一艘。

光绪十二年十一月（1886 年 12 月），钢壳钢甲军舰正式兴工制造。当时我国钢铁工业尚未建立，所需钢材大都购自英国。首制钢质舰的设计与监造工作由船政工程技术人员自行承担，“不用洋员洋匠，脱手自造”。该舰于十三年十一月十七日（1887 年 12 月 31 日）下水，十五年（1889）9 月完工，取名“龙威”号，编入北洋海军后，改名“平远”号。

“平远”号是船政所造舰船中最精良者，舰长 62.5 米，宽 12.6 米，型深 6.8 米，吃水 4.2 米。两重钢底，中间相距 670 毫米。船身前部甲厚 125 毫米，后部甲厚 150 毫米。机舱、锅炉房、弹药舱外的防护装甲，宽 1.53 米，厚 200 毫米。舱面甲板厚 50 毫米。该舰排水量 2100 吨，配新式省煤康邦轮机及推进系统两副，两台主机功率合计 2400 马力，设计航速 14 节。武备方面，设有 260 毫米前主炮 1 门，120 毫米副炮 2 门，120 毫米后主炮 1 门，连珠炮 4 门，鱼雷发射管前后各 2 具。大炮属旋台式，可三面施放。船上还装有探照灯 2 具，用以远照敌船。“平远”号是我国自制的一艘钢铁军舰，代表了晚清时期中国造船技术的最高水平。

船政制成钢壳钢甲军舰“平远”号之后，至光绪三十三年（1907），清廷下令船政停造轮船，其间所造各船均以钢铁船为主，或钢甲钢壳如“广乙”舰，或钢胁钢壳如“广丙”“福靖”“通济”“福安”各舰，或时速达 23 海里之钢质鱼雷快舰“建威”、“建安”号。民国初期还造出钢质内河客轮“宁绍”号和两艘 170 吨级的浅水炮艇。

四　实现技术更新“三步跳”

光绪八年（1882），船政开造 2200 吨级的铁胁巡海快舰“开济”号，其轮机功率达 2400 马力，最大负荷可达 2800 马力。其制作方案为机器部件由进口和厂内自制相结合，整机在厂内组装。“开济”号是船政制造的最大吨位铁胁军舰，轮机性能良好，航速达到 16 节。十五年（1889），船政造

图 2－6　停泊在罗星塔下的船政舰船

出我国第一艘钢质军舰“平远”号，排水量 2100 吨，动力推动系统采用两台蒸汽机，四座锅炉、双轴推进，合计功率 2400 马力。整套轮机由船政工程处陈兆翱总体负责设计监造，工程进展顺利取得成功。

船政的船用蒸汽机制造跟上了世界先进水平。但因冶金工业的制约，部件钢料仍采自国外。但轮机厂机械加工能力强，包括曲轴在内的许多船机精密部件，都是厂内加工完成。1903 年制造的“建威”“建安”号猎潜舰（快速驱逐舰），主机功率达 6500 匹，其构件虽也是以外购和自制相结合，仍显示了船政轮机制造达到很高水平。

船政制造的船只类型，不断改进。开始为木壳，光绪三年（1877）以后改用铁胁木壳，或铁胁双重木壳；至光绪十四年（1888）以后，就进一步改用铁胁铁壳或钢胁钢壳了。机式的装备也有改进，初用常式立机或卧机，后改用康邦省煤卧机，更进一步改进为新式省煤立机或卧机。船式方面由常式改为快船，进而改为钢甲船。船政用 10 年多的时间完成从木壳到铁胁的更新换代，再用10年多的时间完成从铁胁到钢胁钢壳的更新换代，实现了技术革新的“三步跳”。

第四节 修造并举

船政的船舶修理，有槽修、坞修、航修三种方式。同治九年（1870），船政铁船槽建成。修船业务也由此展开。铁船槽由铁、木构成，铁构件购自法国。铁船槽以斜度滑道推移下水，再托顶船舶上岸修理。槽长100米、宽50米，分两段组合，配40马力牵引机1台，槽区有棚屋机房一座。可承修2500吨级轮船一艘，或同时牵引小型轮船两艘上槽修理。同年10月3日，船槽投入试生产，拉载“长胜”号轮船上岸维修。10月14日试开中车拉载“福星”号修理，12月21日拉载1370吨级的“万年清”号上槽。在船坞建成之前，船槽是船政修船的主要设施。民国初年，船槽仍可使用，至22年（1933）毁损。船槽修船由是结束。

船政应用船坞（又称船渠）修船，始于光绪二十二年（1896）。十三年（1887）12月，船政大臣裴荫森奏请获准，船政择地马尾罗星塔东侧兴工修筑船坞，十九年（1893）坞体建成，以花岗岩石垒砌，取名青洲船坞，又称一号船坞。二十二年（1896）初，坞口铁闸门安装完毕，全坞落成。船坞总长110米，坞宽上部35.8米，底部19.2米，坞深9.8米，可容纳8000吨级舰船入坞修理。

青洲船坞及各配套设施的建设，耗银49万两。考虑到投资成本的回收，船政制定修船价格，对中外船舶开放修理业务。在价格定位上实行了中外有别、军民有别的修船价格。船政试图以修船业务为突破口，改变官办企业指令性的生产模式，自主经营修船业务，取得一定成效。青洲船坞在开坞后的一个时期内，修船经营活跃，不间断接受中、外各式船舰入坞修理，陆续接纳“海筹”“海琛”“海容”各军舰的维修和涂装，也修理过英、法等国兵、商轮船。后因坞口淤积日趋严重，所配置的小型挖泥船不堪重任，影响了大型船舶的入坞修理。

进入民国时期，船政局造船业务萧条，但修船业务持续进行。民国3年

图 2-7　一号船坞又称青洲船坞，位于马尾罗星塔东侧，1893 年竣工，当时被誉为仅次于英国利物浦的世界第二大船坞（照片拍摄于 1896 年）

(1914)，船政局收购了位于船厂南侧马限山下的原英商木船坞，取名为“二号船坞”。该坞修筑于咸丰十年（1860)，已严重破损。经稍做整修后投产，主要开展小型船舶的修理业务。民国 19 年（1930）至 23 年（1934)，修理各种舰船近 80 艘。为进一步拓展修船业务，24 年（1935)，马尾海军造船所决定翻修二号船坞，形成修理 2000 吨至 3000 吨级轮船的能力。船坞翻修改造工程于当年 3 月动工，第二年完工。坞成剪彩当日，即有“正宁”“江宁”两艘炮艇入坞修理。26 年（1937 年）7 月抗战爆发后，二号船坞和一号船坞多次遭日机轰炸，30 年（1941 年）和 33 年（1944 年）又两次遭入侵的日军破坏，失去了修船能力。

在晚清和民国时期，船政修船除上槽修理和入坞修理外，也进行码头泊靠以及江面停航修理，统称航修。航修业务以军船为主。抗战胜利后，国民党海军接收马尾造船所，着手组建“海军兵舰修配厂”，以修理舰舶为本厂的主要功能，建厂计划已拟定，但在 1949 年，建厂机构随同国民党军队败退台湾而无果。

第五节 首先使用新式电器

电灯、探照灯、电风扇、电信等都是新生事物，船政一发现就首先应用。1879 年 9 月（光绪五年八月）船政就试用电灯，1888 年 11 月船政各厂已通用电灯。为此，添机建房，用去价银 2800 余两。1885 年 12 月，船政制造的第 26 艘轮船——铁胁快舰“镜清”号就装上探照灯。随后，电风扇在后来船政建造的舰艇上使用。每艘轮船都装有电灯、探照灯和电风扇等电器。

电信，即用电来通信。它是利用有线电、无线电、光纤等来传送信息的一种通信方式。产生于 19 世纪。用光来通信，20 世纪才有，是一种新的通信方式。

光通信，即用光来通信，是中国古老的一种通信方式，西周已相当完备。那时有烽火台，一个连着一个，把信号传递出去。这就是光通信。当时，垒一个高台，台上放一架桔槔，即可牵引的木机具。桔槔端挂一个兜铃，即铁质的笼子，笼子里放柴薪。遇有敌情等紧急情况，就点起火来，燃着柴薪，发出浓烟。边塞地区用晒干的狼粪，烧起来，烟更浓，称为“燧”。晚上烧柴薪，发出火光，称为“烽”。下一个烽火台看到了，照样烧起烽燧，这样传递下去，一直传到京师。中国三千年来，一直使用这种光通信，引进电通信后就不再采用了。

近代电信有电话、电报等通信方式。电话是利用电信号互通言语，1876 年 3 月美国贝尔发明了电话，1887 年美国麻省安上第一部电话。电报是利用电信号传输文字、图表的远距离通信方式。1835 年美国莫尔斯创造一电码，用手开关电路，发送电报符号。电话与电报是通过导线进行的，叫有线电话或有线电报。利用无线电波在空间传播，传送声音、文字、图像等的通信方式，叫无线电通信。莫尔斯电码信号进行的就是无线电通信。

1842 年英国大东电报公司在闽江口川石岛敷设川石—上海、川石—香港两线。同治年间（1862 ~ 1874），英国要在中国境内设电线，被清廷拒绝。外国人瞒天过海，偷偷动工，或强行动工。1873 年，丹麦大北公司在吴淞口私自将电线从水下引到上海。

《福州电信志》报道：福州电信通信始于清同治十三年六月（1874 年 7 月），丹麦大北电报公司擅自架通福州泛船浦至马尾罗星塔的电报线并置机通报。福州电信自此发端。光绪元年（1875），福建地方政府出资洋银 4000 元，将大北电报公司的福马线买归官办，翌年展设至长门，供通军报。

1874 年，沈葆桢就考虑闽台必须敷设电缆，通消息。1874 年 6 月 3 日，沈葆桢奏称："台湾之险甲诸海疆……欲消息常通，断不可无电线，并由福州陆路至厦门，由厦门水路至台湾。水路之费较多，陆路之费较省，合之不及造一轮船之资，瞬息可通，事至不虞仓卒矣。"奏文很快得到批准。敷设海底电线从厦门至澎湖，抵安平水程约 500 里。大北公司抢先取得合同，议价大洋 212900 余元（折银 153200 余两）。可是洋商唯利是图，开工时以次货充正品，验收不合格，被沈葆桢拒绝。

1874 年 6 月，沈葆桢在台湾实地考察后，另拟一海底电缆的线路，架设台湾府城到沪尾陆线，再由白沙渡海，敷海底电缆到福清万安寨登陆，架陆线到马尾，转省城。后来这条线路又作修改，从淡水通到福州川石。

1875 年，第二任船政大臣丁日昌到任后，继续实施此项计划。

丁日昌在船政工作一年，次年 12 月即被调任福建巡抚。1876 年 3 月 20 日他将外国人架设的福州至厦门陆上电线买回，5 月交毕拆毁，电线留存。

台湾的陆路电线，由沈国先负责办理。工程技术由陈平国、苏汝灼负责，船政派马尾船厂生产的"飞云"号运电线及电器材料到台湾，7 月始架设旗后至安平线，9 月 5 日架设完毕。1885 年 2 月，在船政衙署内，花银 600 余两添盖电报楼房一座，又花银 600 余两购置电报应用机器料件。

1885 年，台湾建省，首任巡抚刘铭传决心接过沈葆桢的计划，敷设通往福建的海底电缆，南线是安平—澎湖—厦门，采取招标的办法，选择怡和、泰来、瑞生三家洋行，以英商怡和开价 22 万两为最低而成交。八月，怡和洋行承办水线，装由"飞捷"水线轮船到台，经验收，随即驾驶勘量海道，将川石至沪尾水线安妥。福台两省先行通行电报。北线从沪尾至川石，电报学堂第一批毕业生参与工作，1887 年 4 月重新勘察，6 月电线运抵台湾，由"飞捷"号装载人员、物件在台湾海峡布线。7 月开始敷设，全长

117 海里，10 月 11 日开始营业。

1895 年 4 月，甲午战败之后，清廷被迫签订《马关新约》11 款，将台湾割让与日本。闽台海底电缆归属成了争议焦点。

1895 年，川石至淡水的海底电缆中断，日本抢先修理。盛宣怀考虑到修理费用过大，国家无力支付，不得已以 10 万英洋低价出售。日本购得川淡海线后，委托英商大东公司经营福州方面业务。但觉醒了的中国人民展开斗争，要收回列强在华的种种特权，电信员工也展开一系列斗争。1931 年 5 月 1 日，福州电信员工自行砍断川石水线房外海底电缆，闽台电信中断。

陈道章认为："台海两岸电信丝路不同于大东、大北二公司在华私设的线路，它是中国出钱购买水线船、机器、材料，中国人参与敷设的，主权属于中国。线路虽断，影响至今却不绝如缕。船政员工创办了中国第一家电报学堂，毕业学生在全国各地自力更生建设电信线路，培养电信科学人才，发展电信事业，其功是不可泯灭的。"

海底电缆是一条砍不断的线，把台湾和大陆紧紧地联系在一起。它开通了 43 年，促进了台湾与大陆的信息交流。台湾有关人士说，这条电缆就像台湾和大陆的"文化脐带"，"寻找它，就是要让台湾人知道自己的根在哪里"。

中国人自主铺设海底电缆的事实再次表明，船政是成功的。

第六节 试制水上飞机

中国风筝是人类最原始的飞行器。美国华盛顿国家航空博物馆就介绍了中国的风筝。18 世纪，欧洲人依据孔明灯原理，发明了热气球。随后又在热气球上配备推进器，以便定向飞行。后又有人将球体改成鱼状，成了飞艇。19 世纪末，欧洲人热衷于滑翔机的试验。1903 年 12 月 17 日上午，在美国东部的一个海滩上，一架与众不同的"飞行者"号试飞成功。发明者是自行车修理匠莱特兄弟，第一次飞行仅 12 秒，距离仅 30 米。但大家却欢呼人类自由飞行时代的到来。

1914 年，第一次世界大战爆发。当时的国民政府已认识到飞机、潜艇的威力，于是命令海军总长刘冠雄生产飞机和潜艇，并同意变卖新购进的军舰“习鸿”号，作为筹办经费。第二年，即派魏瀚、韩玉衡、陈宏泰等13人赴美国学习飞机、潜艇制造技术。同时命令在英国留学的巴玉藻、王孝丰、王助、曾诒经4人转赴美国麻省理工学院航空工程系学习。年底，派郑礼庆、陈绍宽到欧洲观战，并令陈绍宽调查飞机、潜艇制造技术。

1917年，国民政府国务院决定在马尾增设“福州飞潜学校”，任命福州船政局局长陈兆锵兼任校长。飞潜学校的学生由艺术学校选送，编为甲乙班，又在福州公开招收中学生50名编为丙班，于1918年春开学。由留学归来的巴玉藻、王孝丰、王助、曾诒经讲授飞机制造专业知识。随后又开办航空班，培养海军飞行员，学制4年。这就是中国最早培养飞机、潜艇制造和飞行员、潜艇驾驶人才的高等学校。

1918年1月，刚刚再任海军总长的刘冠雄同意陈兆锵的请呈，决定设立“马尾海军飞机工程处”，由巴玉藻为主任，王孝丰、王助、曾诒经为副主任，设立飞机制造厂，着手制造水上飞机。至此，中国创办的飞机制造业诞生了。

一　涉足飞机制造

飞机制造工厂的厂址选在造船厂西北濒江处，将船政局原铁胁厂改建为木作、机械车间，将一个造船台改造为飞机棚厂和装配厂，工人300人。工程处初具规模，即着手试制飞机，在简陋的条件下，克服重重困难，于1919年8月造出了取名“甲型一号”的双桴双翼水上飞机（所谓水上飞机，就是利用水面滑行继而升空的飞机，美国波音飞机厂首制飞机即为此型），这就是我国国产的第一架飞机，是值得我们引以为豪的国产飞机。该机总重量1055千克，100马力，最大时速120千米，配有双座双操纵系统，供飞行教练用。机成之后，无人试飞，延至1920年2月，由华侨飞行员蔡司度进行了首次飞行。

1920年5月制成“甲型二号”飞机，试飞正常。1921年2月“甲型三号”飞机竣工。1922年开始生产乙型水上飞机。1924年生产丙型飞机。1924年，工程处造出“海鹰”一号海岸巡逻飞机，为鱼雷轰炸机，此机在试习时失速附水，俄国飞行员萨芬若夫不幸身亡。后又造出同型机两架，最大时速为180公里，最大飞行高度3800米，海面爬高率每分钟161米，装有机枪、火炮各一门，携带炸弹8枚。巴玉藻病逝后，根据他生前设计的图纸，制造出新型飞机“江鸿”号。该机总重量1168千克，功率121千瓦，航速每小时90英里（144.81千米），最大航速109英里（175.38千米），曾由马尾起飞至湖北汉口，在长途飞行中经受住了考验，显示了较高的航空技术水平。

1930年，蒋介石下令，马尾飞机厂搬迁上海，并入江南造船所。至此，马尾共造飞机17架（后两架在江南厂组合成机）。在上海，飞机制造厂造出飞机6架，第3架“宁海”号为舰载飞机，第5、6架机改为地面滑行起飞的陆机。抗战爆发后，飞机厂经几番搬迁至四川成都，归并到宋美龄为主任、陈纳德为顾问的航空委员会，改组为“第八修理厂”。从马尾跟随而来的我国第一代航空技术人员，以其精湛的飞机制作技艺，成为当时航空界很有名气的“马尾派”。马尾成功地首制国产飞机，还培育出一大批技术人员和飞行员，成为我国飞机制造业发祥地。

二 飞机首创的争议

冯如首制说。冯如，生于1883年，广东恩平人。1895年赴美国。1907年，受美国莱特兄弟首创动力飞机的影响，在华侨资助下，在旧金山以东的屋化（Oakland）设厂研制飞机。当年就造出第一架飞机，但试飞没有成功。到1910年10月冯如已造出了第三架飞机，试飞十余次均告成功。这架飞机时速达60英里，最远飞20英里，在当时算是拔尖的航空器。美国报纸多番报道，齐声赞扬。1911年1月，他携机回国。1912年8月25日，在广州郊外进行飞行表演，因失事殉难。冯如是飞机制造业的先行者、佼佼者，可惜的是英年早逝，未能完成首创中国飞机制造业的宏愿。

北京南苑航空学校首制飞机说。南苑航空学校飞机修理工厂1913年设立。翌年，潘世忠（留学飞行家）任厂长期间，请来外国技师指导，仿制了螺旋桨和飞机机身、机翼等。据说，在1916年利用外购的80马力航空发动机，自行设计、制造出一架架飞机。事实上，该厂是利用损坏的几架飞机部件（购自国外），拼装整合成一架教练机，而非新造产品，也未见飞行记录，谈不上首创中国飞机制造业。

“乐士文第一号”飞机说。数年前曾有数家报刊登载：广州大沙头飞机修理厂1923年6月制成的陆上双翼教练机，为中国自制的第一架飞机。这架由留美飞行家杨仙逸主持制造的飞机是成功的。孙中山和宋庆龄主持了试飞典礼。试飞时，宋庆龄一同乘飞机上天。这架飞机就以宋庆龄读书时的英文名字“乐士文”命名为“乐士文第一号”。孙中山为此题了“航空救国”四字，然而，“乐士文第一号”是1923年制成的，比马尾船政局生产的飞机晚了4年。

以上几例史实，西北工业大学姜长英教授所著的《中国航空史》一书中，都有翔实记述。他在书中明确指出，设在马尾的“海军制造飞机处，是我国历史上第一个正规的飞机制造厂”。武汉交通科技大学的席龙飞教授在《中国造船史》一书中也指出，“福州船政历史地成为中国航空工业的摇篮”①。这应该成为我们业内人士的共识，也应该通过社会各界人士的共同努力，还历史以本来面目，让世人知道船政首创中国飞机制造业的辉煌历史。

马尾飞机制造业的诞生是和船政奠定的工业基础分不开的。没有船政这个历史积淀，马尾的飞机制造业无从诞生。1866年创建的福建船政为飞机制造业的首创奠定了丰厚的物质基础和人才基础。水上飞机制造之前，福建船政已制造了一批千吨级的船舶，成为中国近代科技和工业的摇篮。巴玉藻、王助等航空界精英都是留英留美归来的学生。巴玉藻取得硕士学位后曾任美国通用公司第一任总工程师，王助任美国波音公司第一任总工程师。正因为有如此坚实的根基，在筹建飞潜学校和飞机厂的时候，虽然大沽、上海等处也列为选址的地方，但最后还是选定在马尾。

马尾首创中国飞机制造业是马尾的骄傲、船政的骄傲，也是中国人的骄傲。它的成功开创了中国人自己的飞机制造业新纪元。马尾飞机制造业的诞生和发展浸透着爱国自强的船政精神。他们不图在美国的优厚待遇，不顾美方挽留，毅然回国，为的是什么呢？他们因陋就简，克服种种困难，艰苦创业，终于取得成功，不正是体现中国人的自强不息精神吗？他们尊重科学，

---

① 席龙飞：《中国造船史》，湖北教育出版社，2000，第325页。

用国际通用的“沙袋法”，以高出空中实际数倍的压力作耐压、抗弯、抗扭曲等试验，保证了制造质量和飞行安全，不正是实事求是的态度吗？他们不断试验，不断改进，制成了甲、乙、丙、戊等型号的飞机 17 架，不正是体现爱国自强的民族精神吗？我们要弘扬的，正是这种精神。

三 造飞机初露锋芒

第一次世界大战中，飞机在军事上的作用初露锋芒，国内各军阀派系也酝酿设厂自制。北洋政府海军部几经考察选择，同意福州船政局局长陈兆锵呈请，认可马尾“地段最宽，足敷展布，而厂所机器尤足”的优势，拟定在马尾设厂造飞机。民国 7 年（1918）1 月，经北洋政府国务院批准，船政局内附设海军飞机工程处，组建了我国第一家飞机制造厂。

飞机工程处隶属福州船政局，委任留学美国并取得航空工程硕士学位的巴玉藻为飞机工程处主任，同学历的王助、王孝丰、曾诒经三人为副主任。海军部计划拨付开办费 5 万元未到位，改由船政局垫支 2 万元用于设厂基建。制造飞机的工场设在船政局西北区域，改造铁胁厂为木作车间和机工车间，改造船台为飞机棚厂和装配厂，在临江地段敷设飞机下水滑道，所制飞机产品定位于从水面起飞的水上飞机。

图 2-8 马尾海军制造飞机处

民国17年（1928）9月，海军飞机工程处改名海军制造飞机处，归属海军司令部公署直辖，委巴玉藻为处长。此际巴玉藻奉派赴欧洲考察，由王助副处长主持工作，不久辞职。巴玉藻回国后于18年（1929）6月病逝，曾诒经接任处长一职。19年（1930），海军部下令马尾飞机制造处迁往上海，并入海军江南造船所。20年（1931）2月完成搬迁。飞机制造厂仍以曾诒经为处长，在上海继续制造飞机至抗战爆发。

海军飞机工程处设立不久，即着手制造水上飞机。因开办费不足，新式精细机器无从添置，只得使用造船旧设备。飞机制造许多部件的制作需要手工，工程处从局内挑选技术上等的机械工、钳工、木工和油漆工四五十人，分专业施以培训，固定在各车间工作，另招收年轻学徒二三十人进行专业培训。为让工人对制造飞机有整体的了解，巴玉藻等人还专门为工人授课，讲解简明飞行原理、飞机发动机和机体结构学原理，使这些工人很快成长为我国第一代航空制造业的技术人员。

四　因陋就简生产飞机

水上飞机的整体设计由巴玉藻、王孝丰、王助主持，发动机购自美国，由曾诒经负责调试安装。他们认真吸取欧美航空的最新科研成果，作为飞机各构件的设计依据，同时凭借自己的所学和在国外的丰富实践经验，勇于创新。制造飞机所需的钢、铝等金属材料及发动机，当时国内不能生产，只得购于国外。而大量使用的木质材料，欧美各家多采用白银枞、胡桃木等，如亦向国外采购，价昂且费时，巴玉藻等决定选用国产木材取代。经深入调查国内木材品种，筛选质优者反复施以严格的物理试验，认定闽产杉木、白梨木、樟木和白麻栗木完全可以用于飞机制造。杉木质坚韧，与国外白银枞相等，用造机身、机翼及机桴主体；白麻栗木质柔韧，易于弯曲，用造龙骨等弯曲部分；樟木、白梨木纹细质坚，用作骨架、框架的加强角。保护木体的桐油、生油漆乃我国特产，其质远胜舶来品。

除严格选用材料外，飞机制造者还严把试验关。如对翼体，采用了国外各厂通用的沙袋加载法。即以每十磅重的沙袋多件分布翼上，以代表各部位在空中所受压力，作抗扭、抗弯试验，所施沙袋总重量，又数倍于飞机在空中所受压力，以确保飞行安全。

在简陋的条件下生产飞机，困难重重。但飞机工程处的制造者以严谨的科学态度，闯过重重难关，经过一年多努力，于民国 8 年（1919 年）8 月造出我国第一架水上飞机——“甲型一号”，时距美国莱特兄弟 1903 年首制原始动力飞机仅十余年。鉴于国产飞机的首制成功，北洋政府总统徐世昌发嘉奖令给予表彰。

图 2－9 “甲型一号”双桴双翼式水上飞机

海军飞机工程处（海军制造飞机处）设厂当年即着手飞机制造，至民国 19 年（1930）共制出飞机 15 架，另有 2 架已完成部件制作，迁往上海后组装成机。所造飞机共七种型号，以“甲、乙、丙、丁、戊、己、庚”为序号，其中部分飞机另加命名。飞机使用性能，分别为教练机、海岸巡逻机、鱼雷轰炸机。

甲型飞机共造三架，为双桴双翼式水上飞机，发动机功率 100 马力，整机重量 1055 公斤，最大时速 120 公里。配有双座双操纵系统，供飞行教练用。其设计构造注重飞行稳定性及安全系数，起降速度低，便于初学者驾驶。安全系数为八，即飞机在空中可担负八倍于实际的压力。飞机前、后座俱有驾驶操纵杆。主、副翼、尾翼、升降舵、方向舵、机身及机桴均以杉木制成。两翼与机身内以钢线牵紧，外蒙麻布。各柱间以钢线扭紧，操纵机构以钢丝绳操纵转动。

甲型一号制出后，于民国9年（1920）2月进行试飞，首次飞行成功。当天第二次试飞时，因飞行员紧张而失速侧滑坠水，机身损坏但发动机完好。工程处使用这台发动机于同年5月又造出甲型二号，试飞成功。甲型三号制成于10年（1921）2月。

乙型飞机是甲型飞机的改进型，机身略小，时速130公里，仅造一架，仍作教练机用。

“丙”式为拖进式双翼双桴水上飞船，配360马力发动机。设计注重载重量，战时可载重量炸弹。驾驶舱在机翼前方，前、后设有机关枪射击舱，以抵御敌机。平时也可作载客用，可搭乘4人。船身为流线椭圆形。翼下两端各挂一机桴。发动机置于驾驶座后部悬于两翼之间，燃料箱两只安在上、中段。丙型飞机制成2架。

“丁”式为拖进式双翼双桴飞机。丁型一号设计功能为海岸巡逻机，功率200马力，1924年春制成后，在试飞中失事。民国17年（1928）改进设计，发动机功率360马力，功能改为长途轰炸及放射鱼雷。驾驶两座并肩，位于机翼后，驾驶舱背后有炮手舱。机舱与驾驶舱之间安放炸弹舱，底部有一圆洞，炸弹由此以机械按钮掷下。弹舱面积较宽，平时可改为四座位载客。两机桴之撑柱分开，中间无横柱，可从机身下放射鱼雷。丁型飞机制成3架。

“戊”式为教练兼侦察水上飞机，翼间单柱拖进式双翼双桴，配120马力三汽缸圆射式气冷发动机。设计特点是构造简单，修理容易。机身除首部安装发动机部分以钢管、钢件构成机座外，其余不用钢件、钢线。机体以四个小方舱构成，撑柱与梁衔接用双层棒木胶连接，以铜帽钉钉牢，抗弯、抗扭性强。机身备有三座，后座两人并肩，双副驾驶操纵，前座为观察员座位，设置有摄影、炸弹瞄准器及炸弹操纵机关。戊型飞机制成4架。

“己”式水上飞机是“戊”式改进型，配165马力旋风发动机，提高速度及增加航程，为高级教练机。机翼下可悬挂炸弹四枚，由驾驶座操纵投放。驾驶员两人并坐，其后面有一座位，长途飞行中可改为行李箱。机身前部及发动机架系钢管构成，尾翼角度在空中可以调整，飞机飞行时首尾轻重可调节平衡。所有撑柱采用轻质钢管。已型飞机制成2架。

“庚”式飞机为水陆互换双翼机，即机桴和着地轮可互换，具有在水面和陆地升降的功能。庚式飞机共造两架，工程同时进行。先在马尾进行设计，并制成机体各部件之大部分，后随厂搬往上海江南造船所，于民国20年（1931）10月在新厂完成组装，分别命名为江鹤号（庚一）、江凤号（庚二），使用功能为水陆教练机，兼具侦察机性能。发动机功率165马力，时速100公里，乘员2人，可携带炸弹4枚。

海军飞机制造处搬迁至上海后，除组装制造出上述庚式飞机两架外，至民国26年（1937），还造出水陆两用机、舰载机和陆地飞机10架。其中舰载机配置上海江南造船所制造的“宁海”号军舰，取名“宁海二号”。海军飞机制造处在上海期间，还仿造出美国“弗力提”式双翼陆上教练机12架。

为解决水上飞机驻泊问题，民国11年（1922），巴玉藻、王助联合设计出水上浮动飞机库，交由上海江南造船所制造完成后，移至江西湖口使用。水上飞机库又称浮站，由坞身、棚厂、抽水机及水管道三大部分构成。

第七节　近代工业的先行者

沈葆桢看到船政学堂的成效，高兴地说：“臣访闻所派教习咸能认真讲授，生徒英敏勤慎者亦多，其顽梗钝拙者随时去之，有蒸蒸日上之势。”① 访问船政的英国人寿尔在《田凫号航行记》中写道：“这事（指船政学生留洋）已经办了，我们不久就要看到结果，因为一个巨大的变化已在目前，当这些青年带着旷达的眼光和丰富的西方学问回到中国时，一掬酵母将在中国广大的群众之中发生作用，这对于整个人类将不能没有影响。”②

船政学堂培养人才是近代一大亮点。从船政学堂同治五年（1866）开

① 张作兴主编《船政文化研究——船政奏议汇编点校辑》，海潮摄影艺术出版社，2006，第22页。

② 寿尔：《田凫号航行记》，《洋务运动》（八），上海人民出版社，1961，第425页。

办至宣统三年（1911）底，前后办学45年，有文字记载的毕业生数超过1357人，已查明的毕业生共计650人（无记载的无法计入），其中：制造学堂毕业生167名；绘画学堂第一届毕业学生2个班22名，另有一班10名学生转入前学堂第一届毕业，第二届以后毕业生人数不详；艺徒学堂第一届毕业学生4个班87人，第二届起，毕业人数和名单不详（按船政学堂有文字记载的招生人数和在校生人数等情况看，艺徒学堂和匠首学堂毕业生总数约在500人以上）；驾驶学堂，毕业生245名；管轮学堂，毕业生129名；电报学堂，毕业生6名。

一　近代工业的先驱

船政学堂培养的英才中，有一大批是造船、铁路、矿业、机械工业的杰出人才，他们都是近代工业的先驱。赫赫有名的有郑清濂、魏瀚、陈兆翱、詹天佑、林庆升、林日章、李寿田、池贞铨等。

同治十三年（1874），外聘的洋匠完成合约陆续回国，自己培养的学子成为造船骨干。光绪元年（1875），船政前学堂学生吴德章、汪乔年、罗臻禄、游学诗等首次自行设计、自行建造轮船，被沈葆桢誉为“实中华制船发轫之始”。“艺新”号的成功建造，标志着船政开始进入自主造船时期。随后，自造轮船和更新换代，都离不开船政自己培养的专家。魏瀚就是其中杰出的一位。

魏瀚（1850～1928），原名植夫，字季渚，福建侯官（今闽侯县）人。清同治六年（1867），考入船政学堂前学堂，为第一届制造艺童。光绪元年（1875）秋，与陈兆翱、陈季同、刘步蟾、林泰曾等同学，随同日意格赴欧游历。三年（1877），作为第一批赴欧留学生正式赴欧学习，入法国削浦官学学习造船制机。在法兼习法律，受聘于法国皇家律师会，获法学博士学位。五年（1879）回国，在船政工程处总司造船，与陈兆翱、郑清濂等先后设计、监造了10多艘新式军舰，其中“龙威”号后改为“平远”，具有划时代意义，这是我国建造的第一艘钢甲钢壳的军舰。二十五年（1899），不满法人把持船政而离职，先后任汉阳机器局总办、湖广铁路总办等职。二十九年（1903），以四品卿衔任船政会办大臣，负整顿责任。与法国人重订合约，收回船政包括学堂管理权，启用第一届留学生杨廉臣为提调，决心振兴船政。三十年（1904），被无端革职离开船政，先后担任广东黄埔造船所、水师学堂、石井兵工厂总办及广九铁路总理，海军造船总监（中将同等官）、海军留学生监督等职。民国 4 年（1915），率海军员生魏子浩、陈绍宽、李世甲等赴美学习飞机潜艇制造技术。6 年（1917）由美告老回国。曾任海军中将级造舰总监，授一品。

陈兆翱也是突出的一位。陈兆翱（1854～?），字鹤亭，福建闽县（今福州）螺洲人。清同治七年（1868）考入船政学堂前学堂，为第一届制造艺童。十二年（1873）毕业后留船政工作。光绪元年（1875）秋，赴欧洲学习考察。三年（1877），选为第一批留学生，入法国削浦官学学习轮机制造专业。留学期间，潜心研究，创制新式锅炉与抽水机，受到外国同行的推崇，抽水机以他的名字命名。随后改进轮船车叶，化侧为平，外国竞相效之。五年（1879），学成回国时，船政办公所改为工程处，被委任为总工程师，他负责专司舰船轮机设计与监造，卓有成就，赏赐都司（正四品），戴蓝翎。随后晋升为游击（三品），换戴花翎，又升至总兵（二品）。九年（1883），参加船政自行设计制造的第一艘巡海快船“开济”号的建造工作。十二年（1886），向德国购买的鱼雷艇“福龙”号到闽，奉派登艇勘察、验收。十五年（1889），船政建造了中国第一艘钢甲巡洋舰“平远”号，负责监造船机。总管船机方面的设计和制造，先后监造“广甲”“广乙”“广丙”“广庚”“福靖”“通济”“福安”等舰艇。

李寿田也是学堂培养的佼佼者。他先为绘事院画童，同年冬为造船艺童。毕业后留船政任职。光绪三年（1877），作为第一批留学生，入法国削浦官学学习轮机制造。1880 年学成回国，任船政工程处制机总工程师，授守备（五品）加都司衔。与魏瀚、吴德章、郑清濂等人密切合作，先后制造了近代第一艘巡海快船“开济号”，第一艘钢甲巡洋舰“龙威号”（后改为“平远”号），大型钢管鱼雷快艇“广乙”“广丙”十几艘军舰。中法战争后，于十二年（1886）奉命赴广西参加勘定中越边界。

刘冠南也是众多成功者之一。刘冠南（1856～1925），原名敦浚，字轩冕，福建闽县人，刘冠雄三哥。同治十年（1871），入福建船政艺圃学习，后选入后学堂第二届管轮专业。毕业后任职北洋水师，历任“扬威”“康济”“镇远”“通济”“海圻”等舰管轮。参加过黄海海战及威海卫保卫战。民国元年（1912），任海军总司令处轮机课长。5年（1916），出任江南造船所所长，授海军轮机少将。6年（1917），授海军轮机中将。8年（1919），获“二等宝光嘉禾章”。在江南造船厂任上，大力新建、扩建厂房、船坞等设施，延揽大批人才，改革管理制度，制造了一批大型军舰；为美国方面制造“官府”“天朝”“东方”“震旦”等4艘万吨运输船和6艘炮舰。

船政成立前后，不少商人欲购船设公司兴办近代航运业。船政创建后，在制造兵轮时，亦间造商轮8艘，为商雇提供了可能。1872年6月，李鸿章提出“闽厂似亦可间造商船，以资华商领雇”，是为寻找养船经费来源和商轮出路。12月，他在《试办招商轮船折》中说“将来间造商船，招领华商领雇”一事得到总理衙门允准，并让其“妥筹办理”①，乃奏请试办轮船招商局。船政不仅促使轮船招商局的诞生，且让招商局承领“福星”轮，免租价用商轮“永保”“海镜”“琛航”三船为招商局采办米石北运天津外，还将船政制造的最大商轮“康济”号，由轮船招商局“承领揽运”②，行走于上海与香港一线，有利于招商局航运业务的发展。此外，船政制造的“琛航”“永保”等船，定期往来于福州和台湾之间，名为渡送官兵，可“既准搭客，且准运货”，“俨然与商船无异”，海关因此按商船要其纳税。同样，“海镜”轮往来烟台等地时，“附搭客货，亦授‘永保’、‘琛航’成案，照章稽查完税”③。这些都促进了民用航运业的发展。

船政学生到铁路部门任职，推动了铁路建设，1907年，邮传部尚书岑春煊说，邮传部“创设伊始，百端待理。举凡轮、路、邮、电诸务”，“若无提纲挈领之员，以资佐理”。他称魏瀚“于轮、路诸学，极为讲求”，将

① 《李文忠公全书·奏稿》卷十九，第49页；卷二十，第32页，光绪三十一至三十四年刻本。

② 《福州船厂》下，海防档，第852页。

③ 沈云龙主编《邮传部奏议类编·续编》卷1，台北文海出版社，1957，第10~11、86~87页。

其调部，“在左丞、参上行走”；调丁平澜到部“差委，以备任使”。次年，除调陈寿彭到部，“以主事补用”，调郑守钦“归臣调遣”，还调林怡游去做重要工作。1885 年，李大受到京汉路长期工作，于 1906 年任养路副总管，卢守孟任京汉路行车总管，“行车有年，洵为在路得力之员”[①]。1908 年，除魏瀚去广九路任总理外，李大受和曾毓隽、关赓麟等船政学生亦被派去勘测川汉路。

在铁路建设上建奇功的尤推郑清濂和詹天佑。京汉路是沟通南北大动脉的主要干线，亦是外国觊觎争夺的主要铁路。1908 年，邮传部以京汉路事繁重，又专筹议赎路，急需娴习外交，熟习路务人员，乃调于 1907 年任汴洛路总办的郑清濂为京汉路总办，为顶替任总监督的高而谦，另调广九路提调的丁平澜接任。邮传部称郑清濂“品端守洁，不染习气，熟谙路政，兼精工程艺学”，让其任总办，“以节制汉洋各员，督饬修养诸工”。詹天佑更为出色，他承建的京张铁路于 1909 年 10 月在南口举行通车典礼时，有中外来宾万余人前来观看，邮传部尚书徐世昌在通车典礼大会上说，“本路之成，非徒增长吾华工程师之荣誉，而后此从事工程者，亦得以益坚其自信力，而勇于图成。将来自办之铁路，继兴未艾，必以京张为先河”[②]，创我国铁路史上奇迹，成为举世闻名的铁路工程专家。

郑清濂，1854 年生，1927 年卒，字景溪，福建闽县（今福州）黄山乡人。清同治六年（1867）考入船政学堂前学堂，为第一届制造艺童，十二年（1873）毕业。光绪三年（1877），为福建船政第一批留学生，在法国削浦官学专攻轮机制造，又在汕答佃洋枪厂兼习洋枪制造。六年（1880）毕业，又赴英、德、比学习，学成后留德监造“定远”“镇远”等军舰。九年（1883）回国，任船政工程处总司，升都司（正四品），赏戴花翎，后升副将（从二品），加总兵衔。兼任前学堂教习，先后参与设计、监造“镜清”“寰泰”“广甲”“平远”“广乙”“开济”等新式舰船，十九年（1893）参加设计修建罗星塔青洲船坞。三十一年（1905）任船政会办大臣。三十三

① 沈云龙主编《邮传部奏议类编·续编》卷 3，第 278 页。

② 徐泰来：《中国近代史记》（中），湖南人民出版社，1989，第 195 页。

年（1907）任汴（开封）洛（洛阳）铁路总办，翌年改任京汉铁路总监督。宣统元年（1909）随萨镇冰等赴欧考察海军，回国后赐工科进士。二年（1910），先后任邮传部参议、海军部顾问等职。民国 2 年（1913）任福州船政局局长。4 年（1915）辞职回乡。民国时期，海军部曾授予海军少将和任造舰总监（中将同等官）。

詹天佑 1861 年出生，字眷诚，原籍安徽婺县（今属江西），出生于广州。清同治十一年（1872），考取幼童官费赴美留学，光绪四年（1878），以优异成绩毕业于纽海文中学，同年考入耶鲁大学土木工程系，专攻铁路工程。七年（1881）回国，被送入船政学堂后学堂学习驾驶，奖授五品军功。翌年秋毕业，登“扬武”舰实习。十年（1884）任后学堂教习。年底，调广州任博学馆（后改称水陆师学堂、水师学堂）教习。十四年（1888），入中国铁路公司任职，开始献身铁路事业，一生成就卓著，被誉为中国“铁路之父”。三十一年（1905），被委任为京张铁路会办兼总工程师，次年升任总办。京张铁路工程困难重重，他以惊人的毅力，攻克险峻的关沟段，凿通号称天险的八达岭隧道，解决了青龙桥坡道难题，提前两年实现全线通车，成为中国自建的第一条铁路。清廷表彰，授工科进士。同年秋，赴宜昌任川汉路总工程师。宣统二年（1910）任粤汉铁路粤总理。民国元年（1912），任粤汉铁路会、交通部技术总监等职。同年，任中华工程师会会长。2 年（1913），主持编撰《京汉铁路工程纪要》和中国第一部工程技术词典《华英工程词汇》及《京张铁路标准图》等。曾发明火车车厢间挂钩，国际上称为“詹天佑挂钩”。周恩来曾称赞其成就是“中国人的光荣”。民国 8 年（1919）因积劳成疾，在汉口病逝。中华工程学会为表彰其功绩，在青龙桥建立铜像，以为纪念。

根据文献记载，20 世纪初在各路局任要职的船政学生有：光绪三十二年（1906），李大受任京汉路养路副总管；卢守孟任京汉路行车总管。三十三年（1907），高而谦任京汉路总监督。三十四年（1908），郑清濂任京汉路总监督。宣统三年（1911），王寿昌任京汉路会办。民国 5 年（1916），曾毓隽任京汉路局长。光绪三十四年至民国 12 年（1908 ~ 1923），丁平澜任正太路总办局长。民国元年（1912），卢守孟任陇海路局长。光绪三十三年（1907），郑清濂任汴洛路总办。三十四年（1908），丁平澜任汴洛路总办。宣统元年（1909），魏瀚任广九路总办。还有，吴应科任沪宁路总办（时间不详）。宣统三年（1911），郑诚任京绥路总办兼京张路会办。光绪三十三年（1907），陈庆平任漳厦路总工程师、王回澜任副总工程师。民国9年（1920），关赓麟任粤汉路督办。

台湾于光绪三年（1877）敷设电线时，福建巡抚丁日昌就派船政前学堂制造专业毕业生苏汝约、陈平国“专习其事”。同治十三年（1874），日本借故派兵入侵台湾。清廷急派船政大臣沈葆桢赴台处理台湾事务。沈葆桢赴台后，深感军务紧急，电信重要，于是奏请清廷，自设闽台海底电缆。随后又提出自己培养电信人才。于是继任的船政大臣丁日昌在船政学堂附设电报学堂，到光绪八年（1882），学堂共培养电信人员140人，为闽台海底电缆的铺设奠定了人才基础。光绪十三年（1887），在闽台各方和船政电报学堂毕业生的努力下，川石岛淡水的海底电缆终于铺设成功。同年10月11日投入对外营运。这就是福州马尾川石岛—台湾淡水的海底电缆，全线长117海里。是船政电报学堂毕业生作为技术人员使用自己的“飞策”号船进行海底铺设的。这是中国铺设的第一条海底电缆。它的铺设成功，标志着近代中国的电信技术已发展到一个新的阶段，也说明船政学堂培养人才是卓有成效的。

二　航空工业制造专家

1918年1月，船政设立“马尾海军飞机制造处”，由巴玉藻为主任，王孝丰、王助、曾诒经为副主任，设立飞机制造厂，着手制造水上飞机。至此，中国创办的飞机制造业诞生了。

飞机制造工厂的厂址选在造船厂西北濒江处，将船政局原铁胁厂改建为木作、机械车间，将一个造船台改造为飞机棚厂和装配厂，工人300人。工程处初具规模，即着手试制飞机，在简陋的条件下，克服重重困难，于1919年8月造出了取名“甲型一号”的双桴双翼水上飞机，这就是我国国产的第一架飞机，是值得我们引以为豪的国产飞机。该机总重量1055千克、100马力，最大时速120千米，配有双座双操纵系统，供飞行教练用。

机成之后，无人试飞，延至1920年2月，由华侨飞行员蔡司度进行了首次飞行。

1920年5月制成“甲型二号”飞机，试飞正常。1921年2月“甲型三号”飞机竣工。1922年开始生产乙型水上飞机。1924年生产丙型飞机。1924年，工程处造出“海鹰”一号海岸巡逻飞机，为鱼雷轰炸机，此机在试习时失速附水，俄国飞行员萨芬若夫不幸身亡。后又造出同型机两架，最大时速为180公里，最大飞行高度3800米，海面爬高率每分钟161米，装有机枪、火炮各一门，携带炸弹8枚。巴玉藻病逝后，根据他生前设计的图纸，制造出新型飞机“江鸿”号。该机总重量1168千克，功率121千瓦，航速每小时90英里（144.81千米），最大航速109英里（175.38千米），曾由马尾起飞至湖北汉口，在长途飞行中经受住了考验，显示了较高的航空技术水平。马尾成功地首制国产飞机，还培养出一大批技术人员和飞行员，成为我国飞机制造业发祥地。

巴玉藻（1892～1929），字蕴华，内蒙古克什克腾旗人，生于江苏镇江。清光绪三十一年（1905），考入江南水师学堂。宣统元年（1909），被选派留学英国，学习制造船炮。次年，入阿姆斯特朗学院学机械工程。在英学习期间，对飞行产生兴趣，常浏览有关书刊。民国元年（1912）暑假，与王助凑了两镑钱，到温德尔门湖上跟飞行家波特尔飞行了一次。4年（1915），与王助、王孝丰、曾诒经等由英国转到美国深造，入寇提斯航空学校学习飞行。同年9月，考入麻省理工学院航空工程系二期。翌年毕业，取得航空工程学硕士学位，为美国自动机工程学会会员。被寇提斯飞机厂聘为设计工程师，继而被通用飞机厂聘为总工程师。同年冬回国，请命建厂自制飞机，得到海军部赞许。民国7年（1918）2月，选址福州船政局，成立“飞机制造工程处”，被任命为主任。4月，兼任福州海军飞潜学校甲班（飞机制造专业）教官，主教数理与飞机专业各科，并亲自编写专业教材。飞机工程处成立后，向美国订购发动机，同时调查国内制造飞机可用材料的情况，进行试验。8年（1919）8月，制成我国最早的一架“甲型一号”双桴双翼水上飞机。随后，陆续制成多种型号海军水上飞机，均试飞成功，获总统徐世昌嘉奖。12年（1923），与王助设计出世界第一个水上浮机站，在马尾设立航空教练所，培养本国飞行员。同年，在上海受孙中山接见慰勉。至民国17年（1928），马尾海军飞机工程处共制造12架水上飞机。同年9月，海军飞机工程处改为海军制造飞机处，直属海军部总署。10月，奉命前往德国参加柏林第二届国际航空展览会。大会期间，潜心研讨各国设计的长处，特别是新式单翼飞机的资料，均一一绘制草图，准备回国后设计制造。会后，去比、瑞、英、法诸国考察，并购买一批机器设备，由马赛港乘船经苏伊士、中东、印度、香港回国。到上海后，面部开始浮肿，回马尾后，与王助等日夜赶绘单翼飞机设计图时病倒，诊断为脑部中毒，抢救无效，于18年（1929）6月30日逝世，年仅38岁。

王助（1893～1965），字禹朋，河北南宫县普济桥村人，生于北京。清光绪三十一年（1905），考入烟台海军学堂。三十四年（1908）毕业后奉派赴英国深造。宣统二年（1910），考入英国阿姆斯特朗海军大学。后进入德兰姆大学学习机械工程。民国元年（1912）暑假，与巴玉藻凑了两镑钱，到温德尔门湖上跟飞行家波特尔飞行了一次。4年（1915），与巴玉藻、王孝丰、曾诒经等由英国转到美国深造，进麻省理工学院学习航空工程。翌年毕业，获硕士学位。6年（1917），被聘为美国波音飞机公司第一任总工程师。年底回国。7年（1918），任海军部马尾海军飞机工程处副主任，兼任飞潜学校专业教官。17年（1928），任海军总司令部上海海军制造飞机处处长。18年（1929），应聘中国航空公司总工程师。后调回马尾继任海军制造飞机处处长。20年（1931），转入中国航空公司任总工程师，不久被调入军政部航空署任上校参事。23年（1934），在中央杭州笕桥飞机制造公司被任命为第一任监理。28年（1939），在成都航空研究所，任副所长兼任飞机组组长。后成都航空研究所扩充为院，任副院长兼理工系主任。36年（1947），出任中航公司总经理的主任秘书。1949年，代理中航公司总经理职务，并转往台湾。1955年，被台湾成功大学聘为教授。1991年，美国波音公司为纪念王助对该公司的贡献，追颁奖状，并在王助任教10年的成功大学设立讲座，以示不忘王助的奠基之功。王助是钱学森的老师。

图 2－10　水上浮动机库（1922 年，由巴玉藻、王助合作设计建成的水上浮动飞机库，这是世界上第一个飞机浮站，成功解决了水上飞机的停置难题）

曾诒经（？～1961），字稔畲，福建闽侯人。光绪三十一年（1905），考入烟台海军学堂。宣统元年（1909），赴英国阿姆斯庄工学院留学。民国元年（1912），考入阿姆斯庄工学院。4 年（1915）毕业，取得机械学士学位。学习期间，受命与王助等负责监造中国订制的“应瑞”、“肇和”两艘军舰。北洋政府为培育航空人才，抽调在英国学习的他与巴玉藻等 12 位中国留学生，转赴美国再留学，进入新伦敦电船公司研究潜艇和发动机。5 年（1916），经巴玉藻等人介绍，进入美国寇提斯飞机制造厂学习航空发动机技术。次年回国，参与筹建海军马尾飞机工程处。7 年（1918），成立飞机制造工程处，任副主任。8 年（1919）8 月，造出了第一架水上飞机“甲型一号”。当时飞机所用的发动机，购自美国寇提斯公司，负责发动机的安装调试。飞机在试飞时因操作不慎坠水，机身损坏，发动机修复后尚可再用，工程处遂用这台发动机又制成了“甲型二号”飞机，试飞顺利成功。16 年（1927），与同仁们发起成立我国较早的科技学术团体“海军制造研究社”，担任特务委员。19 年（1930），飞机制造处迁往上海，并入江南造船所，任处长，全面主持飞机制造。20 年（1931），将马尾运来的两架飞机部件组装成机，使单一的水面起飞机型发展到也可在陆地起飞的机型。22 年（1933）6 月，与特聘的美国飞行员蒲里驾驶“江凤”号做长途飞行。23 年（1934）7 月，首创国产舰载飞机，即配套“宁海”军舰的舰载飞机“宁海”二号。至 26 年（1937），在上海共造出水陆两用飞机、陆地教练机等 10 架。23～24 年（1934～1935），仿造组装了美式“佛力提”式双翼陆上教练机 12 架。抗战爆发后，组织上海飞机厂的后撤工作，先后担任中央航空委员会第八飞机修理厂厂长、机械处处长、航委会参事室参事等职，还创建空军飞机制造三厂。著述有《旧中国海军马尾船政局制造飞机的回顾》等。

三　近代天文学家

船政学子中还有两位是天文台长，一是高鲁，一是王绥琯。

高鲁（1877～1947），字曙青，号叔钦，福建长乐县人。清光绪二十六年（1900）考入船政学堂后学堂，为第十六届驾驶专业学生。三十一年（1905），选派入比利时布鲁塞尔大学攻读工科，获博士学位。宣统元年（1909），在法国巴黎加入同盟会。辛亥革命后，随孙中山回国。民国元年（1912），任南京临时政府秘书兼内务部疆理司司长。2 年（1913），出任北京中央观象台台长，并在北京女子高等师范学校和北京大学任教。同年，赴日本考察天文、气象事业。翌年，出席在东京举行的东亚气象台台长联席会议。回国后，创办《气象月刊》，后改《观象丛报》，普及天文知识。4 年（1915），在北京筹建大型天文台，在库伦（今乌兰巴托）附设测候所，为中国现代天文气象研究打下基础。7 年（1918），出席在巴黎举行的时辰统一会议。不久，任中国留欧学生监督。10 年（1921）回国，仍任中央观象台台长。翌年，倡导成立中国天文学会，当选为第一任会长和总秘书。16 年（1927），任教育行政委员会秘书。次年，任国立中央研究院天文研究所所长，主持紫金山天文台的测量工作。17 年（1928），任中国驻法公使，发明天璇式中文打字机。20 年（1931）7 月，召回国任教育部部长。旋改任监察部监察委员。26 年（1937），主持《世界百科全书》中《天文学全书》编辑工作，负责编写《中国天文学史》，可惜书稿在抗日战争中散失。著有

《中央观象台之过去与未来》《星象统笺》《图解天文学》《空中航行术》《积分释义》《相对论原理》《世界联邦论》等。

王绶琯，1923年1月生于福州。1936年就读于海军学校造船科，1945年赴英国留学，1946年在皇家格林尼治海军学院造船班深造。1950年改攻天文，并被聘为伦敦大学天文台助理天文学家。1953年回国，先后就职于中科院紫金山天文台、上海徐家汇观象台、北京天文台。1980年当选为中国科学院院士，历任中科院北京天文台研究员、台长、名誉台长。曾担任中国天文学会理事长（现为名誉理事长）、中科院数学物理学部主任。王绶琯开创了中国的射电天文学观测研究并进行了颇有成效的推进，对提高中国时号精度、推动天体测量学发展做出了重要贡献。他负责并成功地研制出多种射电天文设备，取得许多重要研究成果，是中国现代天体物理学的奠基者之一。他还是全国先进科普工作者，长期致力于面向公众特别是青少年的科普工作，倡导并精心创立了北京青少年科技俱乐部，多次在中学、科技馆、天文馆演讲、座谈，编著了一系列青少年科普读物。1993年，由紫金山天文台发现的国际编号为3171号的小行星，被正式命名为王绶琯星，以示对这位中国天文学者的尊敬。

第八节　船政科技影响深远

船政的科技影响深远，青溪铁厂就是一例。贵州的矿产丰富，煤铁的储量多。随沈葆桢巡台的潘霨，担任贵州巡抚时就对开矿十分感兴趣。他说，国家创立海军，需要煤铁，开发贵州地下宝藏“正其时也”。光绪十一年（1885），潘霨上了办铁厂的奏折，很快得到清廷的批准。次年又批准了章程，同意以股份形式到上海招募股份；在贵阳设立矿务招商局，在青溪设立炼铁总局，在镇远、常德、汉口、上海设立分局；任命上海制造局候选道潘露兼办贵州矿务，任贵州机械矿物总局总调度。潘露是潘霨的弟弟，“讲求西学三十余年”，曾被左宗棠奏派办理在金陵、上海两局的制造事务，是一个“留心时物，洞悉机宜”的干员。经过5年的筹建，终于投产，炼出了铸有“天子一号”的铁锭。铁厂占地60余亩，设立炼铁、炼钢、轧钢三部分。聘法国人罗克莱等5人担任工程师，固定工人近千人。日产生铁25吨、钢48吨。但开工的第二个月，潘露就积劳病故。贵州一时找不出合适的续办人选。

图2-11 贵州青溪铁厂码头遗址（沈岩摄于2007年）

马尾派的传说也说明这个问题。马尾成功地首制国产飞机，还培育出一大批技术人员和飞行员，成为我国飞机制造业发祥地。虽然马尾飞机厂后迁往上海，并入江南造船所。抗战爆发后，又搬至成都，但骨干力量还是从马尾跟随而来的我国第一代航空技术人员，他们以其精湛的飞机制造技艺，成为当时航空界很有名气的“马尾派”。

福州是受船政影响最深的城市，也是中科院院士福建籍最多的城市。船政选送出国留学生四批及零星派出共111人。他们分赴法、英、德、美、比、西、日等国。学习的专业主要有造船、航海、飞机、潜艇、枪炮、鱼雷、矿冶、机械、无线电、天文等。学成回国，成为我国科技力量的主要骨干，典型的代表有“铁路之父”詹天佑，外交家罗丰禄、陈季同，造船专家魏瀚、郑清濂，矿务专家林应升、林日章，轮机专家陈兆翱、杨廉臣等。他们的影响之深，至今仍使福建的科技人才成为一道亮丽的科技人文景观，仅中科院院士福建籍的就达40多名。不仅居全国之首，在世界各国也十分罕见。

提起中国现代海军界著名人士，福建籍人士更是独领风骚。除了最著名的中国近代启蒙思想家严复，以及清末甲申、甲午海战中大批将领为福州人外，民国时期担任海军总长或总司令的有船政学堂驾驶班毕业的萨镇冰（第二届）、蓝建枢（第三届）、刘冠雄（第四届）、李鼎新（第四届）、程璧光（第五届）、林葆怿（第九届）、黄钟英（第十一届）；天津水师学堂驾驶班毕业的饶怀文（第二届）、蒋拯（第二届）、林永谟（第六届）；江南水师学堂驾驶班毕业的林建章（第一届）、甘联璈（第一届）、杜锡珪（第三届）、陈绍宽（第六届）等。担任过海军部次长的有天津水师学堂驾驶班毕业的谢葆璋（第一届）、刘传绶（第三届）；船政学堂驾驶班毕业的徐振鹏（第八届）、陈训泳（第十六届）；江南水师学堂驾驶班毕业的陈季良（第四届）以及烟台海军学校驾驶班毕业的李世甲（第六届）等。其他担任过舰队司令者更是不胜枚举。中国早期的造船及科技专家大都出自船政学堂制造班，首届21名毕业生，除一名中年早逝外，人人都是各技术领域的科技专家。受船政文化的熏陶，不少名人晚年回到故里福州，均努力办学。

上海交通大学教授、中国造船工程学会船史专业委员会主任辛元欧认为：船政文化首先通过理论联系实际的方式以学习西方技术为突破口，开风气之先，进而派船政学堂毕业生出国深造，这些毕业生中的佼佼者率先根据西方科教兴国的经验兴办各种实学，一时在福州学习西方科技竟成风气。他说：福州科技人文景观的出现实现了沈葆桢兴办船政学堂的初衷及其实现的步骤和终极目标，所谓：船政学堂乃格致关头，认真下手处。以此一篑为始基，积累科技知识，通过办学，不难获九泽之新法即西方先进的科学技术，而今在中国的福州有了一大批科学圣人。其应验如此，实乃中国学术界奇观也！

第三篇
育才篇

同治五年十一月十七日（1866 年 12 月 23 日），船政工程全面动工，求是堂艺局同时开局招生。当时先行开设的是驾驶专业。暂借城内定光寺、仙塔街办学。随后又招收造船专业的学生，暂借城外亚伯尔顺洋房开课。这一点足见创办者的战略眼光，从工程刚开始就借地办学，把“船政根本在于学堂”的战略思想付诸实施。沈葆桢本身就是一个非常了不起的教育家。他的教育理论是深刻的，教育实践是成功的。他主持船政的 8 年，是船政学堂最有成效的 8 年。他的“船政根本在于学堂”“海防根本首在育才”“精益求精密益求密”“去苟且自便之私乃臻神”“能否成材必亲试之风涛”“兼习策论以明义理”“学习全在专心致志”，以及“窥其精微之奥，宜置之庄岳之间”等教育指导思想，都是顺应历史潮流的，有着深刻的意义。

第一节 求是堂艺局诞生

船政学堂的开设，是先引凤，后筑巢，即未建校舍就先招生。同治五年十一月十七日（1866 年 12 月 23 日）船政工程全面动工时，求是堂艺局亦于同时开局招生。当时先行开设驾驶专业。第一次招考的考题是沈葆桢出的《大孝终身慕父母论》，严复报名应试。当时他父亲初丧，见此命题，文情悲切，为沈葆桢所激赏，“置冠其曹”。同年十二月初一日（1867 年 1 月 6 日）求是堂艺局正式开学。但是校舍未建，暂借福州城内定光寺（又称白塔寺）、仙塔街办学。随后又招收造船专业的学生，暂借城外亚伯尔顺洋房开课。这样，中国第一所新式教育的学堂——求是堂艺局终于诞生了。

图 3－1 船政学堂全景

第二年 6 月，马尾校舍建成，求是堂艺局迁至马尾。同治十一年四月初一日（1872 年 5 月 7 日），沈葆桢在《船政不可停折》中奏称：“原议学堂两所，艺童六十名。”[①] 原议的学堂两所就是法语学堂和英语学堂。求是堂艺局搬到马尾后，由于法语学堂的位置在船政衙门之前，所以习惯称其为“前学堂”；英语学堂的位置在后，习惯称其为“后学堂”。

同治十二年（1873 年），法籍船政监督日意格在关于办学的报告中也列

① 沈葆桢：《船政不可停折》，《洋务运动》（五），上海人民出版社，1961，第 115 页。

举了六所学堂。按照日意格的报告，船政学堂分为法文和英文两大类，各有三所，共六所。法文类学堂有三所：造船学堂、绘画学堂（即绘事院）、艺徒学堂（即艺圃）。英文学堂亦有三所，即：驾驶学堂、练船学堂、管轮学堂。光绪二年（1876）增设电报学堂。光绪二十三年（1897）福州将军兼管船政的裕禄按照法国初级学堂和法国监工学堂的办法分为艺徒学堂和匠首学堂。

到光绪二十三年（1897）艺圃分设之后，船政共有八所学堂，即造船学堂、绘画学堂、艺徒学堂、匠首学堂、驾驶学堂、练船学堂、管轮学堂、电报学堂。

一　引进西方教育模式

船政学堂引进的是西方教育模式。前学堂学制造，采用法国军港士官学校的科目训练，修法语，设轮船制造、轮机设计两个专业；后学堂学驾驶，采用英国海军的培养方法训练，修英语，设驾驶、管轮两个专业①。船政聘任法国人日意格为正监督，与之签订了5年包教包会的合同。

同治五年十一月初五日（1866年12月11日），左宗棠提出求是堂艺局的培养目标和专业设置。他说“深明制造之法，并通船主之学，堪任驾驶”，实际上就是培养能自造舰船、船用机械设备的工程技术人才，以及能独自近海和远洋航行的船舶驾驶人员。同治六年五月（1867年6月），求是堂艺局搬到马尾后，专业教师陆续到校任教，专业方向和培养目标相对固定下来。

造船学堂设造船和造机两个专业，培养造船工程师和造机工程师。学制初创时暂定为5年，但实际毕业时已延长至7年。到了光绪二十三年（1897），学制复定为6年。

驾驶学堂设航海驾驶专业，培养具有近海和远洋航行理论知识的舰（船）长（称管带）、大副（称帮带、副管驾或帮带大副）及舰（船）指挥官，分别称驾驶（二副）、枪炮大副（枪炮官）、鱼雷大副（鱼雷官）等。

① 潘懋元：《福建船政学堂的历史地位与中西文化交流》，《东南学术》1998年第4期。

学制暂定 5 年，其中堂课原定 3 年，航行实习和舰上兵器（枪炮、鱼雷等）使用、编队运动、战术等舰课为 2 年。后有的延长到一百个月，所以有“八年四”之称。

管轮学堂设航海管轮专业，培养舰船轮机管理专业人才，包括总管轮（轮机长）、大管轮、二管轮等，学制与驾驶专业一样，但需既上舰课又上厂课。

练船学堂设实际航海专业，培养具有近海和远洋实际航行能力的舰（船）长（称管带）、大副（称帮带、副管驾或帮带大副）及舰（船）指挥官，学制 2 ~ 3 年。

电报学堂设电报专业，培养电报技术人员，学制 1 年。

绘画学堂（绘事院）设船体测绘专业和机器测绘专业，培养船体测绘和机器测绘技术人才。优秀毕业生可升入造船学堂学习（制造学堂第一、二届艺童均有从绘事院的画童转入）。

艺徒学堂（艺圃）设船身、船机、木匠、铁匠 4 个专业，培养船身、船机、木匠、铁匠等造船技术工人，学制为 5 年。

匠首学堂设船身、船机、木匠、铁匠 4 个专业，培养船身、船机、木匠、铁匠等造船技术监工。光绪二十三年三月（1897 年 4 月），艺圃分为艺徒学堂与匠首学堂，学制分别为 3 年，由艺徒学堂艺徒择优升入匠首学堂，培养高级技工（匠首或技师），优秀者可任监工（工程师）。

各个专业都有比较完整的工程教学课程体系，都设有堂课（理论课）、舰课或厂课。堂课有内、外课之分。内课包括公共课、专业基础课和专业课。公共必修课程有外语（法文或英文）、算术、平面几何等，而“圣谕广训”、“孝经”与策论等列为必修课。专业基础课程和专业课程，有的相通，有的则完全不同。

前学堂造船和造机专业，堂课课程设置有算术、几何、解析几何、物理、三角、微积分、机械制图、力学、机械学、船体设计与建造、法语等内课；体育与军训，体育包括田径、游泳等；军训有队列、枪械使用等外课。中文有四书五经、默诵“孝经”“圣谕广训”等。在教学计划安排上，在基础教学阶段和进入专业教学阶段，结合厂课实习，半天堂课、半天厂课，直至毕业。

光绪二十三年（1897），前学堂造船和造机专业学制改为6年，模仿欧洲工科上等学堂（高等专科学校）的课程设置安排教学计划。前两年开设数学、几何、物理等；第3~4年开设数学、代数、平面几何、立体几何、几何画法、重学、物理、化学等；第5~6年开设高等代数、几何、微积分、物理和设计、制造专业课。课程设置和教学安排明显分为文化课、专业基础课和专业课三级制教学。每学期每日均安排中文和外语课。

图3-2　前学堂

后学堂驾驶与管轮专业在课程设置上也有内外课与中文课之分，外课和中文课与前学堂制造专业安排基本相同，内课不同。驾驶专业内课开设算术、几何、代数、三角、物理、化学、高等数学、天文、地理、航海数学、英语、地文航海等。教学计划安排专业基础课和专业课在3年半内教完课程，连同其他课程，堂课5年结束，举行大考，随后转入练船学堂学习舰课和航行训练。管轮专业内课开设算术、几何、代数、三角、物理、化学、力学、机械制图、机器结构、机器和仪表操纵使用、英语等。教学计划安排堂课之外还有厂课实习，进入专业教学阶段，堂课与厂课交替进行，并结合船政自造舰船进行机舱设备的安装实践，最后还安排一定时间进行航行实习。

练船学堂的航海训练课程分驾驶与管轮两部分，驾驶专业主要是，每日

图 3－3 后学堂

做航行日记交教官阅校，练习测量天体、定船位，做海图作业；管轮专业主要是参加机舱值更，熟悉机舱设备，学会操纵管理、日常维护和常见故障检修。

电报学堂学习竖桩、建线、报打、书记、制造电气等课程。

绘图学堂（绘事院）开设算术、几何作图、法语、船体结构与制图、机器结构与制图等课程。教学上安排法语每天上午和晚上各两节课，理论课和实习课并重。

艺徒学堂（艺圃）各工种班级课程设置要求教会学生看懂图纸，按图加工，会计算机器、船体各部分体积、重量及职业工作所需要的操作技能。教学安排上实行半工半读，工多于读。

分为艺徒学堂、匠首学堂后，课程限制各以三年为期。初入学堂，按照法国初学学堂办法，学习法国语言文字、数学、几何入门、常用艺学浅义并画法等书。各徒均于每日下午赴学肄业，上午入院学习船身、轮机各种绘事，并时时派赴各厂历练工作，三年之后大考一次，考校所习各业，并令试制匠人手艺器件。其所制精熟者，即予升为匠人赴厂办工，择其优者派入匠首学堂肄业三年，教以稍深艺学，并讲说制造、轮机、汽机、打炼钢铁法度，以为升补匠首管轮之用。技尚未精者，可以分派各厂充当小匠，俟其历

图 3－4　绘事院

练娴熟，再升为匠人。

教材以引进为主，部分自编。船政各学堂所用教材均用外文原版，制造各专业采用法国教材，驾驶、管轮用英文教材，只有中文（称汉文）课用本国“圣谕广训”、四书五经作为教材，除中文外，一律用外语教学。教材来源，一是委托洋监督日意格和外籍教师购置教材。二是由总理衙门托驻欧使节帮助收购教材。总理衙门曾于同治八年（1869）寄给船政 5 部物理教材。三是自己组织人员编写讲义。如同治九年（1870），由总署令吴大廷将海上见闻编辑成书。同治七年（1868），船政后学堂已有自编的英汉对照小词典。同年，由船政监督日意格编辑中法文对照的《福州船政学校常用技术词典》在福州印刷，内容包括语法、算术等，为中国最早的一部中法词典。不久，日意格又将上述技术词典改编为《法汉袖珍词典》，增加中文原文拼音和一般词语，成为一部一般词典，同治十二年（1873）后由上海美国长老会印刷出版，扩大发行量。四是委托留欧留学生回国时选购教材。船政学堂第一至三届留

图 3-5 1868 年，船政设立“艺圃”培养技术工人，白天入厂学艺，晚上上课，日意格称之为学徒班。图为艺圃遗址。

学生回国时，都花数百两白银选购一批教科书带回。

实践性教学也是船政学堂的特色之一，它包括实验、厂课、舰课、毕业实习、社会实践等教学形式和教学阶段。

实验课程国内首创。船政学堂建起了物理、化学、气学、电学等一系列实验室。实验室供学生上实验课用，实验课由外籍教师负责指导。光绪八年（1882）前，基本完善上述实验室。光绪十年（1884）和光绪二十七年（1901）又两次添购实验仪器和实验用品。

厂课实习包括校内实习上场（厂）和分赴各地工厂实习两方面。造船学堂学生每日半天由外国教师带领进厂实习。绘图学堂学生学习测绘船图或机器图。艺徒学堂学生每天上午上两节课外，其余时间到各厂跟班实习。管轮学堂实践性教学以厂课为主，管轮第一届学生入学前有的已当过铁工，懂得一些基本操作技能，实习课重点是在外国教师阿澜指导下分解熟悉蒸汽机各部构造，学习设计、绘图、加工、组装、调试知识和技能。驾驶学堂以堂课为主，较少组织实习教学。学生毕业后，进入练船学堂进行船上实习和远航训练。航行实训严定课程，稽核日记。

船政学堂实行教学、训导、行政分开的管理体制。教学工作由聘请来的监督全权负责。训导则由中国员绅负责。学堂实行的是供给制和军事化管理。“饮食及患病医药之费，均由局中给发”，“饮食既由艺局供给，月给银四两”。学生管理由稽查、管理委员负责，学堂“派明干正绅，常川住局，稽察师徒勤惰”。常川住局，即长期住校，对学生实行昼夜严格管理和思想教育，以规范学生言行。行政由船政提调负责。财务统一办理，统一核算。

船政创办的初衷之一是整顿水师。左宗棠上奏清廷设立船政的奏折就讲到，“欲防海之害而收其利，非整理水师不可”。船政造船，主要造的是军舰，武装海军；同时制炮，生产鱼雷，也是为了武装水师。船政学堂培养的人才，主要是造船和驾驶人才，也都是为造舰和水师服务。求是堂艺局章程明确规定：“各子弟学成后，准以水师员弁擢用。”中国近代第一支舰队正是从船政开始。在外人看来，船政造兵船，培养水师人才，更像是海军军事基地，所以，当年的洋监督日意格就称其为“The Foochow Arsenal”，即福州兵工厂①。

二　办学体制独特而有趣

船政的办学体制是很独特的，用现在的观点来考察它，确有着许多鲜明的特点；但放在当时的历史背景下去考察，却是很自然的。归结到一点，这种办学体制的产生就是客观的需要和条件的限制：由于当时创办新式学堂是开风气之先的，国内并无先例可循，有的只是科举那一套教育制度；而国外的教育模式虽然已引进，但又不敢全盘照搬照抄；与此同时，培养人才、整顿水师、造船造炮，又系百年大计、当务之急。因此在左宗棠、沈葆桢和日意格、德克碑的共同策划下，一个引进来又改造过的船政办学体制就在中国的大地上诞生了。这种船政办学体制，有以下特点。

① 《书牍》卷七，《左宗棠全集》，岳麓书社，1987，第 25 页。

1. 工学紧密结合的厂校合一体制

船政实行的是工学紧密结合的厂校合一体制。船政衙门同时创办船厂与学堂，但既不是厂办学校，也不是校办工厂，更不是厂校联合或合作；而是规划统筹加上难解难分：监督既管学堂，又管工厂；教习既是教师，又是工程师；学生既学习，又参加劳动，承担生产任务。

2. 灵活配套、形式多样的办学体系

由于条件限制和客观需要，船政衙门在办学过程中形成了灵活配套、形式多样的办学体系。按现在的说法，是集普教、职教、成教于一炉，高级、中级、低级相结合。前后学堂当时并没有现行这种教育分类。如果套用现行分类，可以归入高等教育，至于是普通高等教育还是高等职业技术教育，可以讨论。船政还设立绘画学堂即绘事院，培养测绘技术人员。按现行分类，可以归入中等职业技术教育。艺圃，又称学徒学堂，后分为艺徒学堂和匠首学堂，培养技工和监工，重点是对造船厂的工人，按现行分类，可以归入半工半读的技工教育。

3. 与留学深造相结合的培养模式

沈葆桢认为洋人来华教习未必是“上上之技”，“以中国已成之技求外国益精之学”必然事半功倍。他认为“窥其精微之奥，宜置之庄岳之间”。“庄岳之间”即齐国。这是孟子的话，意思是要学好齐国话，就要到齐国去。正是这种指导思想，船政学堂建立了留学制度，由日意格制订留学章程和教学计划，并聘请他为洋监督，李凤苞为华监督。前后各学堂均有选送。由华、洋两监督共同管理，学生每 3 月一考，3 年学期满前 3 个月最终考试。各专业学生除个别外都按对口专业到有关高校学习：如制造专业的学生到多朗官厂、削浦官学、汕答佃国立矿务学院、巴黎国立高级矿务学院等地学习；驾驶专业的学生到英国海军学校、格林威治皇家海军学院、抱士穆德大学院等地学习。此外，还坚持中国之心思通外国之技巧的原则，要求留学生于闲暇时兼习史鉴等书，并由华监督定期考华文论说，以其明体达用。

三　务实严谨的学堂管理

船政学堂管理务实严谨，既采用封建衙门的管理体制，又引进西方教育模式，因地制宜，灵活处置。

左宗棠聘请日意格和德克碑为船政正、副监督，约定以 5 年为期完成一批造船和育才任务，采用高薪雇用外国技术人员包教包会，并通过合同方式明确中方和外方在建设期间的职、权、利。这是引进西方的契约形式，同时又纳入船政衙门管理体系之中。因此就产生了有中有西、中西结合、以中为主的管理方法。

纳入衙门官僚管理体系的赐衔制度。船政衙门对在学堂工作的中外员绅教习均封官赐爵，纳入官僚等级体系之中。原有官阶的均保留，入船政衙门后仍享受原俸禄。对洋监督、洋教习等也相应赐予官阶。洋监督日意格，授提督衔，先后赏加一品衔。德克碑，官至浙江总兵，授提督衔。总监工达士博三品衔。练船教习德勒塞授予三品卿衔。其他 14 人授予四品到六品卿衔。

通过清廷的授权，明确船政大臣和洋监督的管理权限。请派重臣总理船政时就呈请“特命总理船政，由部颁发关防，凡事涉船政，由其专奏请旨，以防牵制。其经费一切，会商将军、督抚臣随时调取”。随后，上谕同意左宗棠所奏，并准许“如有可用之才，即由沈葆桢酌委”和直奏的权利。

建立论功行赏的褒奖制度。船政明确五年限满，洋员教有成效，即著照所议加赏，以示奖励。日意格、德克碑勤劳既著，忠顺可嘉，尤当优加赏费。1874 年，船政对中外文武官员，包括中外教师实行褒奖制度，由船政大臣奏准，分别给予升职、晋级、加薪、发给奖金、授予金牌宝星和顶戴等项奖励。按聘用合同规定，奖给白银 6 万两。加外奖给正、副洋监督各白银 2.4 万两，以昭大信。

对工作得力的各学堂监督、委员、委绅也给予奖励。如：光绪五年(1879)，委绅工部员外郎林洄淑、分发试用通判董敬箴、选用知县王宣辰、尽先补用知县黄维煊、候选县丞金仁杰、选用县丞林宪曾、监生汤金铸因稽查学堂，教督出力得奖。光绪十一年（1885），稽查委员候补知府严良勋“督课精勤”，前学堂兼绘事院管理委绅钟大昆，吴征驹“品粹学优，足资表率”，委绅举人范继馨“认真劝导，兼善防闲”，后学堂兼管轮学堂管理委员大挑教职沈辉宗“于西学外兼示汉文义理，足资矜式”，委绅举人林宗开“诱掖后进，悉心化导”，给予奖励。

四 学堂实行分权管理

船政学堂实行教学、训导、行政分开的管理体制。教学工作由聘请来的监督全权负责。1866 年 12 月 11 日（同治五年十一月初五日），左宗棠奏报以法人日意格、德克碑分任船政正副监督，负有对各学堂教育监督之责，但不得干预学堂的行政、人事管理。有的未正式任命为监督，但实际主持学堂的日常教学工作。前学堂培养造船人才，聘请法籍教师任教，由法籍技术人员负责学校的教学管理。后学堂培养海军人才，聘请英籍教师任教，由英国海军教官任监督。

训导则由中国员绅负责。各学堂均设有管理委员、稽查、训导人员，并长期住校，对学生实行昼夜严格管理和思想控制，以规范学生言行。

行政管理工作由船政提调分管。船政前后学堂、绘事院、艺圃配备的管理委员和稽查，负责各学堂的日常行政管理。先后在前学堂担任管理委员的有 7 名文官，在后学堂担任管理委员的有 6 名文官，到 1887 年 4 月，后学堂管理委员剩下 2 人，后又增派 2 名官员任管理委员。在绘事院先后任管理委员的有 3 名官员。艺圃配有稽查委员，协助船政提调和船政监督管理与考核艺徒的工作和学习。

后勤管理工作由总务部门负责，下设庶务、医务、食堂等工作部门和配备若干名杂役（工友）。船政各学堂师生实行供给制，由学校统一免费提供伙食，师生分开就餐，中、外教师各有食堂。学生堂课毕业后上船实习期间，单独配备炊事人员，伙食标准比在校内高一倍。

船政学堂没有自己的财务会计机构，经费开支由船政衙门统一负责。

实习的车间由各个工厂负责。实习舰船由船政衙门统管，由水师营直接管理。

虽然教学、训导、行政分开，但由于船政衙门的统一领导和实行包教包造的办法，教学与制造均由洋监督负责管理与协调，因此教学工作均能有条不紊地进行。

五 学规整肃、刻苦治学

学堂重视人才的选拔，通过面试、体检和论文考试，录取优秀者。船政招生要求学生聪慧且为人忠诚纯朴，学堂打破传统人才观念，不分士庶民族，广纳人才。船政弟子多数为家境贫寒子弟，思想纯正，学习刻苦勤奋。为保证学习质量，学堂制订了章程和一系列规章制度，规定了“封印日回家、开印日到局”，“端午中秋给假三天，礼拜日不给假”，“不准在外嬉游，致荒学业；不准侮谩教师，欺凌同学”，“派明干正绅，常川住局，稽察师徒勤惰”，“饮食及患病医药之费，均由局中给发，饮食月给银四两”，“三个月考试一次，一等者赏银十元，二等者无赏无罚，三等者记惰一次；两次连考三等者戒责，三次连考一等者另赏衣料，三次连考三等者斥出”，以及“学成后准以水师员弁擢用”“学成监造者、学成船主者，特加优擢”等教学管理、学生管理、奖惩以及就业等制度。[①] 由于管教严厉，“学规极为整肃”，培养出来的学子具有良好的品格。他们自省、自律、勤奋、刻苦，从不苟且偷懒。

对于学业和技术，沈葆桢要求精益求精，密益求密，鼓励学生刻苦学习，克服了外语教材、外语授课、与老师用外语交流等困难，取得了好成绩。1887 年驾驶班举行了一次考试，以四科成绩为例，最高为 392 分（总分 400 分），还有七名超过 300 分，三角、几何最好，有七名得了满分，只有三名学生在 80 分以下。日意格高度评价这批学生，他说：“他们靠着观察各种计时器及各种计算机，能够把一只轮船驶到地球上任何角落。”船政学生（除从香港等地招来的少数学生外）没有一点外文基础，却能听外教讲课，看外国教材。

船政要求学子勤奋学习，船政官员也积极学习科技知识。船政大臣沈葆桢就带头学习。他阅读船政所有相关书籍，还向军机处求助。对于如此好学的官员，军机处一下子给寄来了 5 套新印的《格物入门》。沈葆桢逐一仔细攻读，认为“较之前人所辑奇器图说、近人所刊重学数等书，尤切实晓畅”，申请再下发 5 套，以便组织船政官员学习。刻苦攻读物理、高等数学等书籍，成为当时中国官场上的一个奇景。

船政留学生的刻苦治学精神也十分可嘉。船政派出的四批留学生是中国

---

① 福建船政学校：《福建船政学校校志》，鹭江出版社，1996。

近代第一批人才最多、学科最广、最优秀的群体。他们“深知自强之计，舍此无它可求，各怀奋发有为期于穷求洋人秘奥，冀为国家将来驱策”。怀着振兴中华的赤子之心，走出国门，接触西欧先进的科学技术和机器工业，民主的法律、议会制度，对他们来说是闻所未闻、见所未见的。他们的心灵深处受到强烈的震撼。除正规学习外，他们每年要用60天的时间考察造船厂、海军舰艇、工厂、矿山和要塞，以扩大对西方技术的了解。要把各地观察到的新技术的发展，包括图样和说明做详细报告。所到之处，悉心观察、探究和思考。海军宿将萨镇冰在回忆留学生活时深有感触地说：“我对于所学各科知识格外重视，同时于课余之时细察当地人民的思想、风俗习惯、对华人之批判，以为将来回国服务时之借鉴。”留学生们身负国家重任，学习十分勤奋、刻苦。如船政派出的第一批留学生梁炳年，在法国多朗官厂学习，“锐志精思”，病中“犹据床捧卷不肯因病废学”，因过劳而卒。又如船政第三批留学生陈鹤潭，先在英国高士博伯呢学堂温习英语，又在苏格兰制造厂学习轮机造法，“操秘穷微，晓夜苦攻，遂得咯血之疾病，殁于法国医院”。船政第三批留学生林志荣也因苦读咯血，“回闽随即身故”。船政学子的治学态度和献身精神，是可歌可泣的。

六　严格管理、严格训练

船政后学堂改为福州海军学校后，规定学生校课毕业后须进行舰课训练3年，合格者才能毕业。舰课训练由海军部（或总司令部）军学司统筹安排，由海军练习舰队和水鱼雷营等单位接受学生的舰课训练，组织学生参加舰课训练班，枪炮、水鱼雷、通讯训练班，讲授有关理论课和实操演练，然后上舰航行训练一年，合格者才能毕业。训练中还要求学生每天写日记，完成测定100个不同天体的位置，参加制定航行计划、测定舱位和海图作业。通过实习，熟悉舰上上述战斗部门的战斗组织、平时与战时的勤务值班、训练，本部门战斗装备的使用、维护等知识和技能。还要熟悉在各种情况下单舰航行、单舰战斗行动（对空、对海、对岸）、编队航行、编队战术、护航等战术、技术知识，具有初级军官应掌握的组织指挥能力。学生管理考核归承担训练的单位负责。

图 3-6　福州海军学校

海军学校轮机专业学生实习分为厂课与毕业后舰上航行见习一年。厂课实习也采取类似制造学校的实习管理制度，不同的是由各海军工厂工程技术人员进行重要课题的技术指导，海军部军学司组织考试。

船政前学堂改为福州海军制造学校后，实习管理严格、完善。规定学生在中级学习阶段，每天进厂实习半天，轮机厂六个月，合拢厂与锅炉厂各三个月，主要学习车、铣、钳、刨等金工工艺；木模厂、铸铁厂各三个月，学习木工、造型、翻砂工艺；拉铁厂、铁胁厂各三个月，学习锻造工艺；船板厂、帆缆厂各三个月，学习制作工艺；船厂三个月，学习看船图和放样。在实习期间，由熟练技术工人随时指导并进行评分，教官到厂结合课题进行辅导。专业教学结束后，集中时间毕业实习一年，重点进行舰船与飞机的设计、绘图、建造等环节的实践活动，考核合格者发给毕业证书，分配工作。规定实习时由技术工人进行指导并评分，学校教官结合课题进厂辅导。

海军飞潜学校规定学生在普通级教学阶段组织实习，每天上午上课，下午进厂实践，要求学生掌握金工工艺。以后两个教学阶段，结合教学内容组织相应的课题实习。经常进船厂或飞机工程处，参加设计与建造舰船、飞机的实践活动，提高动手能力。飞潜学校乙班学习潜艇建造，当时是北洋军阀统治时期，政局混乱，内战不断，经费困难，没有可能建造潜艇。因此，只能改学飞机和舰船建造。

海军艺术学校学生实行半工半读，厂课实习重于校课。学生实习由学校呈送计划，福州船政局核准，组织学生入厂实习，在技术工人指导下，跟班劳作。实习内容由单一工种扩大到多工种，从基础工艺到生产产品操作，逐步由浅入深进行系统技能训练。实习期间接受车间管理和考核。由于学生从普通教学阶段进入职业技术教学阶段时，各海校生额不足，多数学生先后整班转入海军各校学习，未能完成预定的实习任务。

海军艺术学校改为私立勤工学校后，保持艺术学校理论与实践并重的教育原则，各专业各年段学期均安排实习课，并随学期教学计划下达。学校注重突出生产实习地位，自始至终安排不同工种、由浅入深的实习课，培养“手脑并用”的中级人才。商船和高航学校陆上各专业保留勤工学校的实习管理办法，水上专业毕业后，分赴省内外航运公司船上实习。

民国35年（1946年），福建省教育厅公布《工业职业学校学生利用工厂设备实习办法》（简称“实习办法”），用以指导协调厂校之间安排学生实习的关系。学校也按此规定加强对学生赴厂实习的管理。

高航学校为加强对上船实习学生的管理工作，制定《毕业生船上实习规则》，要求：本校为增进航海、轮机两科毕业生海上实习效能起见，特定本规程。本校航海、轮机科毕业生在船上实习除遵守海上习惯外，对于本规程应切实遵守。本校派船实习生在舱位关系暂行分组实习，每组3人，航海科2人，轮机科1人，依毕业成绩换次轮流。在停泊时间，如有登岸游览，应向导师请假。实习生各备航行（航海科）或机舱（轮机科）日记簿1本，以备填记航海应记事项；并各备笔记簿1册，记载实习心得；每日送请导师核阅，以备学校考查，作为实习成绩考核标准之一。每组实习时间暂定2个月，期满由实习导师依据各实习生操行勤惰及实习成绩评定等级（操行占30%，成绩占40%），报请学校发给实习证书。实习生在船上一切实习操作应服从导师指挥，所有动作除关于学业研讨经导师认可外，不得随意，以致妨碍船上航行工作。实习器材由导师商请船上酌量供应，不得任意取用。实习生膳食由船上照一般船员同等供给。实习生在船上不得携带违禁物品或私存买卖货物及搭客。实习生如有违反本规程各项规定，按其情节轻重，由导师报请学校予以停止实习或退回毕业证书之处分。

海军艺术学校改为勤工学校后，民国 24 年（1935）11 月，海军部指令马尾造船所，准勤工学校学生在所内各车间实习。学校也逐步创造条件，设置独立实习工场，扩充实习设备。27 年（1938）内迁尤溪和再迁将乐办学时，分别建立木工、钳工、车工、铸工等简易实习工场。抗战胜利后，学校迁回马尾，再设立实习工场。几经搬迁，几番周折，实习器材散失、破损颇多，一度影响到学生的实习，但在师生的共同努力下，每次迁校后都能尽快恢复实习设施，因陋就简组织实习，取得较好的实习效果。

福州海军各校属军事学校，教学计划管理极为严格，如教学计划上安排上游泳课，几乎是风雨无阻按计划进行。再如外课中的室外体育课，遇到雨天，则改为军操课，极少改上内课。而且要求各科教官严格执行教学计划，不得更动和走样。最为严格的还是平时的考核，不但考核学校的规章制度、品德修养，还要考察军队的军容风纪等。在舰课训练阶段，不但考核学生的能力，还要考察其海上生活期间的吃苦耐劳、勇敢坚毅、团结互助、遵章守纪等方面情况。因此，德育考核较严格而全面，平时违纪受过处分的，在期考总分中要扣分。另外，国民党设在校内的党部和政工部门，对学生的日常言行和思想进行引导灌输，也进行秘密监控。

第二节　闽堂是开山之祖

全国政协常委、原国务院新闻办主任赵启正说：说起严复、詹天佑、邓世昌，大家都耳熟能详。但说起他们的母校，可能很多人不甚明了。说起北京大学、清华大学，大家都会跷起大拇指——它们确是中国一流的高等学府。但第一个真正符合近代教育制度的高等学校，是哪一个呢？说起现在的留学制度，大家都很清楚，但第一个真正建立起留学制度并取得成效的学校，又是哪一个呢？

赵启正又说：我非常崇拜教育对于强国的意义。我认为，消除人的无知，断不可少的办法就是教育。福建船政学堂把育才作为根本，关注的就是教育。19 世纪 60 年代，洋务派师夷御侮，力排众议改革旧制，创办了福建船政学堂，定期培养学生赴欧留学，为近代海军建设、机器制造、矿业冶炼、电讯、铁路、外交等领域培养出一大批国家急需的专业人才。它引进的是西学，教育出来的是爱国图强的仁人志士。当时的船政学堂，成就卓著，声名远播，成为“开山之祖”，各地纷纷效仿，从而促进了中国近代教育制度的诞生，促进了追求科学、追求真理之风的形成。这不就是教育的力量吗？

图 3－7　笔者专著《船政学堂》，赵启正作序，科学出版社出版，英文版随后面世，繁体版在台湾出版。

一　开创近代教育的先河

船政开创近代教育的先河，创办船政学堂，引进西方教育模式，成为各地纷纷效仿的样板，成为科技和海军人才的摇篮，被李鸿章誉为“开山之祖”。船政学堂培养了一批精英，形成一个爱国忧民、奋斗自强、眼光敏锐、思想开放、容易接受新生事物的一代新型知识分子。他们走在时代的前列，成为有突出贡献的思想家、外交家、教育家、科技专家和学者。

船政是大变革之产物。“师夷制夷”的爱国自强意识、“穷则变，变则通”的变革思想、“东南大利在水而不在陆”的海权意识、“船政根本在于学堂”的人才观、“引进西学，为我所用”和“求是、求实、求精”的教育观、“窥其精微之奥”的留学观等，都是前所未有的思想变革，它让世人为之惊叹、为之振奋。李鸿章说它是“开山之祖”，清史稿也称赞船政学堂成就之人才，“实为中国海军人才之嚆矢”①。1881 年，英国军官寿尔参观船政后也感到震惊，他说：“我们记得，五十年前，中国是完全和西方的国家隔绝的，仿佛它是属于另外一个行星。因此，当我们看到，由于与外国的世界接触的结果，它的一部分高级官员的思想与思维的习惯已发生了令人惊羡的革命，我们不能不觉到骇愕。”②

船政学堂的历史地位，笔者曾从西方教育模式中国化的视角进行过探索，认为船政学堂是中国近代引进西方教育模式的第一所高等学府、第一所海军军事院校、首创留学生教育制度、首创产学一体的教育机构，是近代中西方文化交流的一面旗帜。

船政学堂是近代西方教育模式中国化的典范。船政学堂食洋能化，创造了自己的办学模式。它引进西方先进的教育模式，结合中国实际，实行“权操诸我”的原则，变成自己的东西，形成特色鲜明的中国化办学模式，很多都是开风气之先的。引进西方先进的教育模式、为我所用的办学原则；突破传统、高位嫁接、大胆改革创新的办学理念；引进洋教、契约合作与独立自主、土法上马结合的办学方式；厂校一体化、工学紧密结合的办学形式；集普教、职教、成教于一炉，高中低结合的办学体系；科技与人文结合、培养爱国情操的教育形式；人才为本、精益求精、因材施教的教学理念；针对性和实用性强的专业设置与课程体系；洋监督与“权操诸我”结合的学生管理模式；引进外教、外文教学与留学深造的培养模式，都是卓有成效的。

船政学堂培养的人才成为社会中坚力量，被誉为科技和海军的摇篮。它的培养模式成为各地纷纷效仿的样板。威海卫、昆明湖、江阴、湖北、吴淞、上海、青岛等各类学校相继开办，都采用船政的办学模式。船政学堂的教师和毕业生，很多被派到各地担任要职。船政学堂为各地办学树立了榜

① 《清史稿·学校》，中华书局，1977，第 3123 页。

② 寿尔：《田凫号航行记》，《洋务运动》（八），上海人民出版社，1961，第 375 页。

样，输送了人才，被李鸿章誉为“开山之祖”。船政学堂的成功实践以及后来其他学校的相继举办，直接推动了中国政府逐步建立起适应社会潮流发展的近代教育制度。

二 成为各地办学的样板

船政创立了近代教育模式，成为各地纷纷效仿的样板。它的办学成功，使各地纷纷以船政学堂为重要蓝本。天津水师学堂创办时，李鸿章就说：“略仿闽前后学堂规式。”张之洞于 1887 年创办广东水陆师学堂时也说：“其规制、课程略仿津、闽成法。”[①] 其他学校，如昆明湖水师学堂、威海卫水师学堂、江南水师学堂实际上也是参照船政学堂的模式。

天津水师学堂

1880 年（清光绪六年）8 月直隶总督兼北洋大臣李鸿章奏设于天津。李鸿章认为“人才为水师根本”，“臣于天津创设水师学堂，将以开北方风气之先，立中国兵船之本”。[②] 于次年 7 月学堂落成招生，专为北洋海军培养管驾人才。以船政大臣吴赞诚为督办，但“因病笃不能前来，亟须遴员接替”[③]。翌年改以原福建船政提调吴仲翔为总办，留英归国学生严复为总教习（后升任会办、总办）。规章多仿福建船政学堂，略有变通。内设驾驶、管轮两个专业。前者主学气象、地理、微积分、驾驶、测量、演放鱼雷等科，后者主学算学、物理、行船、汽机、机器绘图等科。英语、数学（几何、代数、三角）为共同课程。此外还教习步兵操练、枪炮法理等。首期教习多为英国人。学生凡年在 14～17 岁，“耳目聪明”、“文字清顺”者均可报考。录取者初为试习生，学英文 3 个月后“择其聪俊者留堂肄业”。学制 5 年（后延至 7 年），其中课堂教学 4 年，实习 1 年，返学堂再学习 3

---

① 张之洞：《奏创办水陆师学堂折》，《中国近代教育史资料汇编》（洋务运动时期教育），上海教育出版社，1992，第 470 页。

② 李鸿章：《天津水师学堂请奖片》，《中国近代教育史资料汇编》（洋务运动时期教育），上海教育出版社，1992，第 450 页。

③ 李鸿章：《奉派吴仲翔接办学堂片》，《中国近代教育史资料汇编》（洋务运动时期教育），上海教育出版社，1992，第 449 页。

个月，复上枪炮练船实习 3 个月，后派上“威远”练船实习。学堂课业繁重，考核严格，每年春、夏、冬三次小考，秋季北洋大臣亲临校阅。首次会考，还请船政学生罗丰禄前来支持会考。择其优者以千总候补，次者以把总候补，毕业后归兵船差遣，尽先补用。至 1899 年共毕业学生 210 人。1900 年校舍被八国联军炮火击毁，学生散失，遂停办①。毕业生中有黎元洪、谢葆璋、沈寿堃、伍光鉴、饶怀文、蒋拯等。

广东水陆师学堂

光绪三年（1877），时任两广总督刘坤一捐银 15 万两，奏明生息储才之用。六年（1880），两广总督张树声、广东巡抚裕宽在黄埔长洲建造实学馆。八年（1882）4 月竣工。同年 6 月，考选学生 50 名，于 6 月开学，培养造船人才。十年（1884），张之洞督粤，将实学馆改为博学馆。十三年（1887）6 月，他会同广东巡抚吴大澂奏请创办广东水陆师学堂，获准后，调船政提调吴仲翔任总办。詹天佑，也被调来任外文教习。广东水陆师学堂分为水师讲堂、水师操堂、陆师诵堂、陆师操场、陆师马步炮操场五部分。学生每年 9 个月在学堂学习，3 个月在兵舰或兵营实习。水师学员毕业后，需到兵舰实习 1 年，后延至 3 年。水师驾驶、管轮专业共办八期。1893 年，水师、陆师分开办理，陆师诵堂改为“广东陆军速成学堂”，水师讲堂则改为“广东黄埔水师学堂”。1901 年学堂总办为林则徐之孙林贺峒。三十年（1904），调魏瀚来粤任学堂总办兼黄埔船局和黄埔水鱼雷局总办。随后，魏瀚将鱼雷局学堂学生 40 名并入水师学堂，并将水师学堂改名为水师鱼雷学堂。学制定为五年。三十三年（1907），魏瀚创办广东水师工业学堂。工业学堂定章十年毕业，五年预科，五年本科，本科毕业后派出国留学深造。工业学堂办了五年，因辛亥革命停办。停办后，学生并入水师学堂。广东水师学堂 1893～1911 年共招生七期，即第九期至第十五期。辛亥革命后，广东水师工业学堂改为黄埔海军学校。1917 年该校改归海军部直接办理，海军部派邓聪葆为校长，校名改为广东海军学校。1921 年，该校隶属广东省

① 中国军事百科全书编审委员会：《中国军事百科全书・军事历史卷》，军事科学出版社，1997。

省长公署，因广东财力疲困，年底广东海军学校停办。1924 年 1 月，孙中山下令筹办陆军军官学校，指定黄埔旧有的广东陆军小学与广东海军学校原址为校舍，同年 6 月 16 日开学。1930 年 6 月，复“黄埔海军学校”之名。1939 年 8 月，学校奉令停办。黄埔海军学校自 1882 年办实学馆起，至 1939 年 8 月在柳州三都村结束，共办班 24 届，其中水师班 12 届、海军学校 12 届，毕业生共 522 人。毕业生有谭学衡、汤廷光、陈策、李庆文、邓兆祥等。

昆明湖水操学堂

清廷建设近代海军历经十余年已初具规模，但海军人才都是汉人，认为“海军军权操于汉人之手，于满族不利”①。为了加强培养满族海军人才，并为挪用海军经费兴建颐和园寻找借口，清廷决定设立一所专门培养满族海军军官的学校。1886 年 9 月 14 日，海军大臣醇亲王奕譞上了一道《奏请复昆明湖水操旧制折》②。他在奏折中称自强以来，海军建设取得进步，“足为济时要务”，八旗子弟“聪颖矫健者实不乏人”，建议恢复乾隆时代的“昆明湖水操”旧例，开办学堂，择优录取八旗子弟。当天，就接到“依议。钦此”的慈禧懿旨。七天后工程开工。但海军军费用做工程，款项仍然“不敷”，于是发动各地捐款，共筹集资金 260 万两。经过多年的大兴土木，清漪园修成了颐和园。1887 年 1 月昆明湖水操学堂正式成立。昆明湖水操学堂隶属于神机营，设总办 1 人，提调 1 人，洋文教师 3 人，中文教师 2 人。因主要目的是培养海军军官，所以只设驾驶一个专业，学期 5 年，科目包括“西法测算、天文、驾驶诸学”。学生从由八旗子弟组成的健锐营和外火器营中挑选而出，并严格禁止汉人入学，首期录取 40 人。学生除正常学习外，还担负着驾驶火轮船拖带御船的任务。水操时，号衣整洁，光绪皇帝还为此发了谕旨，说“所需银两仍由海军衙门照数发给”③。由于昆明湖水操学堂

---

① 陈景芗：《记昆明湖水师学堂》，《旧中国海军的教育与训练》，福建文史资料第八辑。

② 奕譞等：《奏请复昆明湖水操旧制折》，《中国近代教育史资料汇编》（洋务运动时期教育），上海教育出版社，1992，第 464 页。

③ 光绪帝：《著海军衙门发给昆明湖水操内学堂管轮水手等号衣谕》，《中国近代教育史资料汇编》（洋务运动时期教育），上海教育出版社，1992，第 466 页。

成立较晚，仅培养出一批学生。十九年（1893）毕业，共 36 名，全是满人。甲午海战后，学堂于 1895 年被裁撤。

威海卫水师学堂

1889 年是北洋水师成立的第二年，提督丁汝昌呈请李鸿章代奏设立威海卫水师学堂。李鸿章在《威海添建学堂片》中写道：是则水师学堂之设，实为海军切要之图，仅止天津一堂，储才无多，恐难敷用。[①] 丁汝昌认为：设立威海卫水师学堂，俾堂课之余，能获实地兼习枪炮、雷学、船艺等，毕业后即可直接赴舰服务。获准后，学堂于 1889 年动工，共建房屋近 70 间，占地面积近 2 万平方米。1890 年 6 月 3 日，正式开学。1889 年冬，北洋舰队照例到南方操巡，顺便为威海水师学堂招收学生。生源多是在上海、香港、福州等地停留期间由舰上军官引荐的家乡青少年。所招学生也以闽籍居多，平均年龄在 15 ~18 岁。这次招生除 36 名正式学员外，还招收 10 名自费生。他们随舰队到达威海基地后，随即开课。这 46 名学生成为威海卫水师学堂第一届也是唯一的一届毕业生。水师提督丁汝昌兼任学堂总办，下设委员、提调、总教习、洋文教习各一名，汉文教习两名，配有敏捷、康济、威远、海镜 4 只练船，开设有英文、几何、代数、驾驶和舰炮操法、轮机、天文、地理、泅水等 30 余门内堂和外场课目。所有规章制度、管理、奖惩等均按天津水师学堂章程办理。由于威海卫水师学堂地处北洋海军基地威海港内，北洋海军的设施均可作为学员实习之用，部分教员也由北洋海军的教练兼任。1894 年，学堂学生毕业，仅 30 名。因甲午海战，学堂停办。

威海卫水师学堂也毁于战火。战后，部分学生转入天津水师学堂继续学习。

江南水师学堂

光绪十六年（1890），南洋水师在鱼雷学堂的基础上创办江南水师学堂，开设驾驶、轮机、鱼雷 3 个班，每期学员 120 名左右，教员大多为英国人。课程有英语、机械、航海、天文等。学堂设有总办楼、英籍教学楼、东西长廊等。1904 年，停办鱼雷班。1905 年春，江南水师学堂由叶祖珪督办，

---

① 《威海添建学堂片》，《李文忠公全书·奏稿》卷七十二，光绪三十一年至三十四年刻本。

蒋超英为总办。1909 年，学堂改称南洋海军学堂。辛亥革命后，江南水师学堂改为海军部的办公地，后又改为南京海军军官学校、国民政府海军部、海军司令部等单位驻地。改为南京海军军官学校时，李和为校长。1925 年学堂停办。鱼雷班学生自 1886 年起，至 1904 年停办为止，共毕业学生三届 13 名。驾驶和轮机班自 1890 年开办，至 1911 年停办为止，共毕业学生 198 名（驾驶七届 107 名，轮机六届 91 名）。学堂毕业生中有林建章（曾任中华民国海军总长）、杜锡珪（曾代理国务总理）、陈季良（曾任海军舰队司令）、海军部部长陈绍宽（曾任海军部部长）等。1898 年 4 月，18 岁的鲁迅考入该学堂的轮机班就读。当时，鲁迅寄居其叔祖周椒生家，报考江南水师学堂时，没有用本名“周樟寿”而是以“周树人”的名字报考，同年 11 月退学。

三 把办学经验带到各地

这些新式学校在创办过程中，还聘请船政学堂的员绅、师生来担任要职。1880 年，天津水师学堂设立，李鸿章先调曾任船政大臣的吴赞诚筹办，后派久任船政提调的吴仲翔为总办，聘船政留学生严复为总教习（后任会办、总办）。船政首届留学生萨镇冰亦在此任教。吴赞诚（1823～1884），字存甫、秉之，号春帆，安徽庐江城关人。光绪二年（1876）三月，以三品京堂候补督办船政。三年（1877）三月，福建巡抚丁日昌病假，由其暂兼台湾防务。任船政大臣三年半，“登瀛洲”“泰安”“威远”“超远”等舰下水，第一批船政生徒出洋留学，船厂模仿较新式省煤的康邦轮机，自制模具，自行制造，并始造铁壳船身，监造第一艘铁胁木壳“威远”号。八年（1882），奉命督办天津水师学堂。

1887 年，广东水陆师学堂成立，吴仲翔赴任总办。吴仲翔，字维允，福建侯官人。清咸丰五年（1855）举人，报捐训导。同治六年（1867），由船政大臣沈葆桢荐调船政办理文案、提调等差。十三年（1874），沈葆桢赴台，委任其负责船政工程。光绪三年（1877），丁日昌简派福建巡抚，奏荐吴赞诚接任船政，在奏报到工任事的折中举荐其委以财务及日常事务全责。五年（1879），暂行代办船政。八年（1882）四月，调赴天津，总办水师学堂练船事宜。十三年（1887），两广总督张之洞奏调其赴粤总办水陆师学堂事宜。

1890年设立江南水师学堂，调蒋超英为总教习。蒋超英（1852~1912），字锡彤，福建侯官县（今福州市）人。同治六年（1867），考入船政学堂后学堂，为第一届驾驶艺童。光绪三年（1877）春，奉派赴英国留学，为中国首批海军留学生。两年后结业回国，分派南洋水师。六年（1880），任“扬武”船管驾，八年（1882），任“镇东”炮艇管带。九年（1883），任“澄庆”兵船管带。中法马江海战，蒋超英率“澄庆”兵船驰援福建水师，在石浦海战中，“澄庆”号不幸沉没。十六年（1890），出任南京江南水师学堂总教习兼提调，兼任“寰泰”练舰管带、正教习。三十一年（1905），任南京江南水师学堂总办兼监督。

1912年江南水师学堂改为南京海军军官学校后，李和任校长。李和（1853~1930），广州人。清同治六年（1867）船政学堂后学堂第一届驾驶艺童，编入外学堂，为在香港英国学堂招收的十名艺童之一。十年（1871）上“建威”练船，巡历南洋各岛返还。光绪元年（1875），又上“扬威”练船。十五年（1889），升署北洋军前营都司，委带“镇南”炮艇。十八年（1892），升为“平远”舰管带。民国元年（1912），任南京海军军官学校校长，次年为代理海军次长。

1904年设立广东水师鱼雷学堂，魏瀚为总办。魏瀚（1850~1928），原名植夫，字季渚，福建侯官（今闽侯县）人。清同治六年（1867），考入船政学堂前学堂，为第一届制造艺童。二十九年（1903），以四品卿衔任船政会办大臣，负整顿责任。与法国人重订合约，收回船政包括学堂管理权，启用第一届留学生杨廉臣为提调，决心振兴船政。三十年（1904），被无端革职离开船政，先后担任广东黄埔造船所、水师学堂、石井兵工厂总办及广九铁路总理、海军造船总监（中将同等官）、海军留学生监督等职。

1904年设立南洋水师学堂，叶祖珪为督办。杜锡珪（1874~1933），字慎臣、慎丞，号石钟，福建侯官县（今福州）人。清光绪二十八年（1902），毕业于南京江南水师学堂驾驶专业。民国元年（1912）12月，授

图 3－8 福州海军学校（中国船政文化博物馆）

海军上校，任闽江要塞司令兼代理福建防军司令。10 年（1921）10 月，升海军中将。13 年（1924）10 月，被任命为海军总长。同年 11 月，改任海军总司令。15 年（1926）2 月，又任海军总长。6 月，特命为代国务总理。20 年（1931），出任福州海军学校校长。同年 12 月，任国民政府海军部高级顾问，仍兼管海军学校。

船政学堂的学生到各地学堂充任教习，如严复，先到天津水师学堂任教习；詹天佑，到广东水陆师学堂任外文教习；程璧光到广东水陆师学堂担任练船副总管等。船政学堂为各地办学提供了榜样，输送了人才，被誉为"开山之祖"①。

四　船政对近代教育影响深远

船政开启近代中国教育的先河，使船政学堂成为近代中国教育史上的重要里程碑。清史稿记载船政学堂"实为中国海军人才之嚆矢"②。中国教育

① 张侠等编《清末海军史料》，海洋出版社，1982，第 605 页。

② 《清史稿·学校》，中华书局，1977，第 3123 页。

史专家潘懋元教授认为："船政学堂在建立高等教育体制、为国家培养高级专门人才，促进中西文化交流上，比之清末许多高等学校，影响更深，作用更大。"① 笔者认为，船政学堂是中国近代引进西方教育模式的第一所高等院校，中国近代第一所海军军事院校，中国近代首创留学生教育制度的高等学府，中国近代第一个产学一体、多元结合的教育机构，近代中西方文化交流的一面旗帜，近代西方先进教育模式中国化的典范。

"一个学堂引领一个时代"，在近代中国，只有船政学堂可以这么说，其他学校都无法与之比肩。船政把培养人才作为船政的重中之重。船政学堂培养的人才叱咤风云，成为中国近代化的栋梁，成为轮船、铁路、航空、天文等领域的权威，成为国家的高级军事将领，成为中国近代海军的主要骨干，成为救亡自强的启蒙思想家，成为第一批职业外交家，成为第一代文学家、翻译家。船政在近代中国发挥的作用举足轻重。

近代中国有"三个海战故事"，中方参与海战的主要骨干大都是船政学堂的师生。这在近代中国历史上是绝无仅有的。

新学制，即《奏定学堂章程》，是中国近代由国家颁布的第一个在全国范围内实行的系统学制。1904 年 1 月 13 日由清政府颁布。因当年是癸卯年，故又称"癸卯学制"。章程以日本学制为蓝本，规定了各级各类学堂的性质任务、入学条件、修业年限等，包括小学、中学、大学、师范、实业学堂、译学馆、进士馆等具体章程，还订立学务纲要、学堂管理通则、奖励章程、考试章程等具体要求。辛亥革命后被废止。从 1902 年至辛亥革命前，10 年间，以福建省为例，全省共办各类新式学堂近 700 所，学生约 3 万人，中等以上学堂 30 所。1896 年，清邮传部尚书陈璧返闽主讲凤池书院时，与举人林纾以及农工商部员外郎力钧、补用知府孙葆晋等人，在林纾旧居创办苍霞精舍，新学制颁布后改名苍霞中学堂。这是福建第一所私立中学。1902 年，凤池书院与正谊书院合并，在福州三牧坊创办全闽大学堂，始设中学性质的"正斋"，作为大学堂"专斋"的预备班，次年正式招生、开学。这是福建第一所官办中学。1903 年后，官办的泉州府中学堂、延平府中学堂、

① 《中国当代教育家文存》（潘懋元卷），华东师范大学出版社，2006，第 270～272 页。

汀州府中学堂、漳州府中学堂、邵武府中学堂、建宁府中学堂、兴化府中学堂、厦门中学堂相继设立。新学制规定初等学堂分为蒙学堂四年，初等小学五年，高等小学四年。福建根据章程以办五年制初小为主，各县在城关设两等小学堂，在四城及乡间设初等小学堂或蒙学堂，各府州中学堂附设的师范传习所一般均设附属小学。1905 年，陈宝琛认为新学推行已三年有余，不可没有一个协商的机构，因此组织了“闽省学会”，第二年改名福建教育总会，并在各厅、州、县成立 16 个分会。福建教育总会积极开展多层次、多形式的教育活动，开办法政讲习科和教育讲习科、开展学前教育、组织宣讲活动和学术探讨、交流办学经验，推动了全省各级各类教育的发展。

受船政学堂的影响，实业学堂和武备学堂也迅速发展起来。1876 年，福州办电气学塾。1901 年，陈宝琛等闽绅创设福州蚕桑公学。次年，闽浙总督许应骙在福州办农桑总局，附设浙股、粤股蚕务学堂，后改为福建官立中等蚕业学堂。随后还设立蚕务女学堂。1907 年，苍霞中学堂附设铁路、电报两科，翌年即改办为官立中等工业学堂。随后福建女子职业学堂、中等商业学堂、中等农业学堂也相继诞生。1902 年，福建武备学堂创办。1906 年，全省警察学堂成立，后改为全省高等巡警学堂。随后还创办了福建法政学堂、闽江口要塞炮科学堂、福建讲武堂。此外，教会的一些学校也办实业教育。1900 年，基督教圣公会办的福州柴井医院附设护士学校。1902 年，福州塔亭医院也附设护士学校。1905 年，基督教美以美会办的福州英华书院兼设商科，随后又兼设土木工程科。

由于废科举、兴学堂，培养新学师资成为当务之急。新学制颁行后，原内阁学士陈宝琛以戊戌维新时期创办的东文学堂为基础，于 1903 年创办全闽师范学堂，自任监督，并以“化民成俗，其必由学；温故知新，可以为师”为办学本旨。1906 年全闽师范学堂改称福建师范学堂。学堂附设女子师范传习所，培养女子小学教员和幼稚园保育员，为“培小学教育之始基”。陈宝琛妻王眉寿任监督。为便于师范女生实地练习，省里拨光禄坊玉尺山房为校舍，1907 年 6 月开课，称闽山幼稚园，为福建最早的公立幼稚园。师范学堂后加设优级师范选科和本科，改称福建优级师范学堂，开创了福建官办中师、女师和高师之先河。全省许多州、县也相继办起初级师范学堂、师范简易科或师范传习所。1909 年，女子师范传习所改称福州女子初级师范学堂。1905 年，汀漳龙道尹李仲平在漳州创办汀漳龙师范学堂，先办简易科。随后，永定、漳浦、尤溪等县也办有初级师范学堂简易科、师范传习所。龙岩中学堂也附设师范简易科。1906 年，华侨在永春中学堂附设师范简易科，在厦门鼓浪屿办女子师范学堂。至 1911 年，福建优级师范学堂共培养小学师资 1138 人，中学师资 238 人。美、英教会和华侨也于此时在福州、厦门、永春等地设初级师范学堂，在中学设简易师范班和幼稚园师资班。1901 年，英国长老会在厦门设立幼稚园蒙养堂师资班。随后美国美以美会在福州仓前山望北台设立初级师范学堂，在莆田哲理书院、福州陶淑女校、古田萃英女校、南平流芳学堂等校附设师范班，为教会学堂培养幼稚园保育员和小学教员。

华侨捐资办学，在福建近代教育史上也占有重要的地位。1894 年，陈嘉庚独资 2000 银圆，在同安县集美村成立“惕斋学塾”，开福建省华侨独资办学之先河；随后又捐资创办集美学村和厦门大学。紧接着，永春、晋江、石狮、南安、泉州鲤城等地华侨相继捐资办学。1896 年，同安县华侨首先创办了锦宅小学。之后，华侨捐建的永春育贤小学、南安诗坂小学、晋江行实小学、泉州紫阳小学堂，以及南中学堂、罗溪罗英学堂、诗山燕山学堂、英都翁山学堂相继诞生。从 1896 年至 1911 年，各地华侨先后办起近 50 所小学。

出洋留学，船政学堂首开先河后，在福建渐成风气，但留学地改为首选日本。《奏定学堂章程·学务纲要》就规定：“出洋考察为办学人员之必要条件，而日本则为必往之地。”从 1904 年到 1906 年，福建派出教职员 6 人、学生 22 人，到日本早稻田大学、明治大学、东京高等师范学校、东京高等工业学校、实习学校传习所学习。1906 年，清廷宣布准备实行宪政，提倡师范和法政教育。福建根据推行新政的需要，从福建高等学堂、全闽师范学堂、游学预备学堂、校士馆、福建常备军等处派出留学生，学教育、法政、军事、实业。1907 年，学部颁布新章，规定凡出国留学，都必须在国内取得预备程度及格的资格，方准出洋。于是全闽公学添设学科，兼教日文，并改为游学预备学堂，陈宝琛自任监督。1904 年，福建在日留学生 72 人，分布在早稻田大学、东京大学法学院、东京高等工业学校、东京高师附属学校等 15 所学校学习。这些留学生于 1906～1909 年陆续回闽，一般都成为新政或新学的骨干。福建留日学生中，有不少不满清廷腐败倾向革命的志士，黄花岗烈士林觉民、林文、方声洞等是杰出的代表。在留美学生中，何金英是我国最早的女留学生之一。1884 年，她由美国教会资助赴美留学，毕业于费城女子医科大学，回国后先后主持福州妇孺医院（后名柴井医院）及马可爱医院（后名协和医院），培养了不少医务人才。1898 年，受李鸿章派遣，她赴伦敦出席世界妇女大会，成为中国在国际上的第一位女代表。此后，福建女留学生也逐渐多了起来，以福州、莆田的人士居多，所学多医科与教育学。1908 年，美国国会通过把部分庚子赔款退还中国，接受中国学生赴美留学。1909 年，学部、外务部制订了派遣办法。此后，留美学生也多了起来。从 1909 年起，清政府连续三年三次考选庚款留美学生 180 人，其中闽籍学生 12 人。清政府自 1906 年至 1909 年，曾先后对毕业回国的留学生进行四届“廷试”，录取者“赏给”进士或举人出身，授予官职。严复曾参与主持考务。四届“廷试”，福建共取进士 6 名、举人 31 名。

第三节　新式教育中国化的典范

船政学堂食洋能化，创造了自己的办学模式。它引进西方先进的教育模式，结合中国实际，实行“权操诸我”的原则，将之变成自己的东西，形成特色鲜明的中国化办学模式，很多都是开风气之先的。引进西方先进的教育模式、为我所用的办学原则；突破传统、高位嫁接、大胆改革创新的办学理念；引进洋教、契约合作与独立自主、土法上马结合的办学方式；厂校一体化、工学紧密结合的办学形式；集普教、职教、成教于一炉，高中低结合的办学体系；科技与人文结合、培养爱国情操的教育形式；人才为本、精益求精、因材施教的教学理念；针对性和实用性强的专业设置与课程体系；洋监督与“权操诸我”结合的学生管理模式；引进外教、外文教学与留学深造的培养模式都是可喜可贺的，有的是迫于当时条件所限不得已而为之，有的被传承下来至今还继续发挥作用。

船政的办学模式是成功的，短时间内取得了明显成效，培养的人才成为社会中坚力量，被誉为科技和海军的摇篮。近代很多第一都出自船政，如第一艘千吨级舰船“万年清”号、第一艘巡洋舰“扬武”号、第一艘铁胁木壳船“威远”号、第一艘铁甲舰“龙威”号、第一艘水上飞艇等都是在船政建造的。中国近代的第一支舰队也是在这里诞生的。1876 年船政附设电报学堂。1887 年 7 月中国的第一条海底电缆，即福州马尾川石岛—台湾淡水的海底电缆，全线长 117 海里开工铺设。当时，船政电报学堂毕业生作为技术人员使用自己的“飞策”号船进行海底铺设，9 月中旬即完工，10 月 11 日投入对外营运。使用的电灯、电报、电风扇、探照灯，生产鱼雷、机制铜钱等也都是师生们的首创。1917 年，增设“福州海军飞潜学校”，培养飞机、潜艇制造和飞行员、潜艇驾驶人才。并设立“飞机制造工程处”，于 1919 年 8 月造出了取名“甲型一号”的双桴双翼水上飞机，这就是我国国产的第一架飞机。

船政学堂成为各地纷纷效仿的样板。威海卫、昆明湖、江阴、湖北、吴淞、上海、青岛等各类学校相继开办，都采用船政的办学模式。船政学堂的教师和毕业生，很多被派到各地担任要职。船政学堂为各地办学树立了榜样，输送了人才，被李鸿章誉为“开山之祖”。船政学堂的成功实践以及后来其他学校的相继举办，直接推动了中国政府逐步建立起适应社会潮流发展的近代教育制度。

一　船政根本在学堂

创办船政，沈葆桢将把办学培养人才作为根本。他一再指出“船政根本在于学堂”。1866 年 12 月 23 日船政工程全面动工，求是堂艺局即船政学堂就同时开学招生。没有教室，就借地办学。驾驶专业暂借福州城内定光寺（又称白塔寺）、仙塔街上课；造船专业暂借城外亚伯尔顺洋房开课。很快形成规模，法文类学堂有：造船学堂、绘画学堂（即绘事院）、艺徒学堂（即艺圃，后分出一个匠首学堂）。英文类学堂有：驾驶学堂、练船学堂、管轮学堂。后任丁日昌增加一所电报学堂。沈葆桢强调“能否成材，必亲试之风涛”，因此设立了练船学堂。1870 年船政自造的第 3 号兵船“福星”

号下水成功，随即辟为练船，其后共有 7 艘舰船用于实习训练。

船政建立与工业化和海军建设相适应的教育模式，培养了大量人才，成为中国近代科技和海军队伍的摇篮。沈葆桢说船政“创始之意，不重在造，而重在学”。严复说“中国之弱，其原因不止一端，而坐国人之暗，人才之乏为最重”[①]。他认为袁世凯的才能不能与列强的君主首相抗衡。他说：“大总统固为一时之杰，然极其能事，不过旧日帝制时，一才督抚耳！欲与列强君相抗衡，则太乏科哲知识，太无世界眼光，又过欲以人从己，不欲以己从人，其用人行政，使人不满意处甚多，望其转移风俗，奠固邦基，呜呼！”[②]但现在没有合适的人选，只能矮子堆里挑高个，“于新旧两派之中，求当元首之任，而胜项城者，谁乎?”无奈地认为只有袁世凯了，可见人才是多么的重要。

稀缺人才要花重金培养。中国的近代化人才稀缺，船政是花重金培养的。科学技术的进步为工业化提供了强大的推动力，而知识结构的变革是近代化的核心。左宗棠在《详议创设船政章程折》中就提出“艺局为造就人才之地”[③]，认为花重金让洋人包教包会很值得。法国作家巴斯蒂在《清末留欧学生》中曾有一个独特的评价，认为左宗棠“萌发了一个顽强的念头，即尽量使中国人具有可以不依赖外人而自己造船的能力”，而且“采用求是堂艺局这种学校教育的独特形态”来完成[④]。

引进来、走出去是人才培养的战略。船政既请进来，引进技术、设备、管理、人才和教育模式，又走出去，让学生出国留学深造，造就了中国近代的一批科技骨干和高级海军将领，同时也使他们处于中西文化交流的风口浪尖上，让他们能够站在更高的层面上来审视中国，寻找救国良方。出国留学作为培养人才的重要组成部分，这对于封闭的、科学技术大大落后于发达国家的中国来说，是很有远见的。沈葆桢认为洋人来华教习未必是“上上之技”，“以中国已成之技求外国益精之学”必然事半功倍。

---

① 许祖华选编《严复作品精选》，长江文艺出版社，2005，第 228 页。

② 同上。

③ 沈岩、方宝川主编《船政奏议全编》（第一卷），国家图书馆出版社，2011，第 62 页。

④ 《中国近代教育史资料汇编》（洋务运动时期教育），上海教育出版社，1992，第 949 页。

教育模式中国化是培养人才的关键。为了培养适合近代化建设的人才，船政引进西方先进的教育模式，结合中国实际，实行“权操诸我”的原则，形成特色鲜明的中国化办学模式，从而打破了封建教育的传统模式，开创了近代教育的先河，成为改革旧教育制度和建立近代教育体系的先锋和典范。这种改革是革命性的，很多都是开风气之先的。它突破传统，大胆革新，采用契约合作、引进外教、留学深造的培养模式，采取厂校一体化、工学紧密结合的办学形式，实行科技与人文结合、培养爱国情操和人才为本、精益求精、因材施教，特色鲜明，成效卓著①。

要培养栋梁之材就需要他们坚持清慎勤。风清万年的期待，按现在的话说是“腐败的零容忍”。第一艘轮船的命名，过去我们常这样理解，是为清朝的统治歌功颂德，显然这种理解是肤浅的、低层次的，联系沈葆桢卖字补贴生计和在任上病逝后“不名一文”同僚掩面而泣的事例，可以看出沈葆桢取名“万年清”有其高境界的用意，就是希望永远风清气正。沈葆桢写有一本《居官圭臬》的书，收录历朝历代名臣的格言议论，从古今治乱得失的高度，提出吏治的重要性和道德准则、法律原则。他认为“当官之法，惟有三事，曰清，曰慎，曰勤”。在实践中，他本人正是以此为准则，勤政亲民，廉洁奉公，获得“一生清名”。

光绪十六年四月初七日，闽浙总督卞宝第在《恭覆寄谕片》中说：“船厂自同治六年开办，前江西巡抚沈葆桢总理其事，经营制造极费苦心。用人尤为慎重，虽其至亲旧交不滥收录，以故不利众口，谤议纷腾，是时臣任福建巡抚，知之最悉。迨沈葆桢总督两江，此后接办船政诸臣欲思弭谤，不得不稍涉圆融，各路荐书难于拒绝，厂员皆系本地绅衿，尤觉碍于情面，此近年滥收滥委之实在情形也。”②

二　精益求精，密益求密

精益求精、密益求密是船政的特色。在船政衙门开张的时候，沈葆桢亲

① 沈岩：《船政学堂》，科学出版社，2007，第220～221页。

② 张作兴主编《船政文化研究——船政奏议汇编点校辑》，海潮摄影艺术出版社，2006，第412页。

自撰写了船政衙门联，而且放在头门，足见其对此事的认真和重视。他说："且漫道见所未见、闻所未闻，即此是格致关头，认真下手处；何以能精益求精、密益求密，定须从鬼神屋漏，仔细扪心来。"就是说现在是学习科技的紧要关头，不要说这些东西我们见所未见、闻所未闻，一定要认真操作，精心仿制和创新，要以精益求精、密益求密的精神去探求它。只有这样，才能在玄奥的地方掌握精微的巧妙，才能把它学到手。沈葆桢还撰写了另外两副对联。仪门联是"以一篑为始基，从古天下无难事；致九译之新法，于今中国有圣人。"大堂联是"见小利则不成，去苟且自便之私，乃臻神妙；取诸人以为善，体宵旰勤求之意，敢惮艰难？"三副对联让人们常常想到船政的使命和担当。这些联的意思是要人们勇敢地摒弃传统的陋习，认真追求科学真理；在科学技术日新月异的关键时刻，要脚踏实地，打好基础，求实求精，刻苦探索；要排除万难，自强不息；只要我们共同努力，中国的科技人才乃至各种栋梁之材一定能涌现，中国的将来一定有希望。

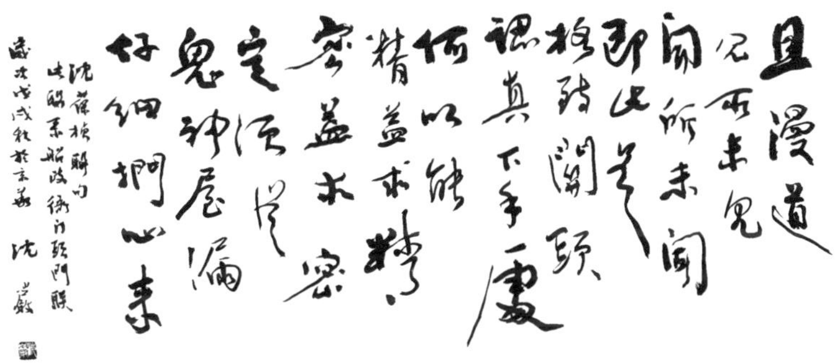

图 3－9　沈葆桢船政衙门联

这些对联凝结着船政的人文精神，它让来这里的人们明白船政是干什么的，如何干。也通过这种方式让在这里办公的胥吏，尤其是在船政学堂读书的学生们明白这个道理，起到了潜移默化的作用。通过这些，鼓励胥吏出以公心、认真工作，也鼓励学生专心致志、刻苦学习。

精益求精、密益求密贯彻始终，并让在这里工作和学习的人们养成良好的习惯，成为船政取得成就的精神动力。正是因为有了这种精神动力，船政学生能克服重重困难，取得良好的成绩。在船政，我们可以看到船政大臣带头学习、刻苦攻读物理数学的官场奇观，可以看到船政学生毫无外语基础却能与外国人交流对话的奇观，可以看到船政学堂用外语教材、用外语授课而学生们听得津津有味的奇观。

探秘也是船政学生留欧的一个心结。船政留学生不但怀着振兴中华的赤子之心，而且有窥其精奥的用心。他们走出国门，接触西欧先进的科学技术和机器工业，民主的法律、议会制度，对这些闻所未闻、见所未见的东西加以消化总结，提取精华，探索出救国的良方。这种精益求精、密益求密的精神在他们的灵魂深处能够扎下根来，就是潜移默化的结果。正因为有这种精神，才使他们在中西文化大碰撞中擦出了思想火花，开阔了眼界，明白了许多道理。

三　治学严谨学风整肃

船政始终贯穿一个“严”字。沈葆桢特别重视选才，通过口试、作文和体检三场考试，录取优秀者。招生要求学生聪慧且为人忠诚纯朴，因为浮浇险薄之子必无持久之功，他日于天文、算法等事，安能精益求精，密益求密？船政学堂招生打破传统人才观念，不分士庶民族，面向全社会。船政弟子多数为家境贫寒子弟，思想纯正，学习刻苦勤奋。沈葆桢亲自撰写三对楹联勉励学生。鼓励他们奋发进取，坚实基础，博采众长，探索科学奥秘。沈葆桢按照中国人的习惯，给学生节假、病假、婚假及父母的丧假，但同时要求子弟到局，即住宿局中，不能随便离局，学校同时制定了奖罚、请假、考核等制度。求是堂艺局章程规定每三个月一考试，考列一等赏银 10 元，二等无赏无罚，三等记惰一次。两次连考三等者戒责，三次连考三等者斥出；三次连考一等者，除照章奖赏外，另赏衣料，以资鼓励。

孟子说过：天将降大任于斯人也，必先苦其心志，劳其筋骨，饿其体肤，空乏其身，行拂乱其所为，所以动心忍性，曾益其所不能。严厉的规章制度，使船政学子历经艰苦的磨炼和道德意志力的锤炼。船政学生自省、自律、勤奋、刻苦，从不苟且偷懒。

四　学生要专心学习

沈葆桢说：学习全在专心致志。1867 年 11 月 7 日，英籍航海教习嘉乐尔到马尾任驾驶学堂监督，拟订学堂管理规章制度。针对嘉乐尔提出的规章制度，沈葆桢亲笔写下了十条意见：

第一条，学堂以铁厂开工之日起限五年，自为稍宽时日以期必成起见，可行。学生有不遵章程者，随时斥退，亦可行。第二条，伏日给假，原为体恤学生起见，但较之原定章程，转多间断，宜仍照原定章程；多一日之功，便速一日之效。第三条，除年节外，不准回家。礼拜日准父母亲戚看视。有病，验实方准回家医治。俱属可行。惟父母之丧，断不能不给假百日。第四条，三个月考验一次，分别赏罚，与原定章程相符。可行。第五条，学生肄习两月后，察看再定去留。入学者不得过二十岁，并须未娶之人。可行。第六条，眠食读书，各有一定时刻。可行。第七条，学生月给五两，所费固属无多，惟左宫保已定四两在先，外议并不嫌少，可不必纷更。此后学成一层，每月加给银一两；又学成一层，每月再加给银一两。以资鼓励可也。第八条，学生不肯尽心习学，交委员酌量资罚，以释疑惧，此议极好；应由贵衙门出示晓谕，咸使闻知。第九条，学习全在专心致志。婚丧准假，虑其假托，具见办事认真，期于必成之意。惟婚可假，丧必不可假，查验涉虚，可以重治其罪。且人闻父母之丧，哀痛昏迷，几不欲生，何能肄业，虽留之堂中，无益也；徒使造谣言者，谓一入学堂，便不知有父母，则体面人家子弟必裹足不前，是以此层断不能不通融办理。若虑给假者，学业参差，先生难于一一指授，则已得先生指授之学生，即可以教未得先生指授之学生。况人之资质灵蠢不同，即学习均无间断，长进者自长进，生疏者自生疏，断不能全无参差之理，所赖朋友互相观摩，补先生所不能遍及者耳。至遭亲丧事不常有，数十人中，不过一二人。如数十人学皆有成，仅此一二人以作辍而废，于大局固无碍也。第十条，学生拚出数年辛苦，可以获利，可以传名，自不得不严加约束，其图片刻偷功者，委员随时戒责。沈葆桢说以上十条，“如属可行，除已见原定章程者，毋庸重复示知外，其为原定章程所未及者，应由贵衙门补行示谕。至原禀所称，学生应招家中体面并已通中华文字之人。……所称请旨赏成功之人以较大官职。朝廷用人之际，当亦允行也”。

第四篇 海权篇

同治五年五月十三日（1866 年 6 月 25 日）左宗棠上奏清廷《试造轮船先陈大概情形折》。在折中他分析形势和利弊，提出了“惟东南大利，在水而不在陆”的精辟观点。他认为“泰西诸邦均以机器轮船横行海上，英、法、俄、德又各以船炮互相矜耀，日竞其鲸吞蚕食之谋。乘虚蹈瑕，无所不至”，“至杭属及宁、绍、台、温滨海之区，海盗时有出没，水师直同虚设，船炮全无”，针对这种情况，左宗棠再三呼吁：“中国自强之策，除修明政事、精练兵勇外，必应仿造轮船以夺彼族之所恃”，要“尽洋技之奇，尽驾驶之法”。

船政是中国近代海军的发祥地和海军队伍的摇篮，是近代中国迈向海权的先驱者。弘扬船政文化，总结历史经验教训，重视海权建设，对海域面积巨大、航海事业发展迅速、轮船大量航行于世界各地的大国来说，无疑是十分重要的。

第一节　东南大利在于水

福建地理条件独特，航海历史悠久。历来就有造船技术先进、航海发明众多、航海人才济济、航海信仰盛行的好传统，文化底蕴十分深厚。

一　闽在海中

据《山海经·海内南经》记载："闽在海中。"闽人很早就与海洋打交道。

东冶港是福建最早有文字记载的港口。《后汉书·朱冯虞郑周列传》记："旧交趾七郡，贡献转运，皆从东冶泛海而至。"东吴景帝时，设立典船都尉，促进造船与航海事业的发展。唐大和年间（827～835）专门设置市舶机构。五代时，王审知治闽，对福州城内河和闽江通海航道进行修浚，在闽江口开辟甘棠航道，"招徕海中蛮夷商贾"，出现了闽江沿岸"帆樯云集，画鹢争驶"的繁荣景象。明代郑和率领规模庞大的船队七次下西洋，都在福州港（当时称为太平港）伺风补给，而后从五虎门扬帆远航。明成化十年（1474），福建市舶司从泉州移到福州，成为中国政府与琉球往来的唯一港口。清康熙二十三年（1684）开海禁后，福州港再度兴起。清政府在厦门和福州设立闽海关，以厦门港为通洋正口，福州港则主要与琉球国通商。

宋元时期，泉州港后来居上。元代是泉州港鼎盛的时代，有"梯航万国"的世界东方大港之称，进出的海舶往返于107个国家和地区。马可·波罗称其为世界最大港。大约从13世纪开始，中国的官方文献已习惯于以泉州为基点，来计算同外国的距离、日数和方位。泉州，被确定为古代"海上丝绸之路"的重要起点。明永乐三年（1405）至宣德八年（1433），郑和受朝廷派遣，率领规模巨大的船队七次出海远航。福建人王景宏曾任正使，发挥了重要作用。但在其后几百年间，海禁和倭乱严重阻碍了正常的航运和贸易。

中国自古有"南船北马"之称。春秋时期的吴、越两国江河密布，舟

图 4－1　1881 年的马尾港

楫为马，造船业盛行。为适应江河航行，中国古船多为平底江船型，方型平底是其主要特征。而福建地区面向海洋，海域环境好，木材资源丰富，为适应海上航行，遂创造出航海性能好的尖底福船。1973 年，泉州湾后渚港出土的沉船，就是尖底海船。该船残长 24.2 米、残宽 7.15 米，头尖尾方，船身扁阔，底有龙骨，由两段松木料接合而成，全长 17.65 米。连接龙骨的艏柱用樟木制成，长约 4.5 米。船板用柳杉制成，舷侧板为三重木板结构，总厚度为 18 厘米。船板相接处大多采用榫合的方法，缝隙塞以麻丝、竹茹和桐油灰，再以铁钉钉合。船体用 12 道隔板，隔成 13 个互不渗水的船舱，最深的舱达 1.98 米，最浅的为 1.5 米。船上还有为了竖立前桅杆和中桅杆的底座，以及尾部为设置船舵的洞孔。据测算，该船的排水量为 370 吨左右。1982 年，泉州出土的南宋古船，也是一艘底部装有松木龙骨的尖底船。据史料记明代戚继光抗倭，所监造的船舰，舰上可挂 5 张帆，首尾装配有大中炮 24 门，载兵丁 250 余名，运货 22 万斤，可连续航行两三千里。这种福船型的船舰，高大如楼，出征时令敌望而生畏。

自南宋进入远洋航海贸易期以后，直至郑和下西洋时期，福建的尖底福船成为主要海运工具。明清两代，中国册封琉球和琉球进贡中国也都使用福船。明代中叶，在福州建造性能优良的册封舟，建造周期为两年，由福州五虎门出洋到琉球那霸港行程需一个月。到了清代，册封舟变小，建造周期缩短，海中行程仅需一周。册封舟的船型和帆装已日趋成熟，说明福州的造船技术也在不断进步。明代担任过琉球册封副使的谢杰对闽人的造船技术曾经做过这样的评价："船匠有二：漳匠善制造，凡船之坚致赖之；福匠善守成，凡船之格式赖之。"

船政选择在福建，因历史上造船业的发达而成为必然。选择在马尾当然还有材料、经费、管理等原因。但已为我们勾画出一幅源远流长的图画。船政造船经历了船体构造由船舶木壳结构、铁木合构、铁甲、穹甲到钢壳结构，造舶工艺由铁钉捻缝到铆钉连接的过渡和进化的全过程，从而使船政成为近代中国造船中心，中国古代造船与近代造船技术借此找到了机缘与连接点。

福建地区长期以来成为中国的国际航运中心绝非偶然。福建背山，被武夷山脉阻隔，陆路不好走；但面临东海，深水港多，港湾受潮汐影响大，海道输沙量小，水土流失少，地理位置适中，属南亚热带为主的海洋性气候，春夏吹东南风，秋冬刮东北风。这种在帆船航行的时代有规律的季风，有利于往返作业。春夏北上东北亚，秋季返航可远航东南亚，春季又返航，全年忙碌。难怪有人戏称其为"东南海国。"

台湾与福建一水相隔，被视为七省门户。七省即沿海各省，有广东、福建、浙江、江南（江苏与江西）、山东、直隶、盛京等。而台湾孤悬在外，为其门户，历来为兵家必争之地。日本更是对其虎视眈眈、觊觎已久，总想乘虚而入。福建与台湾具有特殊的渊源关系。而船政与台湾的关系也非同一般。1866 年船政创办，到 1895 年甲午海战后台湾被迫割让给日本共 30 年。30 年中，船政始终担任着繁重的台防、通航和支持经济建设的任务。船政第二艘兵船"湄云"号于 1869 年下水，1870 年就首航台湾运送粮食。随后，"琛航""永保"等船担任了闽台通航任务。轮船水师成立后，自制的舰船在澎湖、台湾执行海防任务。船政还在探矿、地图测绘、电线架设、海底电缆铺设、台湾电报学堂教学等方面做出贡献。但最重要的是船政通过巡台治台，促进了台湾的近代化建设。1874 年 2 月，日本政府以“牡丹社事件”为借口，公然无视中国主权，由内阁会议通过《台湾番地处分要略》，决定派遣陆军中将西乡从道为“台湾番地事务都督”，率兵侵台。清政府派船政大臣沈葆桢以钦差大臣去台湾办理台务。同年 6 月 17 日，沈葆桢率领自己的舰队赴台。沈葆桢到台后，一面向日本军事当局交涉撤军，一面积极着手布置全岛防务。日本见台湾防务强大，自己羽翼未丰，“不得大逞于台，遂罢兵归”。这是近代中国海军舰队第一次抗御外国侵略势力入侵台湾的军事行动，是中国近代海军保卫海疆、保卫台湾的壮举，也显示了船政维护主权的成就和功绩。随后的善后治台，为台湾的近代化奠定了基础。

明末的厦门港本是月港的附属港口，明廷开放海禁后始兴。16 世纪后 30 年，每年从厦门开往马尼拉的商船有四五十艘，当时厦门被称为“中国粗瓷最大的出口中心之一”。明末清初，郑氏抗清集团以厦门为基地，其对外贸易十分发达。

明代后期，东南沿海私人海上贸易活动逐渐形成了若干个实力雄厚的海商武装集团，其中比较著名的有李旦集团、颜思齐集团、郑芝龙集团、刘香集团，以及杨六、杨七、钟斌等集团。后来，郑芝龙家族雄踞海上，几乎独占南海之利。崇祯十四年至顺治三年（1641 ~ 1646），郑氏集团的商船络绎不绝地川流于中国沿海（包括台湾、澳门）、日本、吕宋以及东南亚各地。荷兰、葡萄牙、西班牙的商船都要在他的配合允许下，才能与中国的商船进行贸易。他的武装船队，旗帜鲜明，戈坚甲利，故八闽皆以郑氏为长城。入清以后，东南沿海的海外贸易大权，仍然一度掌握在郑氏家族的手中。郑芝龙虽然投降了清朝，但是他的儿子郑成功及其后的郑经等人，率领郑氏集团的主要力量，凭借着雄厚的海上实力，与清朝军队在东南沿海一带周旋了三四十年之久。

郑成功反清复明，向隆武帝进言“通洋裕国”。收复台湾后，派使臣到吕宋向西班牙总督递交国书，谴责屠杀华侨的罪行。他还广泛联络华侨，发展海上贸易。

船政在福建诞生，种种因素提示着我们：这是历史的必然。

二 大利在水

同治五年五月十三日（1866年6月25日）左宗棠上奏清廷《试造轮船先陈大概情形折》。在折中他分析形势和利弊，提出了“惟东南大利，在水而不在陆”的精辟观点。他认为“泰西诸邦均以机器轮船横行海上，英、法、俄、德又各以船炮互相矜耀，日竞其鲸吞蚕食之谋。乘虚蹈瑕，无所不至”，“至杭属及宁、绍、台、温滨海之区，海盗时有出没，水师直同虚设，船炮全无”，针对这种情况，左宗棠再三呼吁：“中国自强之策，除修明政事、精练兵勇外，必应仿造轮船以夺彼族之所恃”，要“尽洋技之奇，尽驾驶之法”。他认为，中外之人同样是人，智慧并无分别，仅仅因为所习不同而有不同特长，所以出现“中国以义理为本，艺事为末；外国以艺事为重，义理为轻”的情况。但“谓执艺事者舍其精，讲义理者必遗其粗不可也。谓我之长不如外国，借外国导其先可也；谓我之长不如外国，让外国擅其能不可也”，也就是说，中国人只要像西国一样的重视“艺事”，是完全可变其长为己长的。“夺其所恃”，不仅在军事上可以做到有效地抵御外侮，而且可以在经济上“分洋商之利”。鸦片战争后，列强凭借特权倾销商品，洋轮伴随而至。旗昌、宝顺、怡和等洋行的轮船航行于沿海和长江。第二次鸦片战争后，洋船骤增，夺我厚利的情况更为严重。以福建省为例，19世纪60年代，福州运往其他口岸的货物，洋船运载量占三分之一。北方的情况较之南方更加严峻。向来运往东南各地的帆船，资本亏折殆尽，以致船只休闲，无力转运，在船水手10余万人无以谋生。对此，左宗棠从商业、民生、漕运几个方面指陈了外国侵略者的洋轮威胁、摧残了中国经济生活，从而提出了中国自己设船厂制造轮船的紧迫性，认为“泰西巧，而中国不必安于拙也；泰西有，而中国不能傲以无也”。无论从军事还是从经济方面说，都认为“非设局监造轮船不可”。

三 夷性无厌

中国海岸线长，自古有天险之誉，统治者也常常无视海之防线。到了明清时代，虽然有郑和七下西洋之壮举，虽然常有海盗之困扰，但天朝的统治

图 4－2　19 世纪的闽江（汤普森摄于 19 世纪末）

者并没有把海防建设提到议事日程上来，而且常常把闭关禁海作为国策，使海军建设呈现长期滞后的局面。随着清朝国势的衰微，海防建设更是千疮百孔，水师腐化，武备松弛，战船老旧，炮台废弃，与西方列强的海上力量对比，更是有着天壤之别。

中国地大物博，早就让西方羡慕垂涎，随着资本的膨胀和急于扩张，中国这一大市场就成为西方列强的主攻对象，尤其是英国工业革命后更是如此。

英国完成工业革命后，需要一个广大的市场作为商品倾销地。但天朝却认为中国什么都不缺，没必要与英国做生意。1838 年，道光皇帝派当时湖广总督林则徐到广州禁烟。林则徐洞察英商虽外表声势显赫，但理短胆怯、劳师困顿，于是“责令夷人将趸船所有烟土尽行缴官”，并把它“销除净尽”，从英商手中收缴鸦片 21306 箱，在虎门销毁。从 1839 年 6 月 3 日开始至 6 月 25 日完毕，共销毁鸦片 2376254 斤，取得了禁烟运动的初步战果。

禁烟的壮举触动了英帝国主义的利益，于是，英国政府以被硝烟为借口，发动了对华战争。1840 年 6 月，英国政府派出远征军，由军舰 47 艘、陆军 4000 人组成，陆续抵达广东。随后北上，于 1842 年 8 月 29 日，逼迫清廷签订了《南京条约》。对华觊觎已久的英国终于达到侵略目的，凭借其坚船利炮从海上敲开了中国的大门。从此，中国在西方列强的威胁之下被迫签订了一系列不平等条约。

其实早在 1832 年，英国东印度公司即派遣“罗尔·阿美士德”号借华使团之名，对中国近海航道进行侦察测量，以观虚实。结论就是，清朝旧式水师不堪一击，只需派遣几艘军舰和几百名陆战官兵，就可以“在很短的时间内把沿海中国海军的全部威信一扫而光”。可见，当时中国海防之弱和水师之病，已暴露无遗。长期以来，清军养尊处优、懒于训练、军心涣散、纪律松弛，以及将帅素质低下、军事思想落后、不善组织指挥等，在鸦片战争中状况更令人担忧。战场上，许多将领不谙敌情，株守落后的营垒；许多守军，远远看见敌军即开炮轰击，未等敌军靠近便逃之夭夭；宁波、上海等地守军，竟不战自弃。而以林则徐、邓廷桢为首的抵抗派却经常受到投降派的打击排挤。

四 一片胡言

道光二十年八月二十八日（1840 年 9 月 23 日），林则徐《密陈办理禁烟不能歇手片》说到英国“夷性无厌，得一步又进一步”，如果“他国效尤，更不可不虑”。道光皇帝朱批：“汝云英夷试其恫吓！是汝亦效英夷恫吓于朕也。无理，可恶门臣之愚昧，务思上崇国体，下慑夷情，实不敢稍存游移之见也。”当说到自道光元年（1821）至今，粤海关已征收银 3000 余万两，收其利者必须预防其害。“若前此以关税十分之一制炮造船，则制夷已可裕如，何至尚形棘手？”但道光皇帝却朱批四个字：“一片胡言。”林则徐关于制炮造船的建议，就这样成了“一片胡言”。

第二节 买来的舰队不可靠

鸦片战争后，清廷尝到坚船利炮的厉害，也开始琢磨是不是要整顿水师，提高水师的装备水平。是造舰好还是购舰好呢？清廷的决策者始终拿不定主意，严格说来是没有认真地考虑它。

一　买舰队主要是为了对付太平军

太平天国运动的爆发，使清廷的政权摇摇欲坠。清廷把主要精力放在剿灭太平军上，更不可能去考虑造舰购舰问题。唯一考虑的是，如何对付太平军。太平军攻克南京，形成与清廷对峙的局面。在华列强遂震惊起来。出于维护在华利益的目的，他们迫切需要了解太平军真相。英国对此采取了既打又拉的两手策略。为打击太平军，清廷与英国达成协议，准备购买坚船利炮，建立一支先进的舰队。

咸丰十一年（1861），总理各国事务衙门多次与总税务司赫德会商购买外国轮船一事。第二年，由皇帝亲自下达指令，同意购买舰船，建立舰队，以资攻剿太平军。所需费用则按赫德之议，在各地海关税款中拨用。经过两广总督劳崇光的谈判，决定以白银 65 万两购买七舰，并委托时在英国之中国海关总税务司李泰国在英国购买及招募人员。同治元年（1862）春，赫德函令请假回英国的总税务司李泰国在英国承办此事。当年 7 月，李泰国就订购了中号兵船三只、小号兵船四只，并在每只中号兵船上配用外国舵工、炮手、水手及看火等约 30 名，水勇 100 名待到中国后配备；每只小号兵船上配用外国舵工、炮手、水手及看火等约 10 名，水勇 30 ~ 40 名待配。船只连同炮位、火药、子弹、煤炭及自英国开船到中国港口的费用，总计中船每只银 15 万两，小船每只约需银 5 万两，合计需银 65 万两。另有不可预见费用预计 15 万两，总共 80 万两。为避免引致英国国内的压力，向外称舰队是为清政府缉捕海盗，称之为“英中联合舰队”。1863 年，舰队成立。同年 9 月 12 日到达上海，18 日抵达天津。

阿思本舰队由军舰 7 艘组成，另有趸船 1 艘。李泰国购买各军舰时按其意愿命名为“江苏”、“北京”、“中国”、“厦门”、“广东”、“天津”、“奉天”。其中“北京”、“中国”、“厦门”三艘为英国海军现役炮舰，“江苏”、“广东”、“天津”、“奉天”为新造。

二 李泰国私订十三条

清廷原来打算，轮船水师的总统由中国人担任，请一位熟悉舰队的洋人担任副总统。但李泰国却请阿思本担任舰队总统，并私自与阿思本签订合约，即“十三条”。同治二年正月十六日（1863 年 3 月 5 日），李泰国代中国与阿思本订立合同，《筹办夷务始末 · 同治朝》中所引清政府给英国公使照会的条文为十二条。经查原件，实为十三条。故宫抄本为朱格稿纸书写，有勾勒涂改之处。封面有“蔡世俊订，董大人（董询）阅”的注记。十三条为：第一条，中国现立外国兵船水师，阿思本允作总统四年，但除阿思本之外，中国不得另延外国人作为总统。第二条，阿思本作为总统，中国所有外国样式船只或内地船雇外国管理者，或中国调用官民所置各轮船，议定嗣后均归阿思本一律管辖调度。第三条，朝廷应给予阿思本谕旨一道，派阿思本作为此项兵船水师总统。谕旨内应确切载明，派伊所管各事宜，作为凭据，以免窒碍。第四条，凡朝廷一切谕阿思本文件，均由李泰国转行谕知，阿思本无不遵办；若由别人转谕，则未能遵行。第五条，如有阿思本不能照办之事，则李泰国未便转谕。第六条，所有此项水师各船员弁、兵丁、水手均由阿思本选用，仍须李泰国应允，方可准行。第七条，阿思本管下官员人等，除李泰国先行向阿思本议定，阿思本发给谕单，准其协同税务司办事外，李泰国不准所管各关之人邀令兵船帮办事件。第八条，倘有中国官员于各兵船之官员、兵丁、水手人等有所指告事件，则李泰国会同阿思本必得详细查办。第九条，此项水师，俱是外国水师，应挂外国样式旗号。一则因船上俱是外国人，非有外国旗号，伊等未必肯尽心尽力；一则要外国各商不敢藐视。是以议定，旗要绿色，中用黄色两条相交，心内画黄龙尖旗，以为中国之号旗。要绿色者，系因绿旗乃各外国所罕用，使不至与列国旗号相混。第十条，李泰国应即日另行支领各员辛俸工食、各船经费等银两，足敷四年之数，存储待用，以安阿思本及各外国之心。刻下在英国姑以所置各船及兵器等件暂为质押。第十一条，现议合同十三条，系奉朝廷札谕办理。倘四年之内，李泰国身故，或阿思本身故，仍应照办。不得以二人中有一人身故便将所议各条废而不用。第十二条，此合同十三条并大众合同及新定兵船章程，应俟朝廷准行之后，阿思本方能带船办事。第十三条，阿思本作为总统之时，如因病身故，则李泰国代请朝廷赐恤其妻子。

十三条照录，是想让读者看看李泰国是如何的霸道。当年五月，总理衙门致函李鸿章，以李泰国到京即递折略条款章程数件，大意欲派阿思本为水师总统，李泰国会办，一切均归阿思本、李泰国调度。而每年所用经费以数百万计，并请将各关税务全归管理，任其支取使用，欲借此一举，将中国兵权利权全行移于外国。总理衙门反复抗论，辩论十余日，才将领导层等议明。

同治二年四月间，江苏巡抚李鸿章致总理衙门函，以总税务司李泰国昨天来沪，面称各关所拨 80 万两尚不敷造船募兵之费，该总税务司又垫银 12 万两，应令上海立刻照付，当事者以其所言与前不符，未免漫无限制，不能应其所求。李鸿章又函告总理衙门，认为李泰国狡诈嚣张。戈登亦告其心术险恶，李泰国意在耗中国之财，而彼国商民暗受其益，秘计叵测。现虽不能置李泰国于局外，亦要重赫德之势，轻李泰国之权。

三　买来的舰队终究要解散

不过买来的舰队刚成立之前，双方便已出现矛盾。原来所定之 65 万两在成军前已两次增加，先加至 80 万两，后再追加至 92 万两。但更严重的问题是双方对海军的指挥、用人理解完全不同。清政府原意是由中国人为舰队统帅、英国人任副手，同时得挑选中国人上船学习。然而李泰国早于英国代表清政府与阿思本私自签订合同，内订明海军由阿思本任司令，阿思本只接受由李泰国传递，直接来自中国皇帝的命令；舰上所有人员的任用赏罚，由阿思本全权决定；船上只用洋人；要求中国海关拨 1000 万两作海军四年之经费，交由李泰国调用。当朝廷得悉各条文后，一时哗然。加上阿思本提出舰队直接攻入天京，触动了湘军的利益。曾国藩、李鸿章、曾国荃等对李、阿二人亦甚为不满。曾国藩提出阿思本“意气凌厉，视轮船奇货可居，视汉总统如堂下厮役，倚门之贱客”，“水陆将士皆将引以为耻”。曾国荃亦提出：“长江水师帆樯如林，无须轮船会剿金陵。”9 月底，李泰国及阿思本抵达北京，与总理衙门争辩 20 余日。最终，李、阿二人在 10 月 18 日向总理衙门发出最后通牒，提出在48小时内接受其原来条件，否则“必需将这支部队解散”。清政府以“中国费数百万之帑金，竟不得一毫之权柄”，“中国兵权不可假于外人”为由，拒绝其要求，并照会英国：舰队取消。英国驻华公使及美国公使蒲安臣曾尝试调停亦不果。曾国藩说：“以中国之大，区区一百七十万之船价，每年九十万之用款，视之直如秋毫，了不介意。或竟将此船分赏各国，不索原价，亦足使李泰国失其所恃而折其骄气。”最后舰队解散，按负责调停的美国公使安排，各船返回伦敦拍卖；清政府付各军官水手遣散费，在事件中金钱损失约为70万两。

第三节　必须自己造船育才

中国要摆脱落后挨打的局面，就必须学习西方先进的科学技术；而学习之首，就是坚船利炮。左宗棠认为要“尽洋技之奇，尽驾驶之法”。“夺其所恃”就是在军事上有效地抵御外侮，在经济上“分洋商之利”。从同治七年（1868）起至光绪三十三年（1907），船政共计建造船舰40艘，排水量47000多吨，占全国总吨位的74%。1890年，中国有北洋、南洋、广东、福建四支水师，有舰艇86艘，其中向国外购买的有44艘，自制42艘，船政制造的就有30艘，占全部的34.88%，占自制的71.43%。

沈葆桢一再强调“船政为海防第一关键”，“船政为海防水师根本”。船政的创办，以及它的成就与影响、曲折，都深刻地说明海权的重要。船政创办本身就是迈向海权的第一步。造船制炮、整顿水师、培养海军人才都围绕着海权做文章。可以说“船政就是谋海权之政”，而且取得了世人公认的成就，成为中国近代海军的发祥地。

南京海军指挥学院教授史滇生认为：船政的建立，既是近代中国海权意识初步觉醒的产物，又促进了近代中国海权意识的进一步觉醒。船政提出的一些思想理念，促进了中国海权意识的深化。第一，提出了“以大海为利”，与西方列强争夺海洋权益的思想。第二，提出了建立新式轮船水师取代旧式水师的思想。第三，提出了购建铁甲舰争胜海洋的思想。第四，提出了重视台湾海防战略地位的思想。认识到台湾在海防上的重要战略地位，是近代中国海权意识觉醒过程中的一大进步。船政在对台湾海防地位的认识上不仅起到促进作用，而且在促进台湾的防务建设乃至台湾的近代化建设方面，也做出了巨大的贡献。

他认为，船政在近代中国海权意识觉醒过程中，其在海权问题上的思想观念，具有这样一些特点：第一，强烈的反侵略性。第二，鲜明的开放性。第三，突出的实践性。船政在近代中国海权意识觉醒过程中提出了一些思想认识，丰富了近代中国海防思想。船政主张的“船政与海防相为表里”“船政为海防要图”“船政关系海防根底”“船政为海防第一关键”“欲整理水师，非设局监造轮船不可”的思想；“海防无他，得人而已”，海军建设“根本在学堂”，“海防根本首在育才”的思想；“整顿海军必须造办铁甲”，铁甲船为海防“第一利器”，“御夷于海，此器必不可少”的思想；台湾为南北海道咽喉、东南七省门户，“欲筹海防，宜以全力专顾台湾”的思想；“以大海为利”与西方国家争夺海洋利益的思想，是19世纪60年代至甲午战争前后，中国海权意识觉醒进程中，最具有代表性和深刻性的认识。

从同治五年（1866）开办至宣统三年（1911）底，前后办学45年，已查明的前后学堂毕业生计有650名。毕业生中除了选派一部分赴外国留学深造外，基本上在船政衙门、船政学堂和海军军舰上工作。留学回来的学生也都在海军就职，初步实现了左宗棠所说的“此项学成制造、驾驶之人，为将来水师将才所自出，拟请凡学成船主及能按图监造者，准授水师官职，如系文职、文生入局学习者，仍准保举文职官阶，用之本营，以昭奖劝，庶登进广而人才自奋矣”的目标，形成了一批中国近代海军的骨干力量，也使船政学堂成为后人乐于称道的海军摇篮。《清史稿》明确记载，“船政学堂成就之人才，实为中国海军人才之嚆矢”。

一　为中国近代海军的建设造就了一批急需的人才

船政培养了近代的驾船、驾舰人才。在沈葆桢“可破格栽成，去滥竽而登俊良”思想的指导下，同治十二年（1873），船政就破格提拔吕翰和张成两人任舰船管带。随后又委派驾驶一届10多名学生在福建水师中任驾驶官，并逐渐晋升为舰长或大副。同年，管轮一届也有14人被派往福建水师

图 4－3 2010 年笔者在船政与近代海军研讨会上做主旨发言

各舰船任管事。魏瀚、罗丰禄、陈兆翱、刘步蟾、林泰曾、陈季同等人先后留学堂任教。此后，船政后学堂学生，特别是留洋归来的学生，很快成为各地水师骨干和重要将领，如福建水师的张成、吕翰、许寿山、梁梓芳、沈有恒、李田、陈毓淞、叶琛、陈英、林森林、谢润德、丁兆中、梁祖勋，广东水师的林国祥、李和、黄伦苏，南洋水师的蒋超英、何心川，北洋水师的刘步蟾、林永升、叶祖珪、邱宝仁、邓世昌等人，都是船政后学堂学生和出国留学生。至光绪十五年（1889），仅驾驶一届毕业生在各地水师任管带的就有何心川、蒋超英、刘步蟾、叶伯鋆、方伯谦、林泰曾、沈有恒、邱宝仁、陈毓淞、林永升、叶祖珪、许寿山、林承谟、郑溥泉、张成、林国祥、叶富、吕翰、黎家本、邓世昌、李田、李和、梁梓芳等 24 人。难怪李鸿章感叹，“观南、北洋管驾兵船者，闽厂学生居多”。

提供了海军主力舰队的骨干力量。北洋水师是李鸿章精心培育的中国近代海军主力。

北洋水师的许多主要将领和主力舰管带也都出自船政学堂。1885 年 11 月，李鸿章就说，北洋水师“均以闽局学成回华学生充当管驾，尚为得力”。1888 年，海军设官阶建制时，北洋水师设提督一人、总兵二人、副将五人、参将五人，以及游击、都司、守备、千总、把总等职。李鸿章在《海军要缺拣员补署折》中说，原有管驾、管轮、大、二副等官阶皆小，按例难以补授副、参、游击等职，但他们“多由水师学堂学生出身”，“久历艰苦，实属资深劳多，自应按照奏定新章。即无合例应补人员，即以官小者通融升署”，从而先后分别任命刘步蟾、林泰曾、沈寿堃、郑汝成、萨镇冰、刘冠雄等人要职。1892 年 4 月，北洋水师补授叶祖珪等 64 人中，船政学堂学生就占 23 名，而且多居高职。1894 年，在北洋舰队任提督以下要职和主力舰管带的有林泰曾、刘步蟾、邓世昌、叶祖珪、方伯谦、林永升、邱宝仁、黄建勋、林履中、林颖启、萨镇冰、李和等。这 12 位全是船政学堂的学生，其中九位是后学堂驾驶第一届毕业生，四位是第二、三届毕业生。12 位中有 9 人是首届出国留学生。

诞生了一批中国近代海军的高级将领。1899 年 4 月，清政府派提督衔、补用总兵叶祖珪统领北洋水师，总兵衔、补用参将萨镇冰为帮办统领。1903 年，袁世凯以萨镇冰“贤能卓著，实为海军中杰出将才”，奏请破格录用，“以水师总兵记名简放”。光绪三十年（1904），船政后学堂留学生叶祖珪奉旨总理南北洋海军。随后由萨镇冰继任。1910 年，海军部成立，按暂行官制受职的 39 人中，除萨镇冰为海军副都统并加海军正都统衔外，计有巡洋舰统领程璧光、长江舰队统领沈寿堃、署理巡洋舰统领吴应科，海军部一等参谋官严复、郑汝成，顾问魏瀚，军枢司长伍光建、军法司长李鼎新、军政司长郑清濂，驻英船厂监造员李和、林葆怿，“筹海”巡洋舰管带黄钟瑛等。这些都来自船政学堂毕业生或留学生。辛亥革命时，一部分海军将领响应武昌起义、程璧光为总司令。南京临时政府时，黄钟瑛为海军总长。袁世凯掌权后，刘冠雄任海军总长。袁世凯死后，萨镇冰一度任海军总长。曾任海军总长的船政毕业生，有叶祖珪（驾驶第一届）、萨镇冰（驾驶第二届）、兰建枢（驾驶第三届）、刘冠雄（驾驶第四届）、李鼎新（驾驶第四届）、程璧光（驾驶第五届）、林葆怿（驾驶第九届）、黄钟瑛（驾驶第十一届）等。

二 为增强海军技术装备力量奠定了人才基础

19 世纪五六十年代，世界海军的发展正由风帆轮机木质前装滑膛炮战舰向风帆轮机装甲后装线膛炮战舰过渡。左宗棠酝酿提出建立船政创办近代海军，恰逢其时，刚好契入世界海军发展的这个历史性的转折点。当时的起点应该是高的，加上沈葆桢的卓越运筹，在短短的八年时间里就建起中国第一支海军舰队。

从舰艇的制造技术看，我们已经是实现了造船技术的“三步跳”。由初期依样仿造木壳兵轮到按图自造铁胁兵轮，进而自行设计制造铁胁巡海快船，再进而自行设计制造铁甲兵舰，从而缩短了与西方先进国家造船工业的差距。这不能不说是派赴欧洲学成归国的留学生起了重要作用。“他们独运精思、汇集新法，绘算图式，并能本外洋最新最上最捷之法而损益之。”制造专业留学生魏瀚、陈兆翱毕业时，被认为：“可与德国水师制造监工并驾齐驱，他们和留欧同学合作，在十九世纪八十年代设计和监造中国第一艘巡海快艇‘开济’号，中国第一艘钢甲巡洋舰‘平远’号及大型钢甲钢壳鱼雷快船等十多艘新式军舰。陈兆翱在留法期间即悉得法人制机之秘，在法时曾创制新式锅炉，法人奇之。”并以陈兆翱名其器。

中国水师还购置了一些外国的舰船。购置外国舰船就必须派员监造和把船开回来。当时，购买船舰的监造、驾船任务就落在船政学生的身上。如 1875 年，北洋向英国购买“龙骧”“虎威”等船时，就是由船政大臣吴赞诚选派张成、邱宝仁等任管驾，开回来的。1880 年，北洋水师向英订购“超勇”“扬威”两船，由船政学生邓世昌等人驾驶回国；向德国订购“定远”“镇远”时，船政留学生刘步蟾、魏瀚、陈兆翱、郑清濂等前去德国监造。1886 年，北洋水师向英国订购“致远”“靖远”和向德国订购“经远”“来远”时，派船政留学生林鸣埙、张启正和曾宗瀛、裘国安等分别前往监造，派邓世昌、邱宝仁、叶祖珪、林永升等前往接收，驾驶回国。到 1894 年止，北洋舰队的 33 艘船舰中，除船政自己制造的“平远”号钢甲舰等 7 艘外，向英、德等国购买的 26 艘船舰，几乎全是船政学堂学生前去监造和驾驶回来的。

三　在抵御外侮中发挥了主力军的重要作用

中国海军舰队第一次抗御外国侵略势力的是船政。甲戌巡台（1874 年是农历甲戌年），是中国近代海军自创建以来第一次大规模出航巡逻台湾海域，它在相当程度上遏制了日军对台湾的侵略，显示了中国近代海军抗御外来侵略的决心和力量，是中国近代海军保卫海疆、保卫台湾的壮举，也显示了船政的成就和功绩。

在中法马江海战中英勇抗敌的是船政。中法战争虽因清政府的妥协退让而惨败，但不能因此否认船政学堂师生的历史作用。当时福建水师 21 艘舰船中有 14 艘是船政建造的，占了 2/3。舰船的全部管驾人员也都是船政学堂的毕业生。船政各厂工匠也“均著力于办防，赶制水雷、炮弹、炮架等事”，以支持抗法战争。当时，布防在马尾的福建水师有 11 艘兵轮在质量和数量上都不如法军。但是，船政学堂培养的水师官兵却能奋起抵抗。陈英、吕翰、许寿山、叶琛、林森林、梁梓芳等管带也都英勇奋战，表现了爱国主义精神和大无畏的英雄气概。

在中日甲午海战中英勇抗敌的主力也主要来自船政。在中日甲午海战中，北洋水师的主力船舰，虽然多数购自英德，只有“平远”号是船政制造的。但是，支援北洋舰队的船舰，多数是船政制造的，如南洋水师派去的 6 艘舰船中，有“开济”、“镜清”、“寰泰”和“福靖”四船，广东派去的“广甲”“广乙”“广丙”等船，都是船政制造的。最引人注目的是北洋水师舰船的管带和多数副管带是由船政学堂培养的。而且，在中日甲午海战中，船政学堂培养的海军将领英勇抗敌，不怕牺牲，表现了大无畏的英勇气概和强烈的爱国主义精神。

第四节　甲午海战后的呐喊

一　严复与《论世变之亟》

中日甲午战争爆发后，严复奋笔疾书。他运用西方进化论和天赋人权学说，宣传变法图强的思想主张，仅1895年就连续发表了《论世变之亟》《原强》《救亡决论》《辟韩》等政论文章，在中国近代社会产生振聋发聩之效，其阐明的观点，成为当时维新派鼓吹变法以救亡图存的理论依据。

《论世变之亟》一文发表在1895年2月的天津《直报》上，他认为西方的先进与富强和中国的落后与危机是一种不可逆转的“运会”，中国人应谋救亡之道，奋起直追。严复抨击顽固派的狂妄自大，盲目排外，“苟扼要而谈，不外于学术则黜伪而崇真，于刑政则屈私以为公而已”。1895年3月，严复在《直报》上发表《原强》一文，全面提出自己的维新理论和变法主张，文中首先介绍达尔文的进化论和斯宾塞的社会有机体论，提出中国富强的根本办法是“一曰鼓民力，二曰开民智，三曰新民德”。1895年3月，严复在《直报》上发表《辟韩》一文，以西方资产阶级的“民权”学说，批判唐代儒学家韩愈《原道》篇中的尊君思想和君主专制理论，他引用卢梭、孟德斯鸠等法国启蒙运动思想家的论说，阐明“国者，斯民之公产地；王侯将相，通国之仆隶也”。1895年5月，严复又在《直报》上发表《救亡决论》，提出“要救亡必须变法”，“如今中国不变法则必亡是也”，并认为变法应以废八股倡西学为先，批判科举制度的三大危害在于“锢智慧”“坏心术”“滋游手”。

二 陈季同与《吊台湾》

光绪二十一年三月二十三日（1895年4月17日），清廷签订《马关条约》。消息甫一传出，全国哗然。丧权辱国的行为，激起台湾民众的强烈抗议。他们“誓宁抗旨，死不事仇”。在这之前的3月份，台湾巡抚唐景崧已急电朝廷派陈季同赴台，授以台湾布政使，以期通过陈季同的人脉和斡旋让法国出面进行干预。4月陈季同赴台，投入紧张的外交斡旋。然而，西方列强无意介入，法国兵舰的三色旗始终看不到，陈季同陷入无力回天的痛苦。《台北待法国兵船不至》正是这时的心境流露。无奈之下，陈季同运用他熟悉的《万国公法》内容，与台湾绅士丘逢甲等合议，策划对抗，终因寡不敌众而告失败。

陈季同作为当事者，一心想挽回危局。他在台北的衙斋里读起白居易的

《长恨歌》，发出深深的感慨和共鸣，写了《台北衙斋读长恨歌》和《吊台湾》名篇。陈季同《吊台湾》七律四首：

忆从海上访仙踪，今隔蓬山几万重。蜃市楼台随水逝，桃源天地看云封。怜他鳌戴偏无力，待到狼吞又取容。两字亢卑浑不解，边氛后此正汹汹。

金钱卅兆买辽回，一岛居然付劫灰。强谓弹丸等瓯脱，忍将锁钥委尘埃。伤心地竟和戎割，太息门因揖盗开。似念兵劳许休息，将台作偃伯灵台。

鲸鲵吞噬到鲲身，渔父蹒跚许问津。莫保河山空守旧，顿忘唇齿借维新。蓬蒿满目囚同泣，桑梓惊心鬼与邻。寄语赤嵌诸父老，朝秦暮楚亦前因。

台阳非复旧衣冠，从此威仪失汉官。壶峤而今成弱水，海天何计挽狂澜。谁云名下无虚士，不信军中有一韩。绝好湖山今已矣，故乡遥望泪阑干。

然而，陈季同并未因此而消沉。“旌节凋零志尚坚”（《和范肯堂述怀八首》其四）、“匈奴未灭尚无家”（《同舟熊梦豪孝廉出示过岳阳楼二绝即步其韵》其二）。他借用苏武“啮雪餐毡”的故事和霍去病的座右铭“匈奴未灭，何以家为”来表达自己远大的志向并没有泯灭，发出“寄语犬羊休藐视，斑斑我是大毛虫”（《困虎》）和“大公几辈能无我，中国而今尚有人”（《步镇远府全太守韵寄青溪饶大令星帆》）的怒吼。陈季同多次以南宋主战的杰出思想家陈亮为寄托，抒发壮志未酬的感叹和对理想境界的追求。“今日共怀同父感，吾宗慷慨箭离弦”（《读喆甫宝拙龛诗集题后》）。但痛定思痛，他想到的还是实实在在的“海天何计挽狂澜”（《吊台湾》其四）。要国人牢牢记住“天下安危原有数，强邻罪责岂无辞。补牢好趁亡羊日，虎视眈眈不可知”（《和范肯堂述怀八首》其七）。他深感强邻的虎视眈眈和得寸进尺，要国人吸取教训，亡羊补牢。可惜的是，“苍生痛痒门前雪，国步艰难壁上观”（《和双銷主人》），许多国人不关心国事，不顾大局。“相沿积习误因循，强邻遂笑秦无人。海东之役是明验，朝朝洗面泪痕新”（《见洋人游历有慨》），因循守旧，必然落后；而落后必然挨打，黄海的失败就是明证。“励精图治能自强，姑息苟安知必绝”（《见洋人游历有慨》），在国家危亡、成败一决的紧要关头，纵容姑息苟且偷安，只能灭亡；唯有励精图治，才能自强。

三　徐建寅撰写《兵学新书》

船政提调徐建寅乃徐寿之子。他深受父亲影响，淡泊仕途，绝意科举，终生致力于筚路蓝缕以启山林的科学研究工作，“志正才明，洞精西学”，刻苦钻研科技书籍，大胆进行科学实验，并为此而献身。徐建寅为人刚直不阿，不畏权势，如实禀告，从而得罪了李鸿章，因为甲午海战中北洋水师全军覆没，李鸿章难辞其咎。徐建寅来到福建船政局任职，马尾又是十多年前甲申马江海战的惨败见证之地。他对外国列强企图瓜分中国的危急形势，对清政府昏庸无能的当权者、主和派，有了更深刻的认识，出于爱国忧民的情怀和寻求富国强兵之道，他博考中外典籍，发愤写出这部军事学名作。

徐建寅从1896年8月至1898年6月，在船政担任提调总办之职。公务之余，他撰写成《兵学新书》16卷，计20万字。由张罗澄为该书作序，称“人诵其书，咸称救世奇士”。徐建寅在他来闽的前一年，由薛福成保奏，光绪帝特旨召见他垂询时局，又派他查验天津威海卫船械，意在要他追查甲午海战失败的原因。此行共12人，在归京途中，庆亲王奕劻截住徐建寅，询问查验船械实情。在该书自序中，他说：“横逆之来，非兵威诚不足以慑强暴，此《兵学新书》之所由作也。”他阐述了对人与物、兵器与操练关系的认识。他写道：“兵之强，不全恃军火之利，而在其操练之精。”在训练士兵方面，他主张要有中国懂兵学的有志之士来“讲求兵学”“训练士兵”，而不能请外国人为中国培训士兵。他认为中国“欲图存，须自强，欲自强，须备战，备战必练兵，练兵必立法。非此不可为国。”《兵学新书》还阐述了兵以卫国、国以自立的思想：“兵以卫国，国以庇民，民以尊君，君以治兵，国以自立，民以得安，民皆当兵，国以自立。兵与民，民与君，君与国，国与民，互相连合而不离；君臣上下，通国民人，心志相孚，声气相通，虽欲不强不可得矣!”

《兵学新书》是中国近代一部重要的军事学著作，它所阐述的军事思想和观点，在当今仍成为军事专家和有关学者研究的课题，具有参考和借鉴价值。在当时，这部兵书的出版，激起读者抗击列强的爱国热情。1898 年 6 月，徐建寅离开福建，即参与了戊戌变法，变法失败，列在“被拿办下狱革职圈禁停差逮捕家属者”的 27 人名单中，被开革三品卿衔，回无锡老家。

四 陈寿彭翻译《中国江海险要图志》

1900 年，陈寿彭翻译《中国江海险要图志》22 卷，1901 年由经世文社出版。原著由英国海军海图官局（英国海军测量局）编，附图 208 幅。英国为侵华，于 1845 ~ 1894 年间陆续在中国沿海进行勘测，积累了大量一手资料。寿彭“忧郁时艰”，翻译此书“计功二年，易稿三次”。该书对我国沿海港湾、岛屿、航道、险要及气候、风向、潮汐的变化规律做了详细的记述，至今对我国的海防、航运乃至中国海疆史的研究仍有参考价值。该图志（节选）收入九州出版社和厦门大学出版社联合出版的《台湾文献汇刊》中。

五 《福报》连续刊载黄乃裳《船政刍议》

甲午海战后，黄乃裳（1849 ~ 1924）于 1896 年 7 月 7 日至 17 日，连续在《福报》[①] 上发表 4 篇《船政刍议》文章。作者观点鲜明、文笔犀利，不仅在当时与守旧派和封建愚昧思想的斗争中起了重大作用，也是今天研究船政文化的一份珍贵历史资料。黄乃裳认为“万不能泥旧船之无用而竟废水师，亦万不能因水师之败衄而竟废造船”。黄乃裳指出整顿和振兴船政，重

① 《福报》于光绪二十二年三月十六日（1896 年 4 月 28 日）创刊，每星期二、五出刊，馆址设在仓前山美华书局，并在福州、厦门、省内部分外府、县及上海、台北、台南、新加坡、槟榔屿设有售报处。《福报》为清末维新变法思潮的产物，是福州也是福建历史上第一份由中国人公开印行的近代报纸，也是戊戌变法前后国内重要报刊之一。《福报》每期首页均刊载评论文章，每期一篇，约 1100 字，较长的文章则分两次或数次刊载。

要的是在于“求精”，要有更高的起点。他大声疾呼：“贵在有复仇之心，存振作之见”，“嗟乎大仇未复，死不甘心”。他提倡放开眼界，了解西方国家情势，学校要多培养人才，尽可能缩小与西方先进科学技术间的差距。

发表时，正值船政创办 30 周年。甲午海战失败，反对之声高涨，船政遇到空前的危机。黄乃裳为挽救船政危机，奋笔疾书，表达了他对船政的理解和高尚的爱国主义精神。

第五节 必有海权乃安国势

国民生产总值号称世界第一的泱泱帝国，一夜之间沦为半殖民地。这段揪心的历史，国人不会忘却也不能忘却。面对英国的十几艘军舰，清帝国的近百万大军崩溃了。素有天险之称的万里海疆，却变成了外国舰船长驱直入的坦途。国之防何在，海之防何在？林则徐疾呼：“不谋船炮水军，是自取败也。”左宗棠疾呼：“欲防海之害而收其利，非整理水师不可。”沈葆桢疾呼：“船政为海防第一关键。”严复疾呼：“必有海权，乃安国势。”林则徐坦言，器不良、技不熟是重要原因。他的取胜八字诀是“器良、技熟、胆壮、心齐”。他说：“剿夷而不谋船炮水军，是自取败也。”当是时，他就积极主张建立自己的近代海军。他的口号就是经魏源进一步阐述，而现在为大家所熟知的“师夷长技以制夷”。然而，在英国人赫德的忽悠下，想建立海军的咸丰皇帝却买了一支中国人不能管辖的舰队——阿思本舰队。最终，不得不遣散这支舰队，但也付出了高昂的代价。船政轮船水师的诞生是里程碑式的标志，它的诞生宣告中国近代第一支海军舰队正式成立。

鸦片战争前，清朝的旧式水师，分为外海水师和长江水师，不是独立的军种，其编制仿效陆军，归各地驻防将军、督抚节制。基本上以营为单位，营以下设哨，哨以下设司。营的统领一般以参将、游击、都司来担任，“辖境虽在海疆，官制同于内地”。水师装备全是木质帆船，一般由指挥船、运输船、战斗船编成。主要任务是“防守海口，缉捕海盗”。鸦片战争后，清廷开始购买、建造新式舰船。

沈葆桢在同治六年（1867）指出：“轮船下水，则舵工、水勇缺一不行。非徒习惯风涛，尤须熟精枪炮。盖国家之创造轮船，譬诸千金买骏。傥冲锋陷阵不持寸铁，虽有千里之马，安足成功？现在洋匠尚未至闽，船成尚需时日，拟先调闽中旧撤炮船十只，添练水勇二三百名。未成船以前借以巡缉近洋，成船以后即可擐甲登舟，驾轻就熟。”在新式战舰未成前，利用旧水师的炮船来训练未来的轮船水师。八年（1869），沈葆桢就着手物色轮船管驾，选拔副将衔游击贝锦泉为“万年清”号管驾。“万年清”号轮船上没有外国雇员，从管驾到水手全是国人，船员多从江浙一带招募。

同治九年（1870），“福星”号下水，随着船舰不断增多，船政大臣沈葆桢上疏朝廷，“请简派轮船统领，以资训练而靖海疆”。九月，清廷下谕正式成立新水师，福建水师提督李成谋兼船政轮船水师统领。由于船政学堂培养的新式人才尚需时日，遂先从旧式水师人员中挑选，“通轮机者令管轮，熟驾驶者委以管驾”。轮船水师将旧水师与新造轮船合为一体，本着成一船练一船之兵、配一船之官的主旨。责成李成谋先行练成一军，以备不虞之需。在“万年清”、“湄云”、“福星”之后，每年有两艘船舰下水。船政局新造兵轮和培养的学生相继加入水师，船政轮船水师有了雏形。十二年（1873）初，李成谋调任长江水师提督，由福宁镇总兵罗大春接署福建水师提督，并统领轮船水师。由于“养船经费支绌”，轮船水师发展缓慢，相应的组织管理制度、人事制度和后勤保障供给设施尚未建立和健全。

同治十三年（1874）日本入侵台湾后，清廷意识到海防形势的严峻，总理衙门发动各省督抚讨论海防问题，从而加速了近代水师的建设步伐。同年（1874）十一月，清政府签发了江苏巡抚丁日昌拟订的《海洋水师章程》，其主要内容是：外海水师，专用大兵轮船，以大兵轮船为第一利器。沿海择要修筑炮台，演炮必求其准，守台必求其人，与沿海水师轮船，相为表里。北东南三洋联为一气，拟设北、东、南三洋提督。以山东益直隶，而建阃于天津，为北洋提督；以浙江益江苏，而建阃于吴淞，为东洋提督；以广东益福建，而建阃于南澳，为南洋提督。每洋各设大兵轮六号，根驳轮船十号。三洋提督，半年会哨一次。精设机器局，水师与制造相为表里。拟三洋各设一大制造局。为了加强领导。光绪元年（1875）四月，总理衙门决策：“南北洋地面过宽，界连数省，必须分段督办，以专责成，著派李鸿章督办北洋海防事宜，派沈葆桢督办南洋海防事宜。”光绪二年（1876），轮船水师舰队初步建成，拥有军舰11艘，总吨位9877吨。其中除“福胜”、“建胜”两艘系购自美国外，其余皆由中国自造，是一支由中国自办、以中国自制舰船为主的近代海军舰队。舰队建立后，担任沿海重要港口和海面的巡守任务。

虽然清政府筹办三洋海军的方针已定，但限于财力，只能有所侧重。于光绪五年（1879）五月，确定“先于北洋设水师一军，俟力渐充，由一化三”。为统一近代水师事权，九年（1883），清廷于总理衙门内设立海防股，“掌南、北洋海防之事”。这是海军机构建设上一个有力的措施和进步，海防股成立可视为海军衙门的前身。中法战争，福建海军损失惨重，因缺乏海军经费，无法补充和更新装备陈旧的舰艇，海军建设陷于停滞、没落的状态。

光绪十一年（1885），设立总理海军事务衙门，成为海军的领导机构，从此海军成为独立的军种。海军衙门于十四年（1888）奏定官制，设提督、总兵、副将、参将、游击、都司、守备、千总、把总、经制外委等官。制定内容完备、条目清晰的《北洋海军章程》。十二年（1886）5月，奕譞代慈禧太后出巡检阅，北洋水师参加检阅的有“定远”等13艘军舰，南洋水师只有“南琛”、“南瑞”、“开济”三艘。部分官员提出应该强化南洋，海防原议，俟北洋成军，接办南洋，“水师人材又非陆军可比。南洋各船练习有年，历经北洋调阅合操，已著成效。现在北洋一支业已练成，饷力少纾，南洋自当次第兴办。……期早成军，俾与北洋遥为犄角”。但“南洋水师因限于经费，未能扩充，于十八年（1892）间筹议变通案内，奏明将各兵轮酌量裁减人数，勉敷巡操，节省饷糈”。

轮船水师舰队建成后，海防形势为之改观，新式战舰的速度与炮火威力，使为患数十载的海盗终于被戡平。“从前南、北各洋盗艇出没，自牛庄、天津、江宁、宁波及闽省之福宁、海潭、厦门、台湾，南北分派‘湄云’、‘镇海’等船驻扎梭巡，迭获巨盗，海氛稍戢，商旅便之。”轮船水师作为祖国东南海疆的捍卫者，很快就在保卫台湾的斗争中发挥作用，初试锋芒。

光绪八年（1882）五月，黎兆棠奏闽厂所造兵轮，驻防闽台各口者五："伏波"驻台湾，"振威"驻厦门，"福星"驻海坛，"艺新"驻福宁，"扬武"驻罗星塔。分驻各省者九，驻天津者曰"威远"，曰"镇海"；驻烟台者曰"泰安"；驻牛庄者曰"湄云"；驻江宁者曰"靖远"，曰"澄庆"，曰"登瀛洲"；驻浙江者曰"元凯"，曰"超武"。还派遣"济安""飞云"赴粤驻防廉、琼洋面。也就是说在东南海疆都有轮船水师的兵轮在巡洋防卫。此外，还担负着接送官员、通信联络、追捕海盗、海难救助等任务。

实施制海权，除了提高海权意识、加强门户建设之外，重要的是制海实力。落后就会挨打，只有落实科技战略，发展高科技，武装海上实力，才能立于不败之地。

铁甲舰是19世纪中叶出现的第一代海军蒸汽动力战列舰，法国最先建造出世界上第一艘战列舰"拿破仑号"。在那个时代，铁甲舰是海上霸主，在海军中充当了主力舰角色，用以参加正规的海上大规模作战，是各国海军的中坚力量，也是国家实力的象征。

沈葆桢始终认为铁甲船不可无。后任船政大臣裴荫森落实了这一精神，造出了铁甲舰平远号，遂了沈葆桢生前建造铁甲之愿，但距沈葆桢提出要购置铁甲船已迟了十年。建造铁甲舰和增加巡洋舰船，用它在海上与敌交锋，克服"不争大洋冲突"的消极防御思想，采取积极的高科技战略，海权意识得到了进一步提升。

光绪三十三年（1907）中葡海界争端出现后，"海权"一语也经常出现在公文、书信、报纸中，海权问题越来越为大家所认识。随着中葡海界争端的展开，大家对海权的认识也不断加深。随后，开展东西沙群岛的维权，对海权问题的认识就更加深刻。

船政早期有个总考工叫李凤苞。在担任德国公使时，他就使用了"海权"一词。在一本叫《海战新义》的书中，谈到"海权"。这应该是近代最早提到"海权"的。但对海权，他并没有对其内涵和外延加以界定。船政学子对海权有着更深刻的认识。他们纷纷撰文呐喊，严复就是其中较为突出的一个。

1890年，美国的海军学校校长马汉（1840～1914）出版了《海权对历史的影响》一书。该书迅疾映入大量翻译西方名著的严复眼帘。该书给严复触动很大，同时也给各国海军界以很大的触动。“海权”二字从此成为军界、政界、史学界关注的课题。该书内容主要为探讨海权强国之兴衰，以及影响其海上发展之国家特性，后部则为评论 1660～1783 年间之史例，借以论证其书前之说法。该书理论要点在于阐释海权之兴替与国家之盛衰具有密切之关系。马汉的海权理论被列强所利用，英、德、美、日等国纷纷扩充海军，以谋海权为强国之手段。该书被译为德、法、日、意、俄、西班牙六国语言，迅速传播。其中日本人对马汉海权论的译著最多。马汉其后相继出版《海权对法国大革命及其帝国之影响》《海权及其与 1812 年战争的关系》两部书，与上述著述合称“海权论三部曲”。1911 年还出版了《海军战略论》，以海权论探讨海战思想。马汉的海权论从此体系完备，从而奠定了其在海权方面的历史地位。

严复在天津水师学堂任教时，对马汉的海权论已经十分留意，约于 1898 年前后就开始阅读马汉的著述，并开始着手翻译。约从 1903 年开始，他译介马汉的海权论。严复 1898 年《拟上皇帝书》中，就提出英国“海权最大，而商利独闳”。他说英国操纵五洲“海线”，谓其“设埠之多”与“盛设海军”互为表里，建议清廷发展海军，“筹数千万之款，备战舰十余艘为卫”。在《法意》按语中，他说“往读马翰所著《海权论》诸书，其言海权所关于国之盛衰强弱者至重，古今未有能奋海权而其国不强大者”，并列举希腊胜波斯、罗马胜迦太基等例子，说明“古今未有能奋海权而其国不强大者”。

1907 年，清廷于陆军部设立海军处，拟振兴海军，时直隶总督、北洋大臣杨士骧亦参与其事，遂邀聘严复代为撰写奏稿。严复的《代北洋大臣杨拟筹办海军奏稿》，约于 1908 年 9 月 4 日至 6 日间完成。该稿以海权论作为理论架构，提出重建海军的方案。认为世界各国以海立国的有英国，以陆立国的有俄国，海陆兼控的有美、德、法国，而中国属于“海陆兼控之国”，过去“舍海而注意于陆”，未能建立海权以图强，“其弱点莫不在海”。严复认为重建海军十分迫切，“不可缓者六”：一、“必有海权，乃安国势”。列强大兴海军，我亦必须规复海军。二、海防不可无。列强军舰直达内地，而与海军“犄角相资”之沿河炮台荒废，毫无海防可言。三、必须“缮治海军”，才可避免“示弱招侮”。四、必须多置“巡洋快船”“浅水炮舰”，加强对内河外海巡弋。五、巡航南洋，保护和加强与当地爱国华侨的联系。六、列强结盟，中国亦需寻找结盟对象，而要结盟就要有武备。武备中之海军“电掣风驰，而供临时之策应”，是震慑敌国和不被盟国藐视之所需。而规复海军“知其难而不可不勉为其难者”。严复认为主要困难有人才之难、军港根据地之难、规划经办之难、筹款之难等。严复还倡导“有权而不以侮人，有力而不以夺人”的王道思想，这对构建和谐社会和地球村是很有意义的。

第六节　爱国自强要有民族气节

近代有三大海战故事，一是甲戌巡台，1874 年沈葆桢奉命巡台。它是中国近代海军保卫海疆、保卫台湾的壮举，是近代难得的一次“不战而屈人之兵”的案例，是民族气节得以升华的可贵事件。最后日本退兵，算是没有开战的海战。二是甲申马江海战，1884 年 8 月 23 日下午，仅半个小时，船政经营 18 年的舰船被打得措手不及，落花流水，结局惨烈。三是甲午海战，北洋水师败北，却留下“一校与一国”海战的无奈。这些海战，都凸显了船政的民族气节。甲戌巡台，沈葆桢做好全歼敌人的计划，虽未实施，但“穷兵黩武者必亡”的呼声深入人心。在甲申马江海战、甲午黄海海战两次海战中，船政学生们杀身成仁、视死如归，可歌可泣。

一　甲戌巡台

甲戌巡台是凸显民族气节的典型故事。为什么呢？第一，日本派兵侵台，是非正义的。正义在我方，“师直为壮”，“侵我土地，戕我人民”的侵略者必亡。而“民心可用”，军民同仇敌忾，众志成城，一致抗日。第二，沈葆桢巡台，与日军“理喻”，外交谈判，不卑不亢，有理有节。沈葆桢亲自写照会说：生番地“隶中国者二百余年，号其人顽蠢无知，究系天生赤子”，这是中国自己内部的事，没有必要由他国劳师。你们这是来复仇吗？《申报》评论说，“中国之直，日本之曲，一览而愈昭矣”。布政使潘霨与西

图 4－4 2015 年笔者在海峡论坛主讲船政与民族气节

乡从道四次会谈，也理直气壮，驳得西乡哑口无言。潘霨还拿出《台湾府志》的铁证。上面记载，琅峤 18 社归“化外生番”，由台湾府管辖，岁纳番饷。西乡看后瞠目结舌，半天说不出话来。第三，沈葆桢信心十足，临行前写道：“从来玩岁愒日者必亡！穷兵黩武者亦必亡！”并定下“联外交、储利器、储人才、通消息”的巡台作战方针和理喻、设防的行动纲领。通过加紧战备，快速加强了台湾的防范。第四，集中优势兵力，做好歼敌的准备。沈葆桢做好歼敌部署，时时了解敌情。看到“倭备日顿”、“倭情渐怯”、“倭营貌为整暇，实有不可终日之势”。并上报总署，要“坚忍持之”，不要“急于求抚”。不要迁就，急于销兵，反而生滋蔓。日军理亏，加上水土不服，死了 560 人。大久保利通见势不妙，又听说沈葆桢在买铁甲船，赶快跑到北京来谈判。第五，中方义正词严。6 月 26 日，潘霨与西乡最后会谈时，西乡提出赔款，潘霨说，贵国擅行兴兵前来，哪有贴补之理。大久保利通最后找总署时提出补贴 200 万两，也被驳回。英国公使威妥玛出面施压，说 200 万两不多。最后签订《北京专约》，给抚恤 10 万两，补偿建筑费用 40 万两了事。第六，日本退兵后，沈葆桢开始善后治理，认为“此次之善后与往时不同，台地之所谓善后，即台地之所谓创始也”。“善后不容稍缓”，“善后难，以创始为善后则尤难”。专约签署后第六天，即开展有名的“海防议”。甲戌巡台是中国近代海军保卫海疆、保卫台湾的壮举，是近代难得的一次“不战而屈人之兵”的案例，是民族气节得以升华的可贵事件，也是促使朝野重视海防、正视“东南大利在水”和门户建设的总动员。

二　马江海战

1884 年是甲申年，甲申海战也就是马江海战，海战非常惨烈。8 月 23 日下午 1 时 56 分，马江刚刚退潮，法国舰队司令孤拔命令开战，旗舰“窝尔达”号升起第一号令旗，发出作战信号。在港所有法国军舰对近在咫尺、毫无准备的中国军舰突然开火。福建水师舰船措手不及，还来不及起锚就被敌舰第一排炮弹击中，其中“琛航”号和“永保”号两艘舰船被击沉，多艘舰船遭受重创。战斗不到半个小时，法国军队被击沉鱼雷艇 1 艘，伤军舰 3 艘；福建水师 11 艘舰船，9 艘沉没，2 艘重伤搁浅，尚存官兵攀援碎木板、断桅杆沉浮江中。惨无人道的法国侵略军又向漂浮于江面、已经丧失抵抗能力的中国官兵射击，江水顿时染成了红色。此役，阵亡官兵近八百人。战斗中，炮舰“福星”号管驾陈英大吼：“这是我们报效祖国的时候！”游击吕翰抚摸着大炮，大声笑道：“酬我志者，此也！”“飞云”号管驾高腾云大腿被大炮炸断时，仍然挺直脊梁，指挥战斗。马江血流成河，至今潮起潮落，天天可以看到英雄们献来的浪花。在中法马江海战中，船政学堂培养的水师官兵奋起抵抗，视死如归，表现出强烈的爱国主义精神和大无畏的英雄气概。马江海战虽然失败，但与前两次鸦片战争比较，已改变了以往侵略者的疯狂气焰。马江海战后，法军被阻于浙江石浦，无力北上，这种重大变化，也反映了船政对建立近代海军以御外侮的历史作用。

三　甲午海战

在 1894 年中日海战中，船政学生们上演了可歌可泣悲壮的一幕。北洋水师战败。右翼总兵定远舰管带刘步蟾自裁殉国、左翼总兵镇远舰管带林泰曾服毒自尽。林泰曾自杀后，杨用霖升护理左翼总兵兼署镇远管带。1895 年 2

月拒绝出面与日军接洽投降，自击殉国。致远舰管带邓世昌落水殉国、经远舰管带林永升中炮阵亡、扬威舰管带林履中阵亡殉国、超勇舰管带黄建勋阵亡殉国，还有许多副管带、帮带大副、总管轮等都是船政学堂的毕业生。他们大义凛然，浩气长存，永远值得后人怀念。船政学堂的学生们以满腔的爱国热忱，忠实地实践着民族英雄林则徐毕生追求的“苟利国家生死以，岂因祸福避趋之”的崇高人生真谛，不愧是中华民族的脊梁。甲午黄海之战时，我方的十艘战舰参战，其中九艘战舰的管带均是船政学堂的毕业生，而且有八位是驾驶一届的同班同学。难怪唐德刚会在《甲午战争百年祭》中称，是“马尾船校以一校一级而大战日本一国”！并为之赞叹：“马尾！马尾！我为尔欢呼。您在五千年中华通史上，青史留名，永垂不朽！”

船政是近代中国迈向海权的先驱者、佼佼者。今天，台海局势、南海主权、中美关系、中日关系、海军护航等问题都与海权有关。如何总结历史的经验教训，从中获得启迪，是我们必须认认真真面对的。

第七节 海军宿将令人崇敬

一 冰心《记萨镇冰先生》

“萨镇冰先生，永远是我崇拜的对象。从六七岁的时候，我就常常听见父亲说：‘中国海军的模范军人，萨镇冰一人而已。’从那时起，我总是注意听受他的一言一行，我所耳闻目见的关于他的一切，无不增加我对他的敬意。”这是冰心《记萨镇冰先生》的开头语，可见她对萨镇冰先生印象深刻，并十分崇敬！

冰心（1900～1999 年），是其笔名，原名谢婉莹。现代著名女作家。祖籍福建长乐横岭，出生于福州。她于 1936 年 3 月 23 日深夜，怀着敬仰之情，写下《记萨镇冰先生》①。

萨镇冰，福州人。清同治八年（1869）考入船政学堂后学堂，为第二

① 该文刊载于是年 6 月出版的《青年界》第 10 卷第 1 期，在当时社会上引起了很大的反响。

届驾驶艺童。光绪三年（1877）毕业。三年至六年（1877～1880）留学英国。回国后任“澄庆”兵船大副。八年（1882）调天津水师学堂任正教习。十二年（1886）后，历任北洋舰队“威远”、“康济”舰管带。十四年（1888）晋升参将，二十年（1894）授副将衔。同年甲午战争中，守卫日岛炮台，坚守阵地。战后罢职回福州，后被启用，先后任吴淞炮总台官、江南自强军帮统。二十五（1899），调任“通济”舰管带，旋升北洋水师帮统，兼“海圻”舰管带。三十一年（1905）升广东水师帮统，兼“海圻”舰管带。同年擢任广东水师提督，总理南北洋海军。宣统元年（1909），清廷派其随亲王载洵筹办海军，将南北洋海军统一编制，分巡防、长江两舰队，被委任为海军提督。同年10月，随载洵赴欧考察海军，次年8月考察美国、日本。11月为海军统制。辛亥革命爆发后，奉命赴鄂，率舰至汉口，见诸舰官兵趋向革命，自行引退，乘英轮赴沪，转回福州。民国元年（1912），出任吴淞商船学校校长，后历任淞沪水陆警察督办兼上海兵工厂总办、海军总长、海军部尚书、福建清乡督办。民国8年（1919）12月3日再度被任为海军总长。次年5月14日兼任代国务总理，组成临时内阁。11年（1922）5月授肃威将军。同年10月，抵榕会办福建军务，就任福建省长，提倡兴办地方慈善公益事业。15年（1926）北伐战争中，弃职组织福州南港赈灾。国民党政府定都南京后，受聘为海军部高等顾问。22年（1933）11月，十九路军在福建发动“闽变”，成立福建人民政府，被任命为延平省省长。抗日战争时期，支持抗日。福建解放前夕，拒赴台湾。1949年，作为特邀代表赴京参加全国政协第一次会议。新中国成立后，任政协全国委员会委员、中央人民政府革命军事委员会委员、全国侨务委员会委员、福建省人民政府委员会委员等职。1952年4月14日病逝，终年94岁，葬于福州西门外梅亭。

萨镇冰是中国近代海军宿将，他经历了从清末至辛亥革命后的民国时期、北洋军阀统治时期、国民党执政时期直至中华人民共和国成立初期的历史风云变幻，在中国军界、政界宦海浮沉中能淡泊名位，爱国忧民，赢得社会上的良好口碑和声望。冰心童年时就认识萨镇冰先生，她在《我的童年》一文中提到，童年的她常跟在父亲身边，映入眼帘的多是旗台、炮台、海军码头和军舰，所接触的多是士兵、水手、军官，并听到许多海上新奇悲壮的故事。冰心也常亲近父亲的好友如萨镇冰先生、黄赞侯（即黄钟瑛）先生，他们既慈蔼、严肃，生活又显得恬淡，还常常赋诗唱和，被当时文人称为“裘带歌壶，翩翩儒将”。冰心提到童年，“总使人有些向往，不论童年生活是快乐，是悲哀，人们总觉得是生命中最深刻的一段；有许多印象，许多习惯，深固的刻画在他的人格及气质上，而影响他的一生”。尽管冰心写这篇文章时，已经有20多年没有见到这位同乡长辈，但萨镇冰可亲可敬的形象是难以磨灭的。

萨镇冰与冰心父亲一家的关系非同寻常。冰心祖父谢銮恩举人出身，在福州光禄坊道南祠开馆讲学，广收闽县、侯官、闽清及邻里儒生，主要门生中就有萨镇冰、黄乃裳等人。冰心之父谢葆璋于1881年成为天津水师学堂第一届驾驶班学生时，萨镇冰是该学堂的教习。谢葆璋在“威远”舰实习时，萨镇冰又是该舰管带。萨镇冰既是谢葆璋的长官又有师生之谊，以后，两人共事于北洋舰队。甲午战争失败后，清政府取消北洋舰队编制，数以千计的海军官兵或被革职或被遣送回乡。谢葆璋在甲午海战中死里逃生，辗转回到福州。光绪二十五年（1899），清廷重建北洋舰队，急需海军人才，萨镇冰调任北洋水师帮统，兼任“海圻”兵舰管带，萨镇冰自然想到谢葆璋，于是电召他重返北洋舰队任职，任命他为“海圻”舰副管带。甲午战争期间，北洋水师在旅顺、威海的水师学堂毁于战火，而天津水师学堂又毁于八国联军的炮火，北洋水师失去三个培养海军人才的基地。在萨镇冰等人倡议下，光绪二十九年（1903）冬，烟台海军学堂建立，谢葆璋任监督（校长）。创办伊始，学堂附设在烟台东炮台附近海军练营里，练营管带即谢葆璋，后学堂迁入烟台金沟寨村以南新址。谢葆璋在烟台海军学堂为培养品学兼优的海军人才，倾注了8年心血，而这8年也是冰心童年变迁的难忘岁月。在此期间，1905年北洋水师统领叶祖珪病逝，萨镇冰于1907年被委为筹备海军大臣和海军提督，把过去分开的南北洋水师建制撤销，建立统一的指挥系统，制定了大清海军官制和章服标志，后人称萨镇冰为我国近代海军的开创者。

冰心笔下的萨镇冰是一个有血有肉可钦可佩的模范军人，她主要根据父亲的口述，对萨镇冰在天津水师学堂四年任教中的某些生活和工作片段做传神的叙述，也根据自己的回忆，叙写萨镇冰到烟台水师学堂与谢家交往的细节，还记述一些从朋友处听来的关于萨镇冰先生的嘉言懿行和趣事，读来亲切感人，深受教益。冰心以她女性作家特有的视角和童心般的纯洁情感，以细腻的笔触，娓娓叙说中国近代海军名将的品格和风范。

萨镇冰严于律己，廉洁奉公。在天津水师学堂时，“他的卧室里用的是一张又仄又小的木床，和船上的床铺相似。他的理由是‘军人是不能贪图安逸的，在岸上也应当和在海上一样。’他所在兵舰上，纪律严明，内务清洁。他常捐款修理公物，常笑对谢葆璋说：‘人家做船主，都打金镯子送太太戴，我的金镯子是戴在我的船上。’他体恤爱护官兵，上岸公出，有风时舢板上就使帆，以省兵力。上岸拜会，也不带什役。萨镇冰历任要职数十年，官至海军副大臣、海军总长、代国务总理、福建省长等，不曾以权谋私，亲戚远道来投，他必给以资，劝他们回家谋生。”

萨镇冰的个人生活，尤其清简。“洋服从来没有上过身，也从没过皮棉衣服，平常总是布鞋布袜，呢袍呢马褂。自奉极薄，一生没有做过寿，也不受人的礼。”“他住屋子，总是租那很破敝的……屋中陈设也极简单，环睹萧然。”至于吃的方面，他不讲排场，三五个朋友吃便饭，他最高兴。遇有任何团体公请他，他总是零碎的还礼。

在冰心看来，萨镇冰的衣、食、住、行十分平民化，而在为人处世方面又有独到之处和认真之处。萨镇冰和他的妻子陈夫人，伉俪甚笃，有一次他在烟台卧病，妻子从威海卫赶来视疾，被他辞回，几乎不近人情。而自他36岁妻子去世后，他就将子女寄养岳家，鳏居终身。他与朋友交往，既诚恳又温恭周到。写信认真字迹秀楷，还常有唱和之作，他认为文字贵在自修，反对学八股式的无性灵的文章。冰心父亲南下北上搬了几次家，但客厅里总挂有萨镇冰先生的相片和萨镇冰写的一副对联：

穷达尽为身外事，升沉不改故人情。

在这篇不足4000字的文章中，冰心两次提到要为萨镇冰先生写传记，

“横竖我是想写他的传记的，许多事不妨留在后来写”。但由于各种原因，冰心未能了此心愿。冰心逝世后，亲友在悼念文章中均披露一个事实，即冰心关于对父辈国仇家恨的铭记，打算写一部纪实性长篇之作，书名就叫《甲午战争》，以纪念甲午海战一百周年。1991 年准备，1993 年动手写，多次起头，多次痛哭，多次搁笔，以至死后只留下草稿片段。

尽管如此，冰心《记萨镇冰先生》一文的发表具有针砭时弊和倡导社会正气的时代意义，“时至今日，虽然有许多儿时敬仰的人物，使我灰心，使我失望，而每一想到他，就保留了我对人类的信心，鼓励了我向上生活的勇气”。“在此我只要说我的感想，前些日子看到行政院‘澄清贪污’的命令，使我矍然的觉出今日的贪污官吏之多，擅用公物，虽贤者不免，因为这已慢为微之又微的常事了！最使我失望的是我们朋友中间，与公家发生关系者，也有以占公家的便宜为能事，互相标榜夸说，这种风气已经养成，我们凋敝绝顶的那家，更何堪这大小零碎的剥削！”“我只愿高捧出一个清廉高峻的人格，使我们那些与贪污奋斗的朋友们，抬头望时，不生寂寞之感……”

冰心这篇文章有感而发，今天读来仍有现实的借鉴意义。

二 萨上将军不忘复兴中国海军

田汉（1898～1968），中国剧作家、戏剧活动家、诗人，一生致力于以话剧创作演出为主的新艺术运动。1930 年任中国左翼戏剧家联盟执行委员会书记，1932 年加入中国共产党，任中共上海中央局文化工作委员会委员，同时以话剧、歌剧和电影剧本，鼓舞人民进行革命斗争。抗日战争时期，参加郭沫若主持的军委政治部第三厅，组织抗敌演剧队、抗战宣传队，团结地方戏艺人，开展抗敌宣传活动。1949 年新中国成立后，历任中国文联副主席、中国剧协主席、文化部戏曲改进局局长、艺术事业管理局局长等职。他是中国话剧的开拓者，戏曲改革运动的先驱和中国早期革命音乐、电影的组织者与领导人。其创作以具有鲜明的时代感、强烈的革命激情和积极的浪漫主义精神著称。他创作的歌词经聂耳谱曲的《义勇军进行曲》传唱全国，极大地鼓舞了全国人民的抗日斗志，后被采用为中华人民共和国国歌。

1938年，地处中国东南沿海福建的金门、厦门相继陷落。5月，福建省府迁往永安，福州岌岌可危。当时社会风传日军将用“闽人治闽”，欲组织维持会，推举萨镇冰为会长。1940年，蒋介石电令陈绍宽将萨镇冰送往重庆，萨在重庆闲居数月后提出欲往古都西安游览，领略古都风物。萨镇冰到西安后，竟约请一位驴夫只身乘坐驴车前往延安，半途中被截回。不久，陈绍宽即按蒋介石令将萨镇冰送往湖南辰溪海军水雷所，名为“休息”，实为软禁。中国的大片国土遭受日寇铁蹄的蹂躏，中华民族处于十分危急的时刻，作为声名赫赫的海军宿将却被幽禁在辰溪，无门报国，其内心相当不安和痛楚。萨镇冰在辰溪居住一年多时间，为排遣烦闷，抒发忧国伤时之情，写下一批“折枝诗”，其中有些是“歌颂蒋委员长抗战功勋”的内容，他嘱曾国晟打印成册，送给陈绍宽，陈深知此意，将诗册转呈蒋介石。一个多月后，萨要求前往贵阳等地获允，监管有所放松。在此期间，田汉曾专程前往湖南黔阳县合江镇拜会萨镇冰。田汉的目的是向海军元老请教中国海军的有关问题，欲创作一部反映中日甲午海战的剧本。事后，田汉写了《萨上将军会见记》一文，详述此次会见的经过和具体内容。

田汉在《萨上将军会见记》开头引用萨镇冰的诗句：“对镜不愁双翼白，但凭群力共回天。”田汉描述从辰溪一路辗转到黔阳合江一路风光景物后，他找到了萨镇冰，在访谈中，萨镇冰先回顾了中国海军创建的过程，认为“甲午以前养成的人才质量差，数量也有限，每次招生，多则60，少则30。甲午以后，每次训练，起码有200人。……大家都有志略、有抱负，愿为海军报国的。有了人才就不怕没有船。将来人才多船也多了，中国海军的复兴就有望了。……在眼前，我们的海军只能加强水雷游击活动等等，使敌人在沿江沿海的军事行动遭受更多的阻碍。当然，我们也应有进一步的准备”。

田汉提问对中国海军界重要人物的看法时，萨镇冰对几个海军人物有所评点：“陈总司令绍宽，他为人很有决断，他要做的事别人阻挠不了他。”“丁汝昌胆略很好，不过他是个带淮军的军官，连文墨都不太会。他对海军自然是外行，那时候外行很多，李鸿章信任他也难怪。现在我们海军就不同了，从上到下都是专门的。拿水雷游击来说，也没有陆军方面的人参杂其间。”“林泰曾和我同班，又住在同一房间，我不觉他有十分奇特之处，只是他做事很按部就班，他带镇远号把船整理得有条不紊，许多日本人看了很佩服他。黄海海战时他的船也打得很好。马吉芬是一个很无聊的外国人，他的话不足信（马曾在回忆录中大肆污蔑林泰曾）。”“杨用霖这个人很了不起，但林泰曾能用他，也就是林的了不起。”刘步蟾“这个人差不多就是我们的领袖，他的性情刚了一点”。

萨镇冰送了几册《庚辰年间吟》诗集给田汉，并当场吟诵其中一首：“天降异人善用兵，妖氛处处甚狰狞。内忧自古寻常有，外患而今不足平。中土民穷犹未恐，东邻师出本无名。河山再造资群力，小草逢春也向荣。”应田汉要求，萨在一本诗集扉页上用毛笔写上“寿昌先生惠存，萨镇冰敬赠”。田汉原名寿昌。

田汉在该文最后写道：“以 83 岁老人而精神矍铄如此，真使后辈惭愧，而他却始终信任着后辈，歌颂着年轻人，这是中国海军及民族之福。我辞出之后，老人还送至前门和我珍重握别。”

田汉与萨镇冰在湖南黔阳合江小镇的会面是抗战时期的一段佳话。萨镇冰对中国海军的一番畅谈，独具深见，他为抗战而忧愤之情，溢于言表，令人钦敬。

1948 年萨镇冰 90 大寿，举行“高、远”六唱诗会，是近代“诗钟”最隆重的一次活动。参与的作者近千人，得诗钟万余卷，二十门评取，发唱历二日一夜。萨老自作句有：“欲平物价唯高压，滥出金圆岂远图。”陈海瀛所撰寿联“山本吉祥，诗人高会；堂称仁寿，将军远名”，因诵诗地点在吉祥山，萨镇冰居所名“仁寿堂”，又隐含“高、远”二字，此联悬挂在诗坛两旁。可见大家对萨上将军十分崇敬。

第五篇
留学篇

船政学堂的留学教育是船政教育的深化与发展，也是船政教育的重要组成部分。它开创了中国近代学生留学教育的先河，建立起与工业化和海军建设相适应的教育模式和留学制度。留学使学子们开阔了眼界，增长了知识，改变了思维，学到了先进的科学技术和管理知识，为加快中国的近代化进程贡献了力量；也正因为有了出国留学，使他们感受到中西方文化的异同。通过对比，了解到差距，促使他们去追求真理，探寻救国良方。

第一节 窥其精奥宜置庄岳之间

沈葆桢认为洋人来华教习未必是“上上之技”，“以中国已成之技求外国益精之学”必然事半功倍。他认为“窥其精微之奥，宜置之庄岳之间”。“庄岳之间”即齐国。这是孟子的话，意思是要学好齐国话，就要到齐国去。正是这种指导思想，船政学堂建立了留学制度。

一 幼童留美并没有达到目的

1872 年清廷派遣幼童留美，但目的并没有达到。首先，留美幼童，并未完成预定计划；其次，其目的也不够明确、不够具体；再者，效果并不好，可以说并不很成功。幼童留美，学制 15 年，时间长，见效慢；船政留学生是成年人，任务是深造，时间短，见效快。留美幼童出国留学计划欠周密，学习目标不明确；船政学堂留学计划周密，学习目标明确，针对性强。留美幼童学习差距大，监督不善，问题较多，提前撤回；船政留学管理严格，学习期满通过最后考试，学成回国。留美幼童可塑性强，模仿西方生活方式引起清廷的不安；船政留学生“深知自强之计”，富有爱国心和强烈的使命感，都能刻苦学习。因此，从中西文化交流的实质性成效看，从高等学府选派和建立留学生教育制度看，真正建立起中国留学生教育制度的基本模式并沿袭下来的是船政学堂。

二 七年艰辛不能废

同治十二年九月二十九日（1873 年 11 月 18 日），船政监督日意格给船政大臣沈葆桢呈送了《关于船政学堂教育成果的报告书》。在报告书中，日意格阐述了组织学生留学欧洲的主张。他认为：“到 1874 年 2 月（同治十三年正月），我们所负的责任将终止（指聘请法国匠师 5 年包教中国人学会造船、驾驶的合同期满）。关于各学堂的学生及艺徒所受的教育，我自认为有义务站在中国所将取得利益的立场上，而认为让我所指出的那些学生继续深造，必定可以得到可靠的成果……这种珍贵的种子若任其分散或不加以播种，那无异于将那些教师们，尤其是学生们，历尽艰辛的努力，而历时7年的耕耘所得到的果实整个抛弃了。”日意格报告书的观点显然是正确的。一、仅凭洋教习的教学是不够的，他们没有时间也没有办法让学生们的技术提高一步；二、中国还没有出现一个足以训练出工程师的工业环境，必须到国外去；三、只有到国外深造才能了解工业上的最新进步；四、船政学子们继续深造，可以得到可靠的成果，否则，历时7年的耕耘将前功尽弃。

三　事半功倍之举

同治十二年十月十八日（1873年12月7日），沈葆桢在呈奏的《船工将竣仅筹善后事宜折》中，阐述了派遣船政学堂毕业生留洋深造的重要性和必要性。他指出：“中国员匠，能就已成之绪而熟之，断不能拓未竟之绪而精之。……欲日起而有功，在循序而渐进，将窥其精微之奥，宜置之庄岳之间。”“选通晓制造、驾驶之艺童，辅以年少技优之工匠，移洋人薪水为之经费，以中国已成之技，求外国益精之学，较诸平地为山者，又事半功倍矣。”[①] 主张“前学堂，习法国语言文字者也，当选其学生之天资颖异学有根底者，仍赴法国，深究其造船之方，及其推陈出新之理。后学堂，习英国语言文字者也，当选其学生之天资颖异，学有根底者，仍赴英国，深究其驾驶之方，及其练兵制胜之理”[②]。沈葆桢赞同日意格派遣留学生的观点，并提出了“窥其精微之奥，宜置之庄岳之间”的重要论断。同时，他还分析了组织学生留学的可行性：一、船政学堂学习制造、驾驶之艺童已经毕业，已通晓制造、驾驶之艺，艺圃毕业的工匠年少技优，可堪造就；二、这些艺童和工匠，用在中国已学成的技术，再到外国精益求精，定能事半功倍；三、把给洋人的高薪用来作为派遣留学生的费用，从经济上算也是可行的（原议留学5年，约需白银40万两，而上海同文馆幼童留美15年则需费120多万两）；四、沈葆桢在折中还分析道：“三年、五年后有由外国学成而归者，则以学堂后进之可造者补之，斯人才源源而来，朝廷不乏于用。”意

① 沈葆桢：《船政不可停折》，《洋务运动》（五），上海人民出版社，1961，第117页。
② 沈岩、方宝川主编《船政奏议全编》（第一卷），国家图书馆出版社，2001，第11页。

思是，经过三、五年的留学，一批一批的选送，就不愁没有人才了。

同治十二年冬（1873 年底），船政大臣沈葆桢奏请船政学堂学生出国留学的奏折由总理衙门交左宗棠、李鸿章、李宗义等大臣广议奏。同治十二年十二月二十二日（1874 年 2 月 8 日），北洋大臣直隶总督李鸿章函达总理衙门，一反常态，赞成船政学堂学生出国留学。在致总理衙门的函中说，“至闽厂选派学生赴英法学习造船驾驶，洵属探本之论”，并认为日意格管厂多年，“令其带往分派学习，呼应较灵，收效较速”。[①] 十二月二十九日（2 月 15 日），陕甘总督左宗棠也函达总理衙门，提出：“今幸闽厂工匠自能制造，学生日能精进，兹事可望有成。再议遣人赴泰西，游历各处，借资学习，互相考证，精益求精，不致废弃，则彼之聪明有尽，我之神智日开，以防外侮，以利民用，绰有余裕矣。就此一节而论，沈（指沈葆桢）议遣赴英法，曾议遣赴花旗（指美国），窃意既遣生徒赴泰西游学，则不必指定三处，尽可随时酌资遣，如布洛期（即普鲁士）枪炮之制，晚出最精……”[②] 同治十三年正月十三日（1874 年 3 月 11 日），南洋大臣两江总督李宗义复函到京，也赞同船政学堂学生出国深造，他说：“学堂生徒前赴英法学习制造、驾驶之法，较诸前赴美国学童仅学语言文字者，所费自必更巨。盖蒙童不过分派书馆，教习生徒则须入其机器房，登其轮船，相与群居，方能探其窾要，在在皆有所费，其数目非悬揣可得，亦非美国学童前案所能备其参校。”[③]

光绪五年九月二十日（1879 年 11 月 3 日），时任两江总督的沈葆桢上呈《续派学生出国学习折》。在奏折中，沈氏详陈派遣留学生之好处。[④] 沈葆桢再次强调留洋深造的重要。除了沈葆桢一再强调的“海防根本，首在育才”，“洋人来华教习未必是上上之技”，“以中国已成之技求外国益精之学，事半功倍”，“有后起之秀是备不时之需”外，他认为立法必求可久，储才不厌其多；出洋生徒，应予蝉联就学；成船日多，管驾之选日亟，监工亦在需才，现在人数少，所需之数何止数倍；就已成之绪，收深造之功，取

① 《海防档》乙，《福州船厂》（二）。

② 《李文忠公全书·书牍》卷十三，光绪三十一年至三十四年刻本。

③ 《中国近代教育史资料汇编》（洋务运动时期教育），上海教育出版社，1992，第 906 页。

④ 沈葆桢：《续派学生出国学习折》，《洋务运动》（五），上海人民出版社，1961，第 235 页。

多用宏，可望日起有功；西学精益求精，用意日新，我尚刻舟求剑，将废于半途；修齐治平之功如是，格致之功何莫不如是；接续择才，赴英法就学，人才才能蒸蒸日盛；人才多，缓急可以自谋，是大局之幸甚。

四 留学派遣

留学制度由日意格制订留学章程和教学计划，并聘请他为洋监督。确定学制三年，其中有一年见习，有四个月到各地参观。前后学堂、绘事院、艺圃均有选送。由华洋两监督共同管理。各专业学生除个别外都按对口专业到有关高校学习。如制造专业的学生到多朗官厂、削浦官学、汕答佃国立矿务学院、巴黎国立高级矿务学院等地学习；驾驶专业的学生到英国海军学校、格林威治皇家海军学院、抱士穆德大学院等地学习。

首批派遣前后学堂、艺圃学生均有派出，前往英法两国留学。总理衙门函告英、法两国驻华公使，嘱其转告本国政府，对中国留学生委为照料。光绪二年十二月十三日和十六日（1877 年 1 月 26 日和 29 日），总理衙门分别收到英法公使照会，同意函告本国政府，照顾船政留学生。光绪三年二月十七日（1877 年 3 月 31 日），由监督李凤苞、日意格率领随员马建忠，文案陈季同，翻译罗丰禄，制造学生 12 名，驾驶学生 12 名，艺圃学生 4 名，连同文案、翻译 2 名毕业生，计 30 名乘船政“济安”号轮船离马尾赴香港，换乘外轮前往法国，三月二十四日（5 月 7 日）抵达法国马赛。随后又送艺圃 5 名毕业生随船政监督帮办斯恭塞格赴法国留学，九月（10 月）动身离马尾，十一月初四日（12 月 8 日）抵马赛。以上学生 35 名及已在法国实习的魏瀚、陈兆翱 2 名，计 37 名，为船政学堂第一届留学生，加上非船政学堂毕业的随员马建忠，留学生共有 38 名。

第二批 10 个人，1881 年 12 月出发，1 月份抵达英国和法国，当时的华监督是许景降，洋监督还是日意格，翻译是吴德章，也是第一届的留学生。当时制造学堂的学生是 8 个人，驾驶学堂的学生是两个人。

第三批 29 个人，是 1886 年 4 月份出发，5 月份到达。当时的华监督是原来的提调周懋琦，洋监督是斯恭塞格，这个时候，日意格已经去世了，所以就由斯恭塞格负责，翻译是李隆芳。制造学生有 14 人，驾驶学生是 15

人，另外还有北洋水师学堂的学生 5 人。

第四批就 7 个人，1897 年 6 月 2 日出发，1897 年 7 月到达法国，监督是吴德章，翻译是沈希南。制造学生 6 个人，其中卢学孟调任比利时兼使馆翻译，把自费留学的魏子京改为公派，魏子京是魏瀚的儿子。因为当时经费困难，第四批留学生就提前回国了。

以后还有一些零星的派遣，1899 年就派了驾驶 15 届的学生王麟、张哲培，当时是到日本去留学，而且改学陆军。日本经过明治维新以后强大起来了，在陆军、海军建设方面确实有可取的地方，所以当时就改派去学陆军了。另外还有就是 1880 年的，刘步蟾在北洋水师担任教师，就从船政当中抽了一些学生、舵工、水手 60 多个人，到英国去培训，准备接收军舰开回来。这都不计算在留学生里面。船政学堂从光绪元年，就是 1875 年开始，从派 5 个人去游历开始，到民国 5 年，就是 1916 年，最后两名学生学成回国，整个过程，总共 41 年，陆续派出的是 111 个人，其中很多人是两个国家以上的，最多的就是法国 64 个人，英国 33 个人，其他都比较少。

五　入堂、上船、出洋

李鸿章曾把船政学堂的培养模式归纳为“入堂、上船、出洋”① 六个字。把“出洋”即出国留学作为培养人才的重要组成部分，这对于封闭的、科学技术大大落后于发达国家的中国来说，是很有远见的。晚清 40 多年，船政学堂共毕业学生 510 名（连同民国初期毕业的共 629 名），选送出国留学生四批及零星派出共 111 人。他们分赴法、英、德、美、比、西、日等国，学习的专业主要有造船、航海、飞机、潜艇、枪炮、鱼雷、矿冶、机械、无线电、天文等。学成回国，成为我国科技力量的主要骨干，典型的代表有造船专家魏瀚、郑清濂，矿务专家林应升、林日章，轮机专家陈兆翱、杨廉臣等。魏瀚留学英、法、德、比四国，精通造船、枪炮、铁甲制造诸法，回国后在船政总司造船。陈兆翱留学英、法、德、比四国，精通制机诸法，回国后在船政

① 李鸿章：《请设海部兼筹海军》（光绪十年二月十三日），《李文忠公全书·译署函稿》卷十五，光绪三十一年至三十四年刻本。

总司造机。郑清濂留学英、法、德、比四国，精熟造船和制造枪炮，回国后在船政总司从事快船和铁甲制造。还有吴德章、杨廉臣、李寿田等三人，在英、法、比三国留学，精通快船、铁甲和轮机制造，回国后在船政分任工程处造船、制机总工程师。陈才鍴留学德国专攻鱼雷、水雷制造，回国后在船政总司制造鱼雷。陈兆翱在留法期间发明抽水机，用新式锅炉，还改进了轮船的螺旋桨，外国人很多都效仿他。池贞铨、林庆升、林日章、张金生、游学诗等，都是我国早期的矿务专家。我国很多煤矿、锡矿、铁矿、铜矿、银矿、铅矿的开采，都留有他们的足迹，都是从他们开始做起的。

正是由于建立了留学制度，促成了一批又一批的青年到国外去，使出国留学的青年开阔了眼界，增长了知识，改变了思维，学到了先进的科学技术和管理知识，为加快中国的近代化进程贡献了力量。也正因为有了出国留学，使他们感受到中西方文化的差异。通过对比，了解到差距，促使他们去追求真理，探寻救国良方。综观近代的风云人物，他们中的许多人是有留学背景的。

第二节　活跃的职业外交家

鸦片战争后，中国才被迫派出外交人员。首先设立的第一个使馆是在英国，第一位大使是郭嵩焘。但当时没有懂外文的外交人才。船政学堂的首批留学生就派上了用场，成为首批懂外文的外交家，其中最有代表性的人物是陈季同和罗丰禄。一个是前学堂学法语的高才生，一个是后学堂学英语的高才生。两位都成为中国近代外交史上的风云人物。

当时的清廷，还不知道如何建立使馆，想派人到国外打听。于是就请沈葆桢推荐人才。“众皆惮风涛”，唯独陈季同听到此事，慨然请行。沈葆桢也认为陈季同可以信任，遂保以四品都司。于 1875 年随日意格并同魏瀚、陈兆翱、刘步蟾、林泰曾等四名同学赴欧游历。3 月 17 日，他们从福州启程，5 月初抵达法国的马赛，分别前往英法两国参观考察，直到 1876 年初，魏瀚、陈兆翱才入土伦市郊的船厂学习制造，刘步蟾、林泰曾则进英国的海军学校。而陈季同既不学制造，也未学驾驶，而是另有特殊使命。他跟随日意格到英、法、德、奥四国走访，实际是对四国就派使节一事进行非正式的接洽。考察四国后，陈季同写成《西行日记》四卷，受到沈葆桢赏识，保举升为三品参将，并加副将衔。《北华捷报》曾这样评论陈季同：

> 在他之前，中国使馆形同虚设，仅仅充当一个拖着长辫、身穿蓝袍、头皮光光的大人物的住宅。从外交角度坦率地说，因为有了这个年轻翻译的活动，中国才开始在欧洲崭露头角。

陈季同是近代最早涉足外交的佼佼者。他生于1852年，字敬如，号三乘槎客，福建侯官人。1867年考入船政学堂，为前学堂制造专业学生。因成绩优秀，提前毕业，在办公所任翻译。陈季同聪明过人，记忆力好，过目不忘。有一次，文案王葆辰谈到汉书某事，忘其文字。陈季同随口背出，闻者很是佩服。1874年，随沈葆桢到台湾筹防，参与机要，初经历练。1877年，清政府首次派学生留欧。他是其中之一，并任文案。赴欧后进入巴黎政治学堂修习公法律例，同时又在中国驻英、法、德等国使馆任职。不久，陈成为当时欧洲外交界的活跃人物，与俾斯麦（Otto Eduard Leopold von Bismarck，1815－1898）、甘必大（Léon Gambetta，1838－1882）等德、法政界要人关系密切，同时，也经常出没于欧洲上层社会的沙龙，并在各种文化场合做有关中国的讲座，积极参与了当地的文化生活。尤其值得一提的是，自1884年起，陈季同出版了多部法文著作，被翻译成英、德、意、西、丹麦等多种文字，获得了西方社会的广泛关注。这些作品将一个理想化的“文化中国”形象传达给西方社会，在一定程度上改变了当时西方人对中国的偏见。1891年，已是中国驻德、法使馆参赞的陈季同因私债问题被黜回国，后定居上海。

当时，欧洲上流社会流行以法语为社交语言。清廷驻德国使馆的翻译较驻英使馆少，加上公使馆无专职武官，陈季同兼任武官，凡与德国皇室、政府、外交部及各国公使来往公务，或阅兵参观应酬等事，均须参与。1881年陈季同还陪同李凤苞前往维也纳和阿姆斯特丹，晋见奥地利、荷兰国王。中法两国因越南问题外交谈判陷入僵局。1883年4月陈季同北上见李鸿章后，同年7月16日至31日，陈季同返回德国途经巴黎，频繁会见法国朝野人士，陈述中方立场，探察法方态度，并将与各方会谈详情逐日记载，写成《巴黎半月密记》，寄呈李鸿章，抄送总理衙门。由于陈季同的努力，两国重新回到谈判桌上。

甲午中日海战后，日本强行割占台湾。时为台湾布政使的他，参与筹划对抗，“拟以民政独立，遥奉（清）正朔，拒敌人”[①]。台湾首义失败后回上海闲居。1896年夏秋之际，赴湘、黔考察西南矿产。1897年秋，复举家于沪上参与变法运动，与弟寿彭（字绎如，又作逸儒，1859～?）[②] 创办维新刊物《求是报》，致力于译介西方历史、文化、科技、法律等方面的著作。1897年11月，又与上海电报局局长经元善、变法领袖梁启超等八君子倡议女学，筹划成立女学会、女学堂，出版女学报。其法国妻子赖妈懿任女学堂洋提调，与另一华提调沈瑛共襄校务；其弟妇、寿彭之妻薛绍徽（字秀玉，号男姒，1866～1911）则为《女学报》第一主笔[③]。

在中西文化关系史上，陈季同可以说是一位具有典范意义的先驱。他创作有多部法文著作，如《中国人自画像》《中国人的戏剧》《中国娱乐》《中国拾零》《一个中国人笔下的巴黎人》《吾国》《中国故事》等，还用法文写了小说《黄衫客传奇》、轻喜剧《英勇的爱》，在法国文坛上享有盛名。陈季同“善文墨，下笔不能自休”，是当时闻名中外的才子兼名士。陈季同作为清朝外交官热衷于中西文化交流，亲自以法文写作出版有关中国的著作，其识见和视野非同寻常。辜鸿铭、林语堂在写作和思想上不同程度地受过他的影响。

---

① 沈瑜庆：《陈季同传》，陈衍《闽侯县志》卷六十九，39上，1933年刻本。

② 病夫［曾朴（1872～1935）］曾于1928年向寿彭征收其兄季同遗稿，见其为陈寿彭《绎如译丛》所作的序，载于病夫主编刊物《真美善》2.6（1928），寿彭1928年前后仍在世。

③ 陈季同生平参阅沈瑜庆《陈季同传》，陈衍《闽侯县志》卷六十九，38上～39下，1933年刻本；桑兵《国学与汉学：近代中外学界交往录》（杭州：浙江人民出版社，1999），79～108页；及 Catherine Vance Yeh，“The Life Style of Four Wenren in Late Qing Shanghai”，Harvard Journal of Asiatic Studies，57.2（1997）：419－70。陈寿彭与薛绍徽生平参阅其子女陈锵、陈莹、陈荭所编薛氏年谱及陈寿彭《亡妻薛恭人传略》，收陈所编薛氏《黛韵楼遗集》（福州：陈氏家刊本，1914）。

陈季同毕业后被授予四品都司的武官头衔，赴欧后加授总兵衔，外人也多称其为陈季同将军。陈季同也确实有儒将的风度。他性格开朗，为人诚恳，待人热情，善于交际，很快就融入欧洲的上流社会。他曾与德意志皇帝弗雷德里希三世一同骑马散步，讨论社会和文学问题，常常出入德国、法国等政要的政治沙龙，常到巴黎高校演讲。享誉世界的法国大作家罗曼·罗兰在巴黎当大学生时，曾听过陈在索邦大学所作的演讲。在他 1889 年 2 月 18 日所写的日记中，这样写着："他身着紫袍，高雅地端坐椅上。……他的演讲妙趣横生，非常之法国化，且更具中国味。这是一个高等人和高级种族在演讲。透过那些微笑和恭维话，我感受到的却是一颗轻蔑之心：他自觉高于我们，将法国公众视作孩童……着迷的听众，被他的花言巧语所蛊惑，报之以疯狂的掌声。"可见他气度非凡、才华横溢。

他一方面将中国文化、文学直接传播给西方读者，另一方面，将西方现代文学、政治、法律观念引入中国。在数千年中西文化交往中，中国人还是第一次担当这样的角色、承担这样的使命。

马克·吐温说："中国是中国人民的。"

罗丰禄也是近代最早涉足外交的佼佼者。他于 1850 年 10 月 21 日（清道光三十年九月十七日）生于福建闽县。1867 年（同治六年），考入求是堂艺局，经甄别遴选，罗丰禄入后学堂学英文、驾驶专业。他勤奋聪颖，每考必冠，1874 年 3 月以大考第一名成绩毕业于后学堂第一届驾驶班，受到船政大臣沈葆桢赏识和提拔，破格升任教习。1877 年 3 月，清廷选派第一届赴欧留学生，罗丰禄以候选主事、翻译身份获选。罗丰禄于 5 月 11 日（三月十八日）抵达英国，入英国伦敦琴士官学（King's College，皇家理论学院），受教于化学家、《化学鉴原续编》与《补编》的原作者 C. L. Bloxam，学习气学、化学、格致，寻求"以格致哲学为体，政治交涉为用"。在学期间兼任华洋"翻译、文案"襄助华洋监督，兼任英、德使馆翻译。

1878年，罗丰禄兼任清朝驻德国公使馆翻译、驻英公使馆翻译，边学习边从事外交翻译工作。1880年2月，学习期满回国，罗丰禄入幕于北洋大臣李鸿章，在北洋水师营务处工作，并兼任李鸿章的英文秘书，充当李鸿章的外交顾问兼翻译，同年4月任天津大沽船坞总办，在大沽海神庙选购民地建造船坞，并回福州及上海等地招募工匠等200余人，使大沽船坞“遂成规模”，建成北洋海军基地雏形。1881年2月，经李鸿章奏请由候选主事升同知，赏加四品衔。1883年5月，罗丰禄调升水师营务处道员。翌年春、秋，罗丰禄两次邀同英俄两国水师官兵到天津水师学堂参与天津水师学堂第一届驾驶班毕业会考。1885年，罗丰禄升任天津水师学堂会办。

1888年5月，罗丰禄奉命协同北洋水师提督丁汝昌及林泰曾、刘步蟾等起草《北洋海军章程》。1896年初，罗丰禄作为李鸿章的随从参加沙皇的加冕礼并参与签约谈判；在德国，参加李鸿章与俾斯麦的会见；在英国，谒见维多利亚女皇，获赐“罗稷臣丰禄爵士”；在法国、比利时、美国等国进行各种外交活动，1896年清朝廷谕命以二品顶戴记名海关道，赏四品京卿，升任太仆寺卿（从三品），出任驻英、意、比三国钦差大臣。在美国，罗丰禄与著名作家马克·吐温深谈并交为挚友，马克·吐温将自己所著的几部书赠给罗丰禄。马克·吐温于1897年出版《赤道环游记》，强烈谴责美国对中国、古巴等国的野蛮侵略。他在杂文《托钵僧和傲慢无礼的陌生人》中尖锐抨击美国干涉中国事务。他在政论文《给坐在黑暗中的人》里，愤怒批判美国掠夺中国的罪行。他在随笔中号召统统绞死在中国传播“文明”的传教士，喊出“中国是中国人民的”动人心魄的口号。

1896年4月，罗丰禄以翻译身份随李鸿章从上海乘法国邮船“爱纳司托西蒙”号赴俄参加沙皇尼古拉二世的加冕典礼，并参加中俄《御敌互相援助条约》（即《中俄密约》）的谈判。《中俄密约》主要条款是：一、日本如侵占中国或朝鲜，两国派水陆各军互相支援；二、战时俄国兵舰得驶入中国所有口岸；三、中国允许俄国在黑龙江、吉林地方接替造铁路达海参崴（中东铁路），铁道由华俄道胜银行承办经理。这个密约，在某种程度上遏制了日本亡我中国的野心。随后罗丰禄又随代表团出访德、荷、比、法、英、美等国。1896年11月23日，罗丰禄以二品顶戴记名海关道赏四品京卿出任驻英公使兼驻义（意大利）、比（比利时）公使，1897 年授三品京堂衔。1901 年 8 月 29 日，清廷调“外交干才”罗丰禄任驻俄公使，授一品顶戴太仆寺卿，去与沙俄交涉归还东三省，但罗丰禄由于患鼻癌终未成行。严复是罗的好友，送罗一副挽联：“能事闻重译，传经固绝伦”，给予很高的评价。

罗丰禄治学精深，融会贯通中西学，以格致哲学为体，以政治交涉为用。可是他不事张扬，世上的人知道他的甚少。然而，他留下大量书籍，以及大批外交日记，还有他翻译的《海外名贤事略》《贝斯福游华笔记》等。于 20 世纪初，在福州仓前山罗家建立“罗丰禄书楼”。可惜已于 20 世纪 50 年代大部被毁，唯存一幅“中俄边界图”，已由其后代献给中华人民共和国政务院。

此外，吴德章、欧阳庚、陆永泉、苏锐利等也都是新一代的外交家。

吴德章（1854 ~ ?），字焕其。1867 年 12 月考入船政产学堂制造专业，1873 年毕业。毕业后在船政所属船厂（车间）任技术工作。1877 年 3 月选为第一届留学生，赴法国多朗官厂和卢爱尔、布坎晤士海陆各炮厂学习造船和枪炮制造，又赴英、比两国攻习舰船与洋炮制造。1880 年 11 月学成归国，任船政工程处总工程师。先后参加设计、监造一批新式舰船，被船政大臣赞为具有“奇技异能”的毕业生之一，为中国近代优秀造船专家。1902 ~ 1904年任驻奥帝国公使，回国后先后任造舰主监、总监（分别相当于少将、中将衔）。1912 年 10 月出任北京政府海军部技正。

欧阳庚（1858 ~ 1941），字兆庭，号少伯，祖籍中山县张家边大岭村。14 岁，考取清政府官费留美幼童肄业生，1881 年与詹天佑一起回国在船政后学堂学习。后担任旧金山任总领事 20 多年，做了大量护侨工作。还担任驻温哥华领事、驻墨西哥条约特使、第一任驻巴拿马总领事等。民国建立后，欧阳庚被委派出任驻荷属爪哇（现印度尼西亚）总领事、驻英国大使馆一等秘书、驻智利国第一任公使、驻玻利维亚条约特使，曾获二等嘉禾章。1901 年，美国政府讨论庚子赔款问题。罗斯福总统有意退还这笔赔款，但又担心这笔款落不到中国政府手中。欧阳庚因其弟欧阳祺与罗斯福总统系哈佛大学同学，故直接和罗斯福总统联系，商议指定庚子赔款作为教育经费及中国留美学生基金。清政府就用这笔款项建立了清华学堂。

第三节　扬起世界文学风帆

船政学子是最早接触近代文学的一批人。船政学堂的外文学习给他们奠定了阅读外文书籍的基础，留欧学习给他们提供了良好的机会和广阔的空间。船政培养的英才，许多是近代扬起世界文学风帆的重要人物。

文学，即人学，是世界语言。要治愚，可以借助世界文学的武器。鲁迅先生弃医从文就是一种警示。人的心灵是相通的。这也是许多船政学子涉及文学和动机。他们夜以继日地翻译外国小说，为的是什么呢？“开民智”啊！船政学子王寿昌向林纾介绍《茶花女》难道就仅仅是为了爱情，为了消遣？陈季同为什么要研究世界文学？陈季同有儒将风度，性格开朗，善于交际。他曾与德意志皇帝弗雷德里希三世一同骑马散步，讨论社会和文学问题。船政学子陈寿彭，曾留学英国三年，学习海军公法、英国法律、拉丁语、英国语言文学。他与夫人薛绍徽合译的《八十日环游记》是凡尔纳科幻小说的第一本中译本，也是中国第一本科幻小说的中译本。

一　陈季同翻译雨果、莫里哀名著

陈季同既是杰出的近代外交家，也是一位有见地的文学家。陈季同十分了解法国文学，谈论当时法国各文学流派及其优劣得失来如数家珍。他除撰写了多种法文著作外，还翻译了雨果的 6 部主要作品《九三年》《项日乐》《钟楼怪人》《吕伯兰》《欧那尼》《吕克兰斯鲍夏》，还翻译了法国作家贾雨的纪实性长篇小说《卓舒及马格利小说》（未译完）、莫里哀的《夫人学堂》及左拉的《南丹与奈依夫人》等著名作品，成为近代中国译介法国文学的一位卓有成就的先驱者。

中国近代著名文学家《孽海花》的作者曾朴走上文学创作和翻译之路即是深受其影响。1898 年，在饯别谭嗣同的宴会上，曾朴结识了陈季同，此后即天天前往请教。陈季同向他分析文艺复兴以来古典、浪漫两大主要流派的发展趋势，引导他阅读法国及欧洲各国各种形式的文学和历史名著，告诉他在这个时代，不但科学非奋力前进不能竞存，就是文学也不可妄自尊大。不能自命为独一无二的文学之邦，要知道人家的进步和别人的学问一样是一日千里的。曾朴尊其为法国文学导师，从此发奋读书，后来成为出类拔萃的作家。陈季同的法文著作，在当时的法国很是畅销。曾朴称陈季同所作的法文小说、戏剧、小品等，极得法国文坛的赞许。阿拉托尔佛郎士（今译“法朗士”）向来不轻易称赞人，也说他文笔诚实而轻敏，他的价值可想而知了。

陈季同所受教育和经历，使他能以一种清醒的世界意识和眼光看待中西文化的交流，他认为要去除中西文化的隔膜，就要提倡大规模的翻译工作，既要把西方的名著翻译到中国，也要把中国的重要作品翻译出去。

二　陈季同法文长篇小说《黄衫客传奇》

《黄衫客传奇》是陈季同以唐传奇《霍小玉传》为蓝本创作的一部法文小说，讲述李益与霍小玉的爱情悲剧。此书 1890 年 11 月由巴黎 Charpentier 出版社出版，1900 年又被译成意大利文在罗马出版。该书是第一部中国人用西方语言创作的长篇小说，远早于林语堂的同类著作，被视为中国现代文学的发轫之作，书中所体现的超前观念，或许将改变人们对中国近现代文学史和文化史的传统认知。作为清末的外交官，作者试图为西方读者建构一个充满着浓郁东方情调的“文化中国”的形象。这个未受工业文明污染的文化乌托邦，激发过西方人对古老中国的文学想象。

《黄衫客传奇》是一部爱情题材的小说。小说通过新科状元李益与霍小玉自主而美满的婚姻受到摧残所导致的悲剧，对专制包办进行了控诉，促使读者去思考。虽然《黄衫客传奇》以唐代蒋防的《霍小玉传》为基础，作者在人物性格与相互关系上却进行了许多改造和变动，完全可以说，这是陈季同自己的重新创作。《霍小玉传》中的男主人公李益，是个“虚词诡说，日日不同”的负心郎。《黄衫客传奇》中的李益则有很大的不同。小说借其表兄崔允明之口来这样评点李益的性格：“你有想压倒天朝男儿的雄心壮志，但你又会为了一个穷人而两手空空。当你想当一个恶棍的时候，你又忍不住要去行善。”在作者看来，李益虽然有点软弱，也少了一点果决，却是善良而真诚的。他一再给寡母去信，恳请寡母同意自己与小玉成婚，但冷酷、专横、严厉的母亲却坚决反对。最后，终于逼得李益在23岁的青春年华就发疯致死。《黄衫客传奇》确实写了一出震撼人心的专制包办婚姻的悲剧。这是陈季同的一个突出贡献。

三　陈季同法文剧本《英勇的爱》

陈季同对戏剧艺术一直怀有浓厚的兴趣，1886年他就曾与蒙弟翁合著《中国人的戏剧》，讨论中西戏剧的特征，向西方读者介绍我国戏剧的内容和形式。他对西方戏剧相当熟悉，熟读法国戏剧大师莫里哀的作品，自称“莫里哀的弟子”。他还结识了法国剧作家拉比什，后者长于创作轻喜剧。这个剧本是陈季同运用西方戏剧形式进行创作的一次尝试。

《英勇的爱》是一部独幕轻喜剧，共分9场，讲述乡绅林朗的独子长庚赴京会试，高中后，在归途中发生不幸。传来长庚遇难的消息，未婚妻张樱桃仍坚持要嫁到林家，守节尽孝。虽经两家父母劝阻，但樱桃执意守节，并拒绝了林长庚表兄刘太和的引诱。在没有新郎的喜宴上，长庚突然归来，令众人喜出望外。原来长庚在海难中为一种神秘力量保护而幸免于难。全剧最终皆大欢喜，长庚与樱桃举行了婚礼。这出独幕剧的情节简单，作者刻画的是一位中国传统贞女的形象，意在向西方宣扬我国的伦理纲常。但在这一陈旧的主题外面，穿的却是新式外衣。作者全盘打破了中国传统戏剧以演唱为主的表演模式，代之以西方话剧的对白形式。在20世纪初期西方戏剧观念刚刚传入国内之际，陈季同已经在熟练地运用西方戏剧形式进行艺术实践，由此可以看出他在接受西方文学观念上的超前。

四　王寿昌、林纾合作的《巴黎茶花女遗事》

除陈季同翻译法国雨果的名著外，最先让国人大开眼界的外国小说是法国小仲马的名著《茶花女》。这是林纾翻译的第一部外国小说。然而林纾并不懂外文。最先成全这位翻译家的是船政学子王寿昌。王寿昌爱好文学，留法期间就阅读了大量西方文学名著。回国时，带回许多法国小说。小仲马的名著《茶花女》就是其中之一。光绪二十三年（1897）初夏，林纾因丧偶郁郁寡欢。好友魏瀚劝他离开老家，到马尾住些时日，以散散心。在马尾期间，正在船政学堂任教的王寿昌就向林纾谈起法国文学，向他介绍《茶花女》。《茶花女》的小说魅力和令人同情的主人翁遭遇，打动了林纾。于是两人合译，王寿昌每日口译一小时，林纾笔录三千字，不到半年时间，就将全书译完，定名为《巴黎茶花女遗事》。当时，小说被视为末流，爱情小说更不能拿到台面上。所以，首次译出不敢用真名，林纾署笔名冷红生，王寿昌署笔名晓斋主人。译稿校对后，由魏瀚出资，送福州南后街吴玉田作坊木刻刊印。光绪二十五年（1899）二月面世，但当时只印了 100 本，主要是分赠亲友阅读。

1899 年夏，上海素隐书屋将《巴黎茶花女遗事》委托昌言报馆代为刊印发行，随后归商务印书馆出版。一时洛阳纸贵，风靡全国，各种版本相继出现，计有二三十种之多，“国人见所未见，不胫走万本”。这部译著令国人大开眼界，好评如潮，许多读者为主人公的不幸流下同情的眼泪。严复曾题诗说：“可怜一卷茶花女，断尽支那荡子肠。”这部译著很能打动当时不满封建专制、争取婚姻自由的青年读者的心。它是一部具有反封建意义的文学作品，对当时西方进步文化在中国的传播起到了重要作用。这部译著的成功，大大鼓舞了林纾的翻译热情，使他一发不可收拾，从此走上翻译小说之路，引起了国人的瞩目，在文坛上渐负盛名，成为一位古今罕见的不懂外语的翻译家。

五　第一本科幻小说译本

《八十日环游记》是陈寿彭与薛绍徽合译的一部科幻小说，也是中国译坛上的一段佳话和趣事。该译作于 1900 年由经世文社出版，首版译者署名薛绍徽。1906 年由小说林再版，改名《寰球旅行记》，同年，又有正林书局刊本，名《环球旅行记》，二版署名陈绎如译，秀玉述，三版译者署名雨泽。绎如、雨泽均是寿彭的笔名，秀玉是寿彭妻子薛绍徽的字。薛绍徽（1866～1911），号男姒，闽县（今福州市）人。善琴棋书画，通诗词文赋，有名媛才女之誉。15 岁时嫁给寿彭，夫妇相敬如宾。据该书二版译者署名和译者自序，该译作当是陈寿彭口译，薛绍徽笔述。译文系文言文，采用章四体，将法国科幻小说家儒勒·凡尔纳（1828～1905）的名作翻译介绍给中国读者。寿彭夫妇虽是根据英译本转译，小说中人物的名字明显中国化，如将凡尔纳译为房朱力士，但译者忠实于原著，态度十分严谨，深得当时译界同行的好评。小说故事情节曲折惊险，描写英国绅士福格历尽千辛万难，横渡茫茫大海，穿越古老东方大国，经过印第安人出没的原野，用 80 天时间环游地球。瑰丽的自然风光、多样多彩的风土人情、奇妙的发现和作者汪洋恣肆的幻想，译者用简练生动的文字将之一一呈现，使读者爱不释手。译作一经出版，即深受读者喜爱，数年间一版再版。这是凡尔纳科幻小说的第一本中译本，也是中国科幻小说第一个中译本。此后数年间，凡尔纳小说更多地被翻译介绍过来，如梁启超译的《十五小豪杰》，鲁迅译的《月界旅行》《地底旅行》。寿彭伉俪还合作翻译了《双线记》《外国列女传》等。

第四节　诞生启蒙思想家

船政学堂培养出严复这样的启蒙思想家，是他个人的因素，还是学校的因素？但培养出这样的人才是事实。严复的成才，不排除个人因素，比如有高深的学养和天分，有敏锐深邃的洞察力，有善思考勤思索的识见，有丰富的激情和及时行文的功力等，但学堂和留学是他成才的重要环境和经历，大变革时代赋予他注视的目光和展示才华的机遇。没有船政学堂的学习和留学欧洲的实践，没有天时、地利、人和，能成就启蒙思想家吗？

一　严复和他的译著

严复（1854～1921），原名传初，1866 年考入船政学堂时改名宗光，字又陵，登仕后改名复，字几道。侯官（今福州市）阳岐乡人。是中国近代史上最负盛名的翻译家、教育家和启蒙思想家。他于 1871 年毕业于船政学堂首届管驾班，1877 年与刘步蟾、萨镇冰等成为首批由政府派赴欧洲的留学生。严复先进英国朴茨茅斯大学预科，后转入格林尼茨海军学院深造。留学期间，他考试成绩“屡列优等”，并且在学好本专业知识学问外，还注意观察体验英、法两国的社会现象，学习社会科学知识，研究国际政治关系，颇受时任驻英公使郭嵩焘的赏识，二人成为忘年之交。1879 年严复学成归国后，先任马尾船政学堂教习，不久调任天津北洋水师学堂，先后任总教习、会办、总办达20年之久。北洋水师学堂成为严复传播西学的重要阵地。

据《严译名著丛刊》《侯官严民丛刊》统计，严复的主要译著有：赫胥黎《天演论》，约翰·穆勒《群己权界论》《穆勒名学》，斯宾塞《群学肄言》，亚当·斯密《原富》，孟德斯鸠《法意》，甄克斯《社会通诠》，耶芳斯《名学浅说》，卫西琴《中国教育议》，宓克《支那教案论》，白芝浩《格致治平相关论》等11种，而以前八种著称，后人通称为“严译八大名著”。严复虽兼具深厚的古文功底和精到的西学知识，但要将上述西方名著翻译出版，供国人阅读，启发国人，亦非易事。此中所付出的艰辛令人钦佩。

严复在中国近代史上的影响，很大程度上是通过其译著体现出来的。严复译著在介绍西方学术思想的同时，都鲜明地阐述了自己的观点，融中学、西学为一体，结合中国国情，有目的、有针对性地选择，译书过程亦是再创作的过程，既传播西学，又切中时弊，启人心智，产生了较强的社会效果。其译著除在理论上指导和推动了当时的维新运动外，从根本上打开了国人的思想眼界，启蒙和教育了大批中国青年，使中国近代先进人士向西方寻求真理的行程踏进了一个崭新的深入的阶段。

二 清末民初的统治思想

严复的译著一经问世，就时评不断，其思想曾被奉为清末民初的统治思想。但以后好评不多，评价也不高，常说他晚年保守甚至反动。经百年反思后，大家才深刻认识到有一个与“晚周诸子相上下”的严子，真正向西方寻找真理并能融会贯通的只有严复。改革开放后，摆在国人面前的还是社会转型和如何走近代化道路的问题。而这个问题，严复汇通中西，有着自己的设计。重温严复所设计的近代化道路有着现实和深远的意义。

严复在留学期间考试成绩“屡列优等”，同时注意观察体验英、法两国的社会现象，学习社会科学知识，研究国际政治关系，颇受时任驻英公使郭嵩焘的赏识。中日甲午战争爆发后，严复迅速投身于挽救民族危亡的维新变法运动中。他奋笔疾书，运用西方进化论等学说，宣传变法图强的思想主张，产生积极的影响。其阐明的观点，成为当时维新派鼓吹变法以救亡图存的理论依据。严复以其在近代中国思想启蒙运动中的突出作用和中西文化交流史上的杰出贡献，长期以来成为史学研究、朝野关注的热点人物。对严复的研究和褒贬从他在天津《直报》上连续发表《论世变之亟》《原强》《救亡决论》《辟韩》四篇犀利文章后就开始了。《天演论》一书出版后，风靡九州，虽不乏质疑、批评者，但还是好评如潮，影响深远。

当时许多学者名流、思想家、政治家，诸如吴汝纶、梁启超、康有为、蔡元培、胡汉民、陈独秀、胡适、鲁迅、贺麟、毛泽东等均深受影响，大加称赞。吴汝纶为《天演论》作序，盛赞其书“高文雄笔”，可与“晚周诸子相上下”①。说得惠书，“虽刘先主之得荆州，不足为喻”，并手录副本，秘之枕中。梁启超是最早看到手稿的读者。他在给严复的回信中说：“循环往复诵十数过，不忍释手，甚为感佩，乃至不可思议。”“承规各节，字字金玉”，还说，“今而知天下之爱我者，舍父师之外，无如严先生”，“非有先生之言则启超堕落之期益近矣”②。1901 年，梁启超写诗称严复是“哲学初祖”③。1902 年梁启超在《新民丛报》介绍严复的新译作《原富》，称“严氏于西学、中学皆为我国第一流人物”④。康有为说严复“译《天演论》为中国西学第一者也”⑤。1913 年，康有为在赋谢林纾的诗中称“译才并世数严林”。蔡元培说“五十年来，介绍西洋哲学的，要推侯官严复为第一”。他介绍严复的译作，“每译一书，必有一番用意，译得很慎重”⑥。胡汉民也称严复是“译界泰斗”，是“近时学界译述之政治学书，无有能与严译比其

① 吴汝纶：《天演论·吴序》，严复《天演论》，中州古籍出版社，1998，第 2 页。

② 梁启超：《与严幼陵先生书》（1897 年），苏中立、涂光久编《百年严复——严复研究资料精选》，福建人民出版社，2011，第 373、262 页。

③ 梁启超：《严复是哲学初祖》（1901 年），苏中立、涂光久编《百年严复——严复研究资料精选》，福建人民出版社，2011，第 373、266 页。

④ 梁启超：《严复于西学、中学皆为我国第一流人物》（1902 年），苏中立、涂光久编《百年严复——严复研究资料精选》，福建人民出版社，2011，第 373、268 页。

⑤ 康有为：《严复为中国西学第一者》（1900 年），苏中立、涂光久编《百年严复——严复研究资料精选》，福建人民出版社，2011，第 373、275 页。

⑥ 蔡元培：《介绍西洋哲学要推严复为第一》（1923 年），苏中立、涂光久编《百年严复——严复研究资料精选》，福建人民出版社，2011，第 273、274 页。

价值者"[①]。1903年严复翻译英国学者甄克斯的著作《社会通诠》，认为当时的中国社会终将进入国家社会阶段，现在属于七分宗法、三分国家性质。陈独秀深受影响，照搬了《社会通诠》的理论及严复的案语。陈独秀主办的《新青年》曾鼓动打倒宗法社会的文化运动。胡适认为“严复是介绍西洋近世思想的第一人”。他说：“《天演论》出版之后，不上几年，便风行到全国，竟做了中学生的读物了。”还说：“我自己的名字也是这种风气底下的纪念品。”数年之间许多进化名词成了口头禅。自己和儿辈的名号都改了。他的两个同学一个名叫杨天泽，一个叫孙竞存。[②] 鲁迅说严复“的确与众不同：是一个19世纪末年中国感觉敏锐的人”。而自己“一有闲空，就照例地吃侉饼，花生米，辣椒，看《天演论》”[③]。1945年，贺麟出版《五十年来的中国哲学》一书，称严复“是19世纪末我国向西方寻找真理的代表人物之一”，说“严复当时能抓住并发挥黑格儿哲学这些宝贵的思想，诚为不易，其在中国最早传播黑格尔哲学的功劳不能不载入史册”。[④] 1947年，冯友兰在美国宾夕法尼亚大学讲授中国哲学史，称严复是西方思想的最大权威[⑤]。1940年1月，毛泽东在延安《中国文化》创刊号上发表《新民主主义论》，指出“以严复输入的达尔文的进化论，亚丹斯密斯的古典经济学，穆勒的形式逻辑与法国启蒙学者孟德斯鸠辈的社会论为代表，加上那时的自然科学，是五四以前所谓新学的统治思想。在当时，这种思想，有同中国封建思想作斗争的革命作用，是替旧时期的中国资产阶级民主革命服务的”[⑥]。

---

① 胡汉民：《述侯官严氏最近政见》（1906年），苏中立、涂光久编《百年严复——严复研究资料精选》，福建人民出版社，2011，第298、301页。

② 胡适：《严复是介绍西洋近世思想的第一人》（1922年）、《第一次读天演论和天演论的深远影响》（1931年）、《我的名字源自“适者生存”》（1931年），苏中立、涂光久编《百年严复——严复研究资料精选》，福建人民出版社，2011，第319、323、324页。

③ 鲁迅：《严复的确与众不同》（1918年）、《在矿路学堂看天演论》（1926年），苏中立、涂光久编《百年严复——严复研究资料精选》，福建人民出版社，2011，第314、315页。

④ 贺麟：《严复与康德、黑格尔哲学》（1945年），苏中立、涂光久编《百年严复——严复研究资料精选》，福建人民出版社，2011，第347页。

⑤ 冯友兰：《严复是西方思想的最大权威》（1947年），苏中立、涂光久编《百年严复——严复研究资料精选》，福建人民出版社，2011，第348页。

⑥ 毛泽东：《严复输入中国的西方四大名著》（1940年），苏中立、涂光久编《百年严复——严复研究资料精选》，福建人民出版社，2011，第340页。

1949年6月，毛泽东发表《论人民民主专政》，提出“自从1840年鸦片战争失败那时起，先进的中国人，经过千辛万苦，向西方国家寻找真理。洪秀全、康有为、严复和孙中山，代表了在中国共产党出世以前向西方寻找真理的一派人物”①。

三　百年反思

由于把严复定位为代表了在中国共产党出世以前向西方寻找真理的一派人物之一，对严复及其思想的研究还是可以正常进行的。只不过是要用马列主义、毛泽东思想的理论来加以批判，出现了《严复思想批判》《严复思想的分析批判》等一系列文章。1937年，周振甫撰写了《严复的中西文化观》的文章，随后出版《严复思想述评》一书，提出严复思想经历了从激进转变为保守、从全盘西化又转变为返本复古的过程。王栻的《严复传》也具代表性。他认为，严复在1895～1898年的维新运动中是一个最出色的提倡变法自强的理论家与宣传家；在戊戌政变后至辛亥革命前（1898～1911）是从进步渐趋保守转变时期，从既提倡“尊民叛君”的民主，又提倡“尊今叛古”的西学，即民主与西学并重，逐渐有了先谈西学，后谈民主，从而实质上取消民主要求的保守倾向，也就是说只鼓吹“教育救国论”。随着革命的高涨，严复的思想越显得保守。侯外庐认为，严复一开始就以改良主义者自居，不但不赞成革命派的行动，亦不赞成变法派的政变。1964年，美国学者本杰明·史华兹教授在哈佛大学出版社出版了专著《寻求富强：严复与西方》。史氏认为严复内在的思想实质是前后一致的。后来严复有一种赞许传统思想的某些成分的倾向，但这在《天演论》的按语中已可见到。他批评周振甫、王栻等人对严复晚年的评价不实。虽然早在60年代，西方学者已经超越了以往中国学界渐渐形成的思维定式来评价严复，但这种思维定式还是沿袭下来。

“文革”期间，严复被划入“法家”行列，造成了理论上、思想上和学术上的极大混乱。拨乱反正以后，思想解放，百家争鸣，严复思想研究呈现

① 毛泽东：《论人民民主专政》，《毛泽东选集》，人民出版社，1991，第1469页。

出崭新的局面。1977 年，李泽厚发表论严复的文章指出，严复在中国近代史上的地位不是什么“法家”，也不在于代表了资产阶级改良派，而在于他是中国资产阶级主要的启蒙思想家。[①] 1989 年，张恒寿教授发表《严复对于当代道学家和王阳明学说的评论》一文，指出严复从来没有“尽弃儒学”，谈不上什么“完全复归”。进入 20 世纪 90 年代，随着对史学研究的进一步深入，严复思想研究的文章越来越多。在福州，专门成立了福建省严复学术研究会，多次组织研讨会进行专题研讨。港澳台和国际学术界也重视严复思想的研究。严复研究取得了许多新成果，从激进到保守的评价模式逐渐被抛弃，认为其前后思想具有连续性，在政治上主张循序渐进，是稳健的、理性的、调适取向的。学术界逐渐形成共识，认为严复是近代中国谋求国家富强的伟大的思想家，强有力地影响了一代中国政治、文化精英；严复思想体系的形成是逐步发展的，是一贯的。从早年到晚年，直至临终，他的内在思想实质是前后一致的。以往学术界对严复晚年思想、活动研究得很不够，应该加强。严复在各个领域如政治、经济、哲学、逻辑、教育、法律、文学、史学、伦理、中西文化等都做出了杰出贡献，其在近代中国学术思想史上的地位是不可替代的。

2008 年，在北京大学召开的严复思想与中国变革学术研讨会上，与会者充分肯定了严复思想的博大精深，把严复思想定位为中国思想文化发展史上继孔子、朱子之后又一里程碑。学术界逐渐形成一种比较普遍的共识，认为严复“比较全面、比较深刻、比较透彻、比较准确地回答了要建设一个什么样的现代国家和怎样建设现代国家的问题，特别是在东西文化的关系、历史传统与时代要求的关系、民族主体与世界潮流的关系、国家权力与人民地位的关系、循序渐变与民族振兴的关系等诸多复杂深刻的问题上，严复较能自觉地、理性地、系统地、持久地予以思索和阐发，包括他的论著、译作、演讲、书信等。因此，我们可以说：严复是一位理论巨人，是现代中国立国之道的强有力的创立者、奠基者”[②]。这是严复思想研究的最重要成果。

---

① 李泽厚：《论严复》，《历史研究》1977 年第 2 期。

② 黄瑞霖：《弘扬严复创新精神　努力建设文化强省》，《福建省社会科学界 2011 年学术年会“严复思想与社会进步”分论坛论文汇编》，第 2 页。

对指导中国近代化建设事业、对建设现代国家、对两岸和平发展和祖国统一都有着现实和深远的意义。

第五节　第一部研究汉语语法的著作《马氏文通》

马建忠（1845～1900），别名乾，学名马斯才，字眉叔，江苏丹徒（今镇江）人。清末洋务派官员、维新思想家、外交家、语言学家。其所著《马氏文通》是第一部中国人编写的全面系统的汉语语法著作，是用现代语言学理论研究中国语法的书。

马建忠精通拉丁语、希腊语、英语、法语等多种西方语言，作为当时进步的爱国知识分子，在探索科学救国的过程中，他认为中国科技落后的原因之一，在于掌握知识的载体——汉语太难，原因是“隐寓”于汉语中的“规矩”（即语法规则）未被揭示出来。他对中国古籍和中国传统语文研究有深厚功底，长期从事翻译工作，具有较明确的语法概念。他把撰写语法著作视为发展民族文化、振邦兴国的良策之一。

他 7 岁入塾读书，15 岁时“决然舍其所学，而学所谓洋务者”。光绪三年（1877），作为随员与船政学堂首批赴欧留学生一起出洋，他与陈季同同时进入法国政治学堂学习，并在数学、物理、化学、生物、地理、天文等自然科学方面有着广博的知识。他眼界开阔，能以“上下中外之古今，贯穿驰骋，究其兴衰之所以，成一家之言”。提出以“富民说”为核心的一系列改革思想。他的重要著作有《适可斋记言记行》。而他在学术上的最大成就是撰著了《马氏文通》。

《马氏文通》于 1898 年出版，是我国关于汉语语法的第一部系统性著作。马建忠参照拉丁语的语法体系，同时参照中国关于虚字的用法，经过长期搜集、整理，创建了一套汉语的语法体系。全书分十卷，卷一讲正名，介绍主要的术语，相当于该书的语法大纲。卷二至卷九依次论述各类实词和虚词。卷十论句读，是句法的总论。书中将汉语的词类分为九种：实词为名词、代词、动词、静词（形容词）、状词（副词），虚词有介词、连词、助词、叹词。又将句子成分定为七种：起词（主语）、止词（及物动词的宾语）、语词（谓语）、表词（形容词谓语和名词、代词作谓语）、转词（从动词转及的宾语，由介词转及的类似宾语的成分）、司词（介词的宾语）、加词（介宾结构充当状语或补语，同位语）。马建忠主张根据词义确定词类，同时认为词类和句子成分有对应关系。

《马氏文通》的出版，对汉语语法的研究产生了很大的影响。如章士钊的《中等国文典》、陈承泽的《国文法草创》、杨树达的《高等国文法》、黎锦熙的《新著国语文法》多因袭《文通》的体系，乃至后来的语法学家吕叔湘的《中国文法要略》、王力的《中国现代语法》也受其影响。

梁启超在《中国近三百年学术史》一书中，谈到《马氏文通》一书时说：“眉叔是深通欧文的人，这部书是把王（引之）俞（樾）之学融会贯通之后，仿欧人的文法把语词详密分类组织而成的。著书的时候是光绪二十一、二年，他住在上海的昌寿里，和我比邻而居。每成一条，我便先睹为快，有时还承他虚心商榷。他那种研究精神，到今日想起来，还给我很有力的鞭策。至于他的天才和这部书的价值，现在知道的人甚多，不用我赞美了。”

《马氏文通》以典范的文言文为研究对象，从中国古代经、史、子、集中举出古汉语例句有七八千例。对其中的虚词、实词及句法进行了较为系统而深入的研究。全书共 30 余万字，是马建忠积 20 余年之心力完成的，前六卷于 1898 年出版，到 1900 年全书出齐，共十卷分装十册，由上海商务印书馆排印。该书的问世，标志着中国汉语语法学的诞生，汉语从此告别了没有中国人自己写的汉语语法学著作的历史，以汉语为母语的中国人开始自觉地、理性地研究汉语语法结构规律。梁启超称赞《马氏文通》是“创前古未有之业”，“中国之有文典，自马氏始”。孙中山评价说：“中国向无文法之学……自《马氏文通》出后，中国学者，乃始知有是学。”

该书注重实用，并能广泛地收集例句而不回避矛盾，在理论体系上参照了拉丁语法和传统语文学的成果，特别能启发读者的思考。作为中国语法学的开山著作受到中外学人的重视，即便在今天仍给读者以深刻的启迪。

第六节　译界圭臬报业先锋

船政学子大量翻译西学名著，其目的就是让国人了解西方。把西方的政治、经济、律法、文学、逻辑等介绍到中国，让国人对西方有个初步的认知。

“严译八大名著”中最早翻译也是影响最大的西学名著是《天演论》。吴汝纶为该书作序。说其译文为“达旨”或按语、或解释、或评价，文笔运用自如。不仅传达了“弱肉强食，优胜劣汰”的生物进化论，而且有倾向性地介绍英国著名学者斯宾塞的天人会通的普遍进化观，同时也糅合进了严复合群保种、与天争胜的变革思想。该译著附有严复的译例言，“信、达、雅”的翻译标准。信，指忠实准确地传达原意；达，指译文要通顺畅达；雅，指译文要有文采。信、达、雅对翻译界影响深远。《天演论》出版后，风行海内，先后再版数十次。《天演论》全文 38000 多字，而严复的按语和序言也有 18000 字，后者完全可看作严复的进化论著作。

陈季同在公务繁忙的同时，译介了许多法国文学作品和律法文献。

陈寿彭十分注重介绍西方科学文化的成就，常将当时西洋比较先进的科技文化知识译为中文，发表在国内报刊上。在《农学报》上，他发表的《淡芭菰栽制法》，是我国较早系统地介绍西方烟叶种植的农业书籍，该书原作者为美国农业部书记官厄斯宅士，详细论说了烟草从种植到收获加工的全过程。全书共分 15 个章节，包括种植、新地、老地、浸种、护种、催种、培土、移植、耘耨、疏叶、收获、日晒、火熏、通气、地气。烟草自明末传入中国，然至清末，国人对烟草品种的认识仍较模糊，陈寿彭在《淡芭菰栽制法》提要中说：“淡芭菰即烟，中国北方之产关东为最，南方之产福建为最。然以之制雪茄、纸烟尚有未尽适宜者，其栽制之法不如外洋乎。外洋纸烟、雪茄输入日盛，亟宜仿造以筹抵制。此书仅三千余言，而栽制诸法颇为详备，盖美国栽制烟草一切仿自古巴……制烟家不可不知。”显然，陈寿彭翻译此书含有抵制洋烟的动机。该书于 1900 年由北洋官报局出版单行本，指导烟农的生产耕作。同年，陈寿彭翻译的《家菌长养法》初刊于《农学报》，后由北洋官报局出版，该书是中国介绍西方蘑菇栽培技术的最早译本。

郑守箴翻译了《喝茫蚕书》，由杭州蚕学馆出版，1900 年编入江南农学会主编的《农学丛书》第二集中。《喝茫蚕书》原为法国人喝茫勒窝滂撰，介绍欧洲科学选种育蚕方法和经验。中国自古以来即为农桑大国，尤其丝织业曾居世界领先地位，但在近代，欧洲与日本的蚕桑业超越中国。郑守箴在该译著的序言中略云："法国讲究蚕务，历有年所，近年力筹抵制华丝之法，国家补贴，丝价方与华相埒，而人工太贵，丝商仍不得不向亚东采购。我中国之蚕业，富甲地球，而蚕病不讲，饲法未精，出丝之数，递年减少，外人又日图抵制，若不急思整顿，将愈趋愈下。守箴游学欧洲，便道至法国茫伯理埃蚕业学堂，延师学习。因思中国蚕务所最急者，莫如制子饲养之法，因取喝茫氏《蚕书》急译之。"罗丰禄翻译有《海外名贤事略》《贝斯福游华笔记》。

船政还自编《法汉袖珍词典》。在日意格等外国技术人员的努力下，很快编出一本工具书——《福州船政学校常用技术词典》，这是在我国印行的最早的一部中法词典。船政局工程师蒂博迪埃在 1868 年 6 月给法国政府的信中说："过几星期，福州印刷厂就可以交付给船政学校中文和法文版的基础工具书。"上述常用技术词典当是基础工具书的一种。不久，即将上述词典加以扩大、补充并修订为《法汉袖珍词典》，扩大了发行量，增加了中文原文拼音，内容不再单纯是科技词典，而是普通词典，如编入"性情""原告""王爷""提督"等词语。1873 年 12 月由上海美国长老会印刷出版。该词典简明扼要，现存北京图书馆。此外还有詹天佑编的《华英工程词汇》《京张铁路标准图》，叶伯鋆编的《英文航海指南》、黄廷枢编的中国第一本《海商法》教材等。

清末，光绪帝为宣传新政，曾下诏允许官民办报。当时，允许自由办报，可以成立报馆，可以批评政府。光绪三十四年，清政府颁布《大清报律》，规定开设报馆、发行报纸者具体的申请审查事项。20 世纪初，清政府下诏预备立宪，允许各地办报。据不完全统计，当时的报纸达 300 多家。有

《政治官报》《内阁官报》《南洋官报》《北洋官报》《商务官报》《学部官报》《四川官报》《黑龙江官报》《陕西官报》《山西官报》《国闻报》《求是报》《时务报》《字林沪报》《湘学报》《福报》，以及外国人办的《北华捷报》等。办报能够呐喊，有一定影响力，船政学子也积极办报。船政学子办报有影响的是严复的《国闻报》、陈季同的《求是报》。1897 年 11 月，严复在天津创办《国闻报》。他提出办报宗旨在于“通上下之情”、“通中外之情”，尤其要“译述外事”，以“通外情为要务”。该报成为严复传播西学和宣传维新变法思想的重要舆论工具。严复重要的译著便是在《国闻报》上发表后，引起巨大的社会反响。1897 年 8 月，陈季同、陈寿彭兄弟与洪述祖等在上海创办《求是报》。陈季同自任主笔，“多译格致实学及法律规则之书”。因林旭推荐，后增聘陈衍为主笔。该刊风行一时，成为当时维新思潮的一个舆论阵地。该报为综合性旬刊，每期约 30 页，由上海格致书院印行。该刊虽于 1898 年 3 月停刊，但所译载的西洋各种学说和发表的维新派文章，在社会上产生了积极的影响。

第六篇
门户篇

台湾为七省门户。七省及沿海各省有广东、福建、浙江、江南（江苏与江西）、山东、直隶、盛京等，台湾孤悬在外，为其门户，历来为兵家必争之地。日本更是虎视眈眈，觊觎已久，总想乘虚而入。因而，门户建设显得尤为重要。

图 6-1　汉委奴国王印

汉代，日本是“汉委奴国”，但不安分，后常侵朝、犯唐。公元 663 年日本犯唐，战于锦江口。日本败后数百年不敢来犯。元代，元朝 6 次遣使赴日通好被拒，第 7 次遣使被杀。1274 年，忽必烈派战船 900 艘远征，日史称“文永之役”，大败日军万余人。1281 年，分两路进军，大败日军，史称“弘安之役”。日本从此遣使朝贡。明代，倭寇是日本海盗集团，14 世纪至 16 世纪活动猖獗。16 世纪中叶沿海倭犯被平定。但日本犯唐之心不死，丰臣秀吉、田中奏折、台湾都督府都是例证。明治维新之后，日本走上了一条对外侵略扩张的道路。1871 年开始吞并琉球，1874 年借口“牡丹社”事件派兵入侵台湾。1894 年甲午海战，强迫清政府签订《马关条约》，割占台湾。1918 年第一次世界大战后又窃取德国在青岛的权益。1931 年九一八事变夺我东北三省。1937 年七七卢沟桥事变全面侵华，随后占领我中华半壁江山。1941 年 12 月 7 日偷袭珍珠港，发动太平洋战争，并侵略香港及东南亚。

通道，指太平洋通道，琉球被日本强行占领后被切断了。

第一节 船政与闽台“三位一体”

船政一成立，就在海峡两岸形成难解难分的特殊关系。

清廷成立的总理船政事务衙门与闽浙总督、福建巡抚、福州将军等机构形成特殊的行政关系。联名直奏，形成你中有我、我中有你的关系。而台湾隶属于福建。台防一直由福建负责。1874 年沈葆桢兼任台防后，船政与闽台更是密不可分。有的学者甚至说是“三位一体”。当时所有福建镇、道等官员，归沈葆桢节制；江苏、广东沿海轮船，归沈葆桢调用；台湾筹防所需款项由福建供给。

船政大臣不管是专职还是兼职，基本上是总督、巡抚、将军等职务。吴赞诚是先任船政大臣后兼任福建巡抚。卞宝第、谭钟麟、边宝泉、许应骙、松寿五人以闽浙总督的身份兼任。裕禄、增祺、善联、景星、崇善是以福州将军的身份兼任。李成谋既是福建水师提督，又是船政轮船水师统领。

图 6－2 1870 年的船政

一 船政与台湾关系非同一般

福建与台湾具有特殊的渊源关系，所谓地缘相近、血缘相亲、文缘相承、商缘相连、法缘相循。船政与台湾的关系也非同一般。1866 年船政创办，到 1895 年甲午海战后台湾被迫让日本割占，共 30 年。30 年中，船政始终担任着繁重的台防、通航和支持经济建设的任务。船政第二艘兵船"湄云"号 1869 年下水，1870 年就首航台湾运送粮食。随后，"琛航"、"永保"等船担任了闽台通航任务。轮船水师成立后，自制的舰船在澎湖、台湾执行海防任务。船政还在探矿、地图测绘、电线架设、海底电缆敷设、台湾电报学堂教学等方面做出贡献。

船政通过巡台治台，开台、开府、开禁、开山抚番等，促进了台湾的近代化建设。随后几任船政大臣丁日昌、吴赞诚、黎兆棠、裴荫森等都亲临台湾继续沈葆桢的治台政策。清廷签订《马关条约》前，台湾请陈季同当布政使，利用他的外交关系斡旋。《马关条约》后，让陈季同运用熟悉的《万国公法》内容，与台湾绅士丘逢甲等合议，策划对抗，以"遥奉正朔"。

船政探索的全面性可以从台湾善后治理中看出来。在日本侵台刚结束，沈葆桢就提出"此次之善后与往时不同，台地之所谓善后，即台地之所谓创始也"的著名论点。这种治台，实际上是在台湾进行全面改革。

二 船政对台湾吏治的影响

船政大臣对台湾吏治整顿主要表现在两个方面，一是船政大臣治台期间全力整顿吏治，二是为台湾近代化建设提供了组织保障。

同治五年（1866）八月，左宗棠赴任陕甘总督之前，对台湾人事做了安排，会同福建巡抚徐宗干，奏请以福建盐法道吴大廷调补台湾道，奏折中对吴大廷的工作能力、廉政作风甚是赞扬，"该员守洁、才长，兼通方略，为臣等素知"，并打破惯例，不等旨准，即派吴大廷前往上任。同年十月初五日，左宗棠提出对台湾工作全面整治方案——《筹办台湾吏事请责成新调镇、道经理折》，全面陈述了当时台湾政治、军事、吏治等各方面状况，提出了整治的办法，调补台湾镇总兵刘明灯、台湾道吴大廷赴台工作，此方案可为左宗棠整治台湾的纲领性文件。

当月，吴大廷与台湾镇总兵刘明灯移调台湾，吴大廷兼理台湾学政。他们到台湾后剔除陋规，平反冤案，肃清匪患，整饬武备，修造兵船，整顿海防，清理税课，赈济饥荒，“视事两月，人心大定”，对稳定台湾做出了贡献。同治六年，吴大廷奏陈台湾吏事、兵事，表示换班兵、重海防、裁陋规、禁土豪、端士习以及驭生番、查洋船、兴社仓、立义学诸务，均拟次第筹办。得旨：“着即将应办事宜实力整顿，以期日有起色；不可始勤终懈，勉之慎之!”吴大廷后调任船政提调。

船政大臣担纲台湾期间，倾力整顿吏治，收效甚大。丁日昌在《海防应办事宜十六条》中指出：“民心为海防根本，而吏治又为民心根本。故筹办海防，若不整顿吏治，固结民心仍未免有名无实。”他亲历台湾南北两路，沿途查访，将颟顸无能、贪渎不法的官吏革职查办；同时慎选官吏以补空缺，所选官吏均属洁己爱民、精明能干、向有政声者。当时，台湾杂饷名目繁多，吏役横行勒索，方官阳奉阴违，百姓苦累不堪。丁日昌上奏朝廷：“请自光绪三年为始，永蠲台湾府属杂饷，诏如所请。”为防止地方官阳奉阴违，丁日昌还下令使百姓周知，一旦发现差役诬良为盗索贿，随时参办。丁日昌整顿颇为大刀阔斧，台湾吏治大有改观。

黎兆棠是继丁日昌、吴赞诚之后，又一位为台湾建设累病的船政大臣。同治八年（1869）、同治十三年（1874）他两度入台担任台湾道，大力整饬吏治，惩办恶霸，使当时台湾衰颓的局面为之一振。刚到任，就毫不客气地扣留在台湾大规模走私贩毒的法国商人，还清除了潜伏30多年和法国人勾结的内奸，严厉打击了法国不法商人的大规模走私行为。

船政提调夏献纶在台湾时，也对本地文武官员进行整顿，查处了一批贪官。如查处了光绪二年（1876）候补知府凌定国的安平炮台贪污案，署漳化县知县朱干隆、署嘉义县知县杨宝吾贪污案，署嘉义县知县何鸾受书吏税契陋规案等。连横在《台湾通史》“循吏列传”中记载：“献纶，新建人，受知于大学士左宗棠。同治十二年，任台湾道，整齐吏治，揣抑豪家。牡丹之役，参赞尤多。……洁己爱民，狱多平反。”

三　台务由船政担纲

台湾近代化历程渗透着船政精英的心血。首任船政大臣沈葆桢，开启了台湾近代化进程，是台湾近代化的奠基人。他之后的继任船政大臣丁日昌、吴赞诚、黎兆棠等，在开发、建设和保卫台湾中，发挥了极其重要的作用。沈葆桢开台保台治台，发挥了先行官的作用。继任丁日昌，继续领导台湾的近代化建设，对台湾的开发、建设、发展和海防建设做出了重要的贡献。

光绪元年（1875），沈葆桢受命接任两江总督，他向朝廷推荐丁日昌继任船政大臣。八月，丁日昌受命主持船政局。光绪二年（1876）十二月至次年四月，丁日昌抱病赴台巡察继续抚番，督办洋务。他整顿吏治，加强海防，整顿驻军，发展台湾经济。他认为“利厚则民不招而自多，民多则土不垦而自廓。什伍之集，逐成村堡。村堡之聚，逐成城邑。生齿既繁，捍卫自固。饷糈永足，兵气自强”。任上，他实施了沈葆桢架设电报线的计划，派福州船政电报学堂学生完成这一工程，密切了台湾与祖国大陆的联系。

光绪二年（1876）三月，吴赞诚兼台湾防务。五月下旬，吴赞诚率领船政学堂稽查委员严良勋等乘“海镜”号运输船赴台湾巡察。一抵台湾，吴赞诚即分营并进，躬身巡察后山。他率部由恒春入卑南，途经牡丹社红土坎、大猫狸等，一边是悬崖峭壁，一边是万丈大海，只有比羊肠还细的小道可过，车骑无法通行，吴赞诚和随员们只能侧身攀藤扶石而过。路上有两条大溪河，刚好碰上山洪暴发，绝粮三天，吴赞诚和随员们挖野菜充饥，忍饥挨饿走了300多里才到达卑南。此次赴台，吴赞诚步行穿过了一座又一座人迹罕至的大山，涉过一条又一条激流险滩，行程1000多里深入抚番，推进当地开山抚番工作，使台湾“生番化外之地”进一步归化。光绪四年（1878），吴赞诚以光禄寺卿署福建巡抚仍兼理船政。九月间，吴赞诚再次带领随员赴台。当时，台湾加礼宛、中老耶两社“抗抚戕官”，吴赞诚亲自督师清剿，获得全胜后，率部亲往岐莱等处，安抚后山民众。接着，又由台北赴台南等地，巡抚阅兵，筑建堡垒，访问民间苦困，采取应对措施给予解决。

吴赞诚为建设和保卫台湾，置个人生命于不顾，终因劳累过度，积劳成疾，身患中风，于光绪五年九月八日（1879 年 10 月 22 日）因病辞去船政大臣职务。闽浙总督何璟在向朝廷的报告中称："查光禄寺卿督办船政臣吴赞诚体本结实，因两次渡台，历前后山染受瘴毒，积而未发。此次该京卿带病亲往后山筹办剿抚事宜，并履勘番地，安插布置，备极劳顿；后由淡水、彰化、嘉义而至郡城，沿途询察百姓疾苦、检阅兵勇，忘其身在病中，事竣方始内渡。中途骤遇大风，轮船颠簸，又复数日不食；回工后勉强撑持，已形委顿。十二月二十三日由工次来省，初到臣璟处商办洋务、台务；旋到臣日昌寓所，甫谈公事数语，即云左手麻木。扶至榻中，左手右足皆不能动；神气忽清忽迷，口中喃喃，皆系措置台事。医云：由积受风湿烟瘴过深，必须调理顺手，方可望有转机。臣等时往看视并照料医药，见该京卿病势甚重，工次相隔六、七十里，未可遽尔移动，恐致再受风邪，故商嘱仍在臣日昌寓所调理。"

第三任船政大臣黎兆棠继续坚持开山抚番，并全力督办洋务，为增强台湾经济与军事实力都做出了很大贡献。他做的两件事尤其值得称道：一是开辟了闽台定期航班，派船政"永保"、"琛航"两舰船，作为闽台定期客运、货运航班，于光绪七年十月正式开通福州至基隆的航班，"商准船政衙门派拨官厂轮船两号，由省门五虎口专渡台湾基隆按五日往返，连环开行。凡官民商货，均准往来附搭载运"①。二是敷设电报线，继续推进台湾与大陆的通信建设。1882 年，长期积劳、身体越来越差的黎兆棠辞官回家调养，再未出山。

船政提调夏献纶，对台湾近代化建设也做出了重要贡献。光绪元年至五年（1875 ~ 1879）按察使衔福建台湾道，其中光绪元年至五年，两次兼台湾学政，是沈葆桢担纲船政和巡台治台期间最重要的助手之一。同治十三年

① 《海防档》"乙、福州船厂"（下），第 897 页。

(1874) 沈葆桢巡台，夏献纶协助沈葆桢办理台湾事务，负责北路兵备，赴中路主办开山、修建亿载金城炮台等事宜。之后，夏献纶在台全力推进各项事业：实施地方行政区重划，筹建延平王祠，兴学创办孔庙，督导农业、水利、盐务，兴办煤矿及硫黄矿，对船政建设和台湾建设贡献很多。夏献纶编著有《台湾舆图并说》一卷，为台湾最早最完整的地图集。

夏献纶于光绪五年七月初四（1879 年 8 月 21 日）病逝于任上，年仅 43 岁。闽浙总督何璟在给朝廷的报告中称：台湾道夏献纶于六月因公由福州回台湾途中，“感受暑邪；复遇风暴，巨浪山立”，所乘之船“甚颠簸，头晕气喘，遍身发热。又于澎湖守风四日，未得医治。及抵安平，扶掖坐竹筏冒险”进发，“涌浪过额，衣履尽湿”。医生诊断，“谓系心气久亏、外邪入里，恐成内陷”。当地官员到他病榻前探视，夏献纶“告以台南北海口防务，断续数千言，未尝有一语及私”①。

第二节　巡台与善后治理

1874 年是农历甲戌年。甲戌巡台是中国近代海军自创建以来第一次大规模出航巡逻台湾海域，显示了中国近代海军抗御外来侵略的决心和力量，是中国近代海军保卫海疆、保卫台湾的壮举，也显示了船政实施海权的成就和功绩。

一　牡丹社事件

同治十年（1871）底，琉球的贡船八重山号和太平山号遭遇台风，漂到台湾。其中八重山号船获救，45 名船员被地方当局和当地居民护送到台湾府城。另一艘太平山号船在台湾南部八瑶湾触礁沉没，3 人溺水身亡，66 人凫水上岸，其中有 54 人被高士佛社、牡丹社少数民族杀害，其余 12 人被营救，与那里的八重山号船员一起，乘轮船由福州转送回琉球。同治十一年（1872），日本册封琉球王尚泰为“藩主”，强迫建立日、琉宗藩关系，为其吞并琉球做准备，也为侵略台湾寻找根据。

① 何璟：《请优给予故员恤典片》，《清季申报台湾纪事辑录》，光绪五年刻本。

同治十二年（1873）3月，日本人佐藤利八等4名盐贩乘坐的小船遇风沉没，佐藤等凫水在台湾凤山后山上岸，被当地居民营救，并由地方官安排护送回国，当时日本外交官还发来了感谢函。但不久，日本就指责佐藤等人在台湾是遭遇打劫的。

同年6月，日本外务卿副岛种臣以换约和庆贺同治皇帝亲政为名，亲自来华，试探清政府态度，美国驻华公使德朗为他出谋划策，并介绍前美国厦门领事李仙得为随员。李仙得（Charles W. Le Gendre，1830－1899，法裔美国人），清同治五年（1866）出任美国驻厦门领事。六年（1867）二月，美国商船罗妹号（The Rover）在台湾东部外海红头屿（今兰屿）触礁沉没。其生还者被少数民族杀害，引发美国与清政府的交涉。美军自行前往台湾攻击少数民族部落。李仙得还奉命到台湾察看，但因琅峤属于生番地界，台湾官员不愿介入，李仙得就在八年（1869）10月自行进入琅峤与十八社总头目谈判，协议少数民族不再伤害漂流到这里的西方船难人员。因为有这番经历，并能说闽南话，李仙得被德朗介绍给日本外务卿副岛种臣作为他的随员。

来华后，副岛没有正式行文照会，而是由副使柳原前光前往总署口头提出琉民遇害的事情。总署认为琉球和台湾都属于中国的领土，不麻烦日本前来过问。总署大臣毛昶熙介绍说，该岛之民向有生熟两种。其已服我朝王化者为“熟番”，已经教化，设州县施治；其未服者为“生番”，尚未教化，姑置之化外，尚没有很好地加以治理。柳原说要自行问罪，毛昶熙极力反驳，柳原也未再深究。“生番”与“熟番”问题，这是当时的实际情况，但事后日本却以外化属于治理之外为借口出兵侵台。

光绪五年（1879），日本改琉球为冲绳县。当时，正好美前总统格兰特来华，恭亲王、李鸿章等知道日本所恃的是美国，想请格兰特出面调停。格兰特劝与日本分治琉球，不可对日失和，应亟求自强，能自强，日本即不敢生非分之心。格兰特到东京后，也劝日本不要诉诸战争，以免引起欧洲的干涉。事后，日本向李鸿章提议，琉球南部可归中国，但要修改中日条约，允许日本享有西方国家所有特权，不仅仍然要吞并琉球，而且要加紧侵略中国。李鸿章虽然拒绝日本的提议，但总署以中、俄伊犁交涉，日、俄有勾结之意，担心拒之太甚，日俄结盟益深。且利益均沾的诸项条款，各国修约中均有明文，因此不得不对日让步，遂于六年（1880）10月与日使拟订了一个草约。但是廷臣议论纷纷，认为不可。李鸿章也认为琉球一事不应当与条约混为一谈，俄国的事情关系全局，“如稍让于俄，而我因得借俄以慑日”，就是联俄制日的想法。

同治十三年（1874）4月，日本正式成立侵台机构——台湾都督府，任命陆军中将西乡从道为台湾事务都督，任命大藏大臣大隈重信为台湾番地事务局长官，并准备出动军舰侵略台湾。日本的举动引起西方国家的反对。日本政府只好下令军舰延期出发。但西乡从道拒绝执行。他和大隈重信连夜启航，于5月上旬率3600多人在台湾南部登陆，并分三路进攻牡丹社。当地民众对入侵者进行了顽强的抵抗，牡丹社酋长阿禄阵亡。6月3日，日军攻占牡丹社，以龟山为基地，建立了所谓的都督府。随后，日军向后山南北各处番社分发日本国旗，准备长久霸占台湾。

图6－3　日军登陆琅峤湾

二　甲戌巡台

对日本的侵台事件，清政府起初一无所知，直到4月19日通过英使威妥玛才知道此事。5 月 11 日，清政府照会日方，并于 14 日下令派船政大臣沈葆桢为钦差大臣，率领轮船水师开往台湾，授予他处理日本侵台事件的军事外交大权。轮船水师是船政自己建造的舰船组成的舰队。船政第 3 号轮“福星”号建成后，沈葆桢就奏请清政府批准成立“轮船水师”，以区别于旧式的“福建水师”，承担起中国沿海的海防任务，成为中国近代第一支海军舰队。沈葆桢巡台，自制的舰船在反侵略战争中发挥了重要作用。

沈葆桢接受巡台任务后，于同治十三年四月十九日（1874 年 6 月 3 日）上奏折，称日本以怨报德，越境称兵，中西人人发指，此时示以挞伐之威，是正确的。他提出联外交、储利器、储人才、通消息的主张，认为通过外交途径使日本能“怵于公论、敛兵而退”为上策；而中国器械不够精良，日本有铁甲船，我们没有，必须储利器，铁甲船不能不购，各种洋枪、巨炮、合膛之开花弹之类不能不多购，而且要未雨绸缪，“迟则无及矣”；要调遣精兵良将赴台，“此时消除萌蘖，须得折冲樽俎之才”；欲消息常通，断不可无电线。随即着手进行战略部署。他认为“官民同命，草木皆兵”，重点是三方面工作：一是“师直为壮”，坚持正义；组织声讨敌人“侵我土地，戕我人民”，穷兵黩武的侵略者必亡。二是认为当地的民心可用，通过认真的动员，让军民同仇敌忾，众志成城，一致抗日。三是让朝廷“坚忍持之”，不要“急于求抚”，不要太软弱。

外交方面，严正谴责日本的侵略，照会中强烈提出：①“生番土地，隶中国者二百余年”，主权在中国；生番是中国人，杀人偿命，自有中国的法律来处理。②“琉球虽弱，亦俨然一国”，自己可以“自鸣不平”；日本“专意恤邻”，可以通过外交来解决。③针对日方提出“劫掠”船民的问题，针锋相对说“凫水逃生，何有余货可劫”？④郑重提出“中国版图，尺寸不敢以与人”。拿出《台湾府志》各个番社与台湾政府定的契约给西乡从道看，令其哑口无言。同时知会英美等国，说明情况，争取国际上的支持以孤立敌人。

同时做好战争准备，汲取鸦片战争的教训，防止日军掉头侵犯福州、厦门等沿海，采取加强沿海防务措施，调集各舰船，部署在沿海各地，以防不测。增派 4 营兵力加强福建沿海一带的陆上防御。沈葆桢运用 4 艘兵轮进行联络，互通消息，重要文报一天内便能知道。并提出架设电线，快速通消息断不可无。后因日本撤军，没有马上实施。

沈葆桢于 6 月 14 日与福建布政使潘霨和洋将日意格、斯恭塞格等分别乘“安澜”“伏波”“飞云”等舰，巡视台、澎。沈葆桢到台后，一面向日本军事当局交涉撤军，一面积极着手布置全岛防务。

6 月 19 日，潘霨、夏献纶乘舰前往琅峤，与西乡从道交涉退兵。会谈三次，均没有结果。针对当时的形势，沈葆桢提出迅速装备铁甲舰的构想。但李鸿章认为沈葆桢设防备舰，并非一定要与之用武。还多次写信劝说沈葆桢“坚忍，勿开战”，只自扎营操练，不要开战挑起事端，并密令淮军将领唐定奎，到台后“进队不可孟浪”。

沈葆桢深知李鸿章的为人，明白他的主和态度，也了解清廷的软弱，但作为台防的钦差大臣，作为中华民族的一分子，他有强烈的责任感，所以他多次呼吁朝廷要“坚忍持之”，不要“急于求抚”。在实际布防中，他在府城与澎湖增建炮台，安放西洋巨炮，并运来洋炮 20 尊，洋火药 4 万磅，火药 3 万磅；在安平、厦门间敷设海底电线；增调淮军精锐武毅铭字军 13 营 6500 人入台，布置于凤山；陆上防务北路由台湾镇总兵负责，南路由台湾兵备道负责，海上防务，以扬武、飞云、安澜、清远、镇威、伏波六舰常驻澎湖，福星号驻台北，万年清号驻厦门，济安号驻福州。沈葆桢还招募台湾少数民族组成“绥靖军”“安抚军”两支洋枪队。由于备战得力，士气民心为之大振。这些措施渐次推展开来，形成相当的声势，使日军不敢放肆。

当布防基本就绪后，沈葆桢还制定了将日军“尽歼于海隅”的计划。沈葆桢认为，农历六七月间风浪汹涌，轮船难泊，日军虽有铁甲船，但不能近岸，可乘风雨来临，一鼓作气，歼灭日军。如错过这个季节，就难以奏效。此时，我军有 1 万多人，士气高涨，台湾民众全力支持，备战亦较充分。而侵台日军仅 3000 多人，而且这时候，台南南部恶性疟疾流行，侵台日军因气候炎热，水土不服，疾疫流行，每日死者四五名至数十名（共死亡 561 人），士气极其低落。中日双方此时交战，日军必败无疑。可惜的是，远在北京的清廷一心求和，并不批准沈葆桢的歼敌计划。

沈葆桢将侵台日军“尽歼于海隅”的计划虽然未获批准，但仍认为必须加紧备战，才能有力地配合朝廷的谈判。他告诉李鸿章等人，没有“大支劲旅”来配合，“虽舌敝唇焦无益也”。他告诫李鸿章，“城下之盟断断乎其不可为也”。但软弱的清廷还是做出妥协和让步。

在进退维谷、内外交困的形势下，日本也不得不寻求外交解决的途径。8 月 6 日，日方全权代表大久保利通偕顾问李仙得动身来华谈判。当他抵达上海时，获悉沈葆桢加紧制造和购买铁甲舰的消息，甚为紧张。但在这紧急关头，清廷内部却上演了一场新的闹剧。同治十三年（1874）8 月，同治皇帝发布上谕，宣布圆明园重新开工修建。由于当时镇压太平天国和捻军的战事平息不久，西北回民起义和新疆阿古柏叛乱尚未平复，日本在台湾挑起事端，朝廷收入拮据而开销巨大，修建圆明园将会耗费大量财力物力，因此遭到恭亲王奕䜣等十名重臣的联名反对。9 月 9 日，同治帝革去恭亲王奕䜣一切差使，交宗人府严议。旋因福建方面奏报台湾军务，乃复恭亲王军机大臣职务。10 日，皇帝将给予恭亲王的处分改为革去亲王世袭罔替，降为郡王，同时以“朋比为奸，图谋不轨”的罪名革十重臣的职务。同日，日本全权大臣大久保利通到达北京，与总理衙门谈判解决台湾问题。11 日，两宫太后出面，说十年以来，如果没有恭亲王，哪有我们孤儿寡母的今天。说皇上年纪轻，不懂事，遂宣布恢复恭亲王奕䜣的职务。

内部风波平息后，中日双方于 10 月 11 日开始会谈。会谈辩论十分激烈。从实力对比来看，中国占了上风；从形势上看，新疆阿古柏的叛乱尚未平复，中法关系也因越南问题而有所紧张；从国内高层的心态看，多为保守主和。

在前七次谈判中，日方仍坚执日本进兵的是“无主野蛮”之地，对此清政府予以严厉驳斥。大久保利通认识到，只有在清政府所坚持的“番地属中国版图”的前提下，才能解决问题。当时清政府的内政外交也存在很多困难，于是在英、美、法三国出面调停下，清政府决计让步。10 月 31 日签订了《北京专约》。恭亲王奕䜣与大久保利通分别代表本国政府在北京签字。《北京专约》，又名《中日北京专条》、《台湾事件专约》或《台事北京专约》，是 1874 年 10 月日本与中国清政府签订的有关台湾事件的条约。《北京专约》签订后，到同治十三年（1874）12 月底，双方按条约交接办理。先是日本特使东久世侍抵达琅峤，传西乡从道都督率军返日。同日，中国快速兵舰扬武号入港。28 日中国军舰凌风号也抵琅峤以备接收。过几日，西乡从道下令撤营。同时，中国军舰两艘入港，遂即互行交接点清，西乡从道一行则搭旗舰高砂丸，由筑波与龙骧两艘日本军舰护航撤离。两天后琅峤地区日军已完全撤离台湾。

三　善后治理

在日本侵台刚结束，沈葆桢就上了一个奏折，在同治十三年（1874）11 月的《请移驻巡抚折》的奏折中，他提出了“此次之善后与往时不同，台地之所谓善后，即台地之所谓创始也”的著名论点。在这篇折子和《台地后山请开旧禁折》中，他做了阐述：一是善后即为创始。“善后不容稍缓”，认为要抓住日军撤退的有利时机，抓紧做好善后工作。而这一次之善后工作与过去不一样，台湾的善后工作就是整顿治理台湾的开始。“善后难，以创始为善后则尤难”。台湾这时的善后不是一般意义上的善后，而是要整治改革，实施了一系列治台政策和改革措施，因此有相当的难度，不可能一蹴而就。二是抚番开路是善后的重要内容，而抚番开路是相辅相成的，缺一不可。认为从长远考虑，要“绝彼族觊觎之心，以消目前肘腋之患”必须“一面抚番，一面开路”。而且二者必须同时进行，“开山而不先抚番，则开山无从下手；于抚番而不先开山，则抚番仍属空谈”。三是只有开禁才能开山招垦，才能发展台湾的经济。要开山，就必须招垦。不先招垦，则“路虽通而仍塞”，要招垦，就必须开禁。不先开禁，“则民裹足而不前”。而开禁，就是要把原先制定的旧例破除掉。施禁，只会给官员兵役留下一个索诈的借口，给老百姓增加一分危害。四是更制改革，事关重大，巡抚分驻是可取的办法。台湾居民有漳籍、泉籍、粤籍之分，“番族又有生番、熟番、屯番之异”，“气类既殊，抚驭匪易”，要加强治理，必须“仿江苏巡抚分驻苏州之例，移福建巡抚驻台”。这样做的好处有：（1）有事可以立断；（2）统属文武，权归一宗；（3）耳目能周，决策立定；（4）公道速伸，人心贴服；（5）便于考察官员，加强实际训练；（6）便于抑制贪黩之风；（7）便于揭穿一些官员蜚语中伤之技；（8）词讼不清，奸人得志，有巡抚在便于拔乱本而塞祸源；（9）开地伊始，地殊势异，可以因心裁酌；（10）人才可以随时调用；（11）便于设官分职，不至于虚设浪费；（12）开煤炼铁，可以就地考察，则地而兴利。而移驻巡抚是“地属封疆，事关更制”的大事，是“为台民计，为闽省计，为沿海筹防计”的重大决策，是“为我国家亿万年之计”的战略部署。因总督兼辖浙江，以福建巡抚移驻台湾较为方便。“立法惟在得人，而事权尤宜归一。”五是保台治台，关键在得民心。“台地一向饶沃，久为他族所垂涎”，台湾为七省之门户，关系重大，“未雨绸缪之计，正在斯时”。而“欲固地险，在得民心”，而要得民心，就必须先修吏治、加强和搞好行政。要变革，要创建，要“化番为民”，需要花数十年的工夫来治理。只有经过长期的治理，“生番、熟番”才能浑然无间。台湾的近代化建设才能生机勃勃，蒸蒸日上。六是“惟台湾有备，沿海可以无忧；台湾不安，则全局震动”。从国家全局高度来看台湾防务建设的重要性。

日军退出台湾后，沈葆桢加强门户建设，采取了许多措施，进行治台。

首先是开禁招垦。康熙二十三年（1684）统一台湾之后，清政府采取了两项对台湾发展极为不利的政策：一是把向清廷投降的郑氏集团成员调回大陆。二是批准施琅的建议，颁布了三项禁令，以防止大量移民赴台与郑氏旧部结合。规定：（1）经批准获得渡航许可证才能赴台；（2）渡台者一律不准带家属；（3）广东一带的不准渡台，特别是客家人。清廷为对付郑氏集团，采取坚壁清野政策，强迫沿海30里内各省居民尽迁内地居住，引起客家人不满，他们群起反对，曾占据汕头南部一带。清廷的这条禁令实际上是对客家人的报复。这三条禁令施行长达190年之久。这期间，大陆居民要移居台湾，只有一个办法，就是“偷渡”，那可是千辛万苦、惨不堪言的事情。

关于不许偷渡台湾，清廷规定：台湾不准内地人民偷渡，有偷渡者，没收偷渡船只，将船户等分别治罪，文武官员也要治罪。如有充作蛇头，在沿海地方引诱偷渡的人，为首者充军，为从者杖一百，并徒刑三年；互保之船户及知情者杖一百，加枷一个月；偷渡之人杖八十，递回原籍；文武失察者，分别议处。内地商人置货过台，由原籍给照；如不及回籍，则由厦防厅查明取保给照；该厅滥给，降三级调用。沿海村镇有引诱客民过台数至30

人以上者，壮者罚到新疆为奴，老者罚到烟瘴的地方充军。内地人民往台者，地方官给照盘验出口；滥给者，分别次数罚俸降调。无照的人过台，失察之口岸官照人数分别降调；隐匿者革职。

“生番、熟番”之间不许私通，“熟番”到靠近“生番”的地方作业也不允许。

严禁台民私入“番界”的规定：凡私入“番境”者杖一百；如在近“番”处所抽藤、钓鹿、伐木、采棕者杖一百，徒刑三年。台湾南势、北势一带，山口勒石分为“番界”；如有偷越运货者，失察之专管官降调，该管上司罚俸一年。台地的居民不得与“番”民结亲，违者离异、治罪，地方官参处；从前已娶者，毋许往来“番”社，违者治罪。

旧例还包括禁铁、禁竹两项。1. 台湾铸造铁锅农具，向来要地方官批准，由藩司给执照，全台湾只有 27 家，名曰铸户。其铁的原料由内地漳州采买，私开私贩者治罪。而一些兵役人员往往向民间借端讹索，而铸户恃官把持，民间老百姓为此甚为苦恼。2. 台产竹竿，向来因为洋面上不安全，恐怕大竹篷篾用以帮助匪徒，所以禁止出口，以致民间竹竿经过口岸均须稽查。不知道海船，蒲布皆可为帆，并不须用竹竿。

当时的禁令严重阻碍了台湾生产力的发展，限制了台民生计和自由。沈葆桢总结了经验教训，认为要建设台湾，加强海防，就必须革除禁令。为此他以钦差大臣的身份向朝廷打了报告，获得批准。从此，长达 190 余年的渡台禁令废除了。

于是，从同治十三年（1874）起，厦门、汕头、香港三处设立招垦局，积极奖励大陆居民移居台湾，以便开垦台东、恒春及埔里一带“番地”。据当时赴台招垦章程条文，政府极力优待移民台湾者。移民不仅可以免费乘船、享受免费膳食，并且从登陆到开垦地，每人每日可领口粮银 100 元；到了开垦地，以 6 个月为一期，前后分为二期，前期每人每日可领银 8 分，米 1 升；后期每人每日领米 1 升，优待长达一年之久；开垦成绩优异者，另有奖赏。这些开垦者在开垦地筑土围，盖草寮，过集体生活，每 10 人为一组，向政府领取农具 4 件，耕牛 4 头，种子若干，每人授田一甲及附近原野一甲，均编立字号，每月检查一次垦植成绩。

解除了禁令，从此福建沿海的人力、物力、生产技术源源不断地流向台湾。如果说郑成功收复台湾带动了福建沿海人民第一次大规模移居台湾，那么沈葆桢促使清政府解除禁令，则引发了福建沿海人民第二次大规模移居台湾。从此以后，台湾的人口大量增加，台湾和大陆可以自由通商、通航，带来了台湾经济的一次飞跃。

其次是开山抚番。台湾的少数民族，长期与外界隔绝，与大陆移民台湾的汉族同胞之间存在某些误解，而对于歧视他们的清政府官兵则矛盾更深，往往产生不同程度的摩擦。台湾人口分布的情况比较复杂，平原居民有“漳（州）籍、泉（州）籍、粤（广东）籍之分”。山地居民有“生番、熟番、屯番之异”。管理好这些地方，要以“创始之事”作为“善后之谋”。根据善后的计划，重点在“抚番”。其实所谓“番”，指的是台湾少数民族。当时台湾各个少数民族都有独特的风俗习惯，文化教育尚处于原始状态，言语各别，互不往来，信息不通。清朝统治者实行对少数民族的歧视政策，当然对他们的心理状态、生活习惯、语言风俗毫不了解，只是采取简单的划分办法，把接近汉人并能接受管理的称为“熟番”，把居住在深山老林，与汉人来往甚微的称为“生番”。

康熙统一台湾之初，对他们的治理全是消极的政策，即所谓封禁“番界”，使汉人不得进入以起“番衅”，使“生番”不得逸出界外，以肇“番害”。他们把台湾少数民族划为南北二路。以北路地未开辟者，其中仅指诸罗内山之水沙连及阿里山区各社；南路则指凤山县内山之傀儡、琅峤及后山之卑南觅诸社。于社各设头目，以为之长。对南路诸“生番”的治理，直接由官府执行。对北路“生番”，严行封禁“番界”之外，有的也施予色布、烟、酒、糖、食盐、木屐等类物资予以安抚，以诱其归化。如有“扰乱”行为则出兵镇压。对于已归化但未达“熟番”程度者称为“归化番”。在北方的“番地”即有官府也不会管治的，置诸“化外”。

至同治十三年（1874）前，对台湾少数民族采取的是禁治办法，这对开发台湾、发展台湾是极大的障碍。沈葆桢上书开禁，废除以往的“围堵”之策，实行“疏导”之法，即“抚番”方法：（1）选土目；（2）查“番”户；（3）定“番”业；（4）通语言；（5）禁仇杀；（6）教耕稼；（7）修

图 6-4 台湾内山番地风俗

道途；（8）给茶盐；（9）易冠服；（10）设“番”学；（11）变风俗等。这11项，除“易冠服”一项外，其余基本上没有民族歧视的色彩。在执行中，沈葆桢认为，地方官员不能强制而行，不能把高山居民看成“化外”之人，要“结人心，通人情”，对发生在民族地区的事件要做具体分析。比如，光绪元年（1875）琅峤狮头社“动乱”，沈葆桢对接受“招抚”者，示约7条：“遵剃发、编户口、交凶犯、禁仇杀、立总目、垦番地、设番塾”等。商定立“龟纹社酋长野艾为诸社的总目，所统番社如有杀人，即著总目交凶。如三年之内各社并无擅杀一人，即将总目从优给赏”，并将“竹坑社”更名为“永平社”，本武社更名为“永福社”，草山社更名为“永安社”，内外狮头社更名为“永化社”。从思想宗旨上，让全社人意识到要“永平”“永福”“永安”“永化”，不要“武”“狮”“草”等。

在处理善后中，沈葆桢把举办教育放在重要地位，“于枋寮地方先建番塾一区，令各社均送番童数人学语言文字，以达其性，习拜跪礼让，以柔其气，各番无不帖服”。此后，又在刺桐脚、蚊蟑埔等10个规模较大的“番”社，办起了“番”塾。路修到哪里，供少数民族学习的义学就办到哪里。光绪元年（1875）仅在埔里社就设“番”塾26所。随着“番”塾越办越多，“番”塾所教内容有读书、认字、写字、算术，唱歌、跳舞等也越来越多。在虎头山、四重溪等14处办起了规模较大的、专收高山人的义学。在这里上学，不收学费，学生还可以获得生活费，如在四重溪、射麻里等8处的义学就规定，凡就学者，每人每月给钱五百文，以为笔纸及膏伙费用。通过兴办义学，少数民族开始知书明理、摆脱愚昧野蛮落后的生活方式。“番”塾很受少数民族同胞的欢迎。这是台湾少数民族第一次进课堂，也是这些被认为生活在原始部落的少数民族走向文明的开端。

沈葆桢亲自编写少数民族学习的教材，分发到台湾各地，作为义塾的课本之一。沈葆桢编写的教材为《训番俚言》，形式与内容都十分适合教化少数民族，传播中华文化。教材仿三字经体例，全篇为五言一句，共985字，通俗易懂，便于记忆。内容以中国传统的伦理道德为核心。《训番俚言》对于教化长期闭塞、在荒山野林中生活的台湾少数民族，启发他们走向近代化、融入中华民族大家庭，起到了积极的作用。

开山抚番是巩固台防的根本性措施，它使东西海岸连成一片，有利于巩固海防，同时对促进东部的开发和汉族与少数民族的交往，以及促使高山同胞走向文明都有着重要的意义。

沈葆桢把开山与抚番看成相辅相成的事，一边开山，一边抚番，两项工作，两手抓，同时进行。这项艰巨的任务就由沈葆桢当时率领的驻台部队包干进行，分北、中、南三路开展工作。

北路自苏澳至岐莱。由陆路提督罗大春负责，光绪元年（1875）正月初五日，由苏澳率队起程，初九日始抵新城。初十、十二等日，履勘三层城、尤仔丹溪、马邻溪、鲤浪港等地，直抵花莲港之北。沿路一边开山一边抚番。开山自苏澳起至花莲港之北止，计有二百里，中界为得其黎。得其黎以北百40里，山道崎岖，沙洲间杂。大浊水、大小清水一带，峭壁插云，陡趾浸海，怒涛上击，触目惊心；军行束马扪壁，踏蹜而过，非常险绝。得其黎以南60里，则皆平地，背山面海，是很好的良田，但因为地旷人稀，新城汉民只有30余户，其他都是“番”社。自大浊水起至三层城止，依山之番统名曰大鲁阁。九宛、实仔眼、仑顶等八社凭高恃险，野性靡常。岐莱平埔之番，居鲤浪港之北的有加礼宛、竹仔林、武暖等六社，统称加礼宛社，其特点是畏强欺弱。居鲤浪港之南的有根老爷、饱干、斗难等七社，统称“南势番”，男女共7704人。虽具结就抚，但反反复复。这些“番”社，除薄薄一社知道怎么煮盐、加礼宛一社懂得耕种外，都过着原始人茹毛饮血的生活。该提督躬率大队入新城添设碉堡，该“番”骤生疑虑，经常来袭击，勇丁等因之伤亡数十人。正月二十四日至二十六日、二月初五到初八等日，“大鲁阁番”纠众数百人，攻打新筑的碉堡。勇丁阵亡25人。经过几次较量，“番”情稍定。北路大南澳“生番”，自经黄朋厚、冯安国等惩办之后，同治十三年十二月初九、十三等日，斗史武达、哥老辉等五社“番”目各带“番”民一百余人到营中要求抚恤，经赏犒遣回，“番”情安定。自苏澳五里亭起，到秀姑峦的鹊子埔止，全程有340多里，共分为五段，沿途建了32个碉堡，各派营哨驻扎守卫。九月十八日，都司陈光华为首队，守备李英、千总王得凯为次队、游击李得升为三队，前赴新城。另派军功陈辉煌率两哨前赴大清水溪，总兵戴德祥分三哨扎大南澳、分二哨扎大浊水溪。时正风雨连山，诸军阻不能进。近溪荒壤，周围约宽数十里，地皆沙石。溪岸南北约距30余丈，波流陡急，副将周维先等连日赶造正河、支河木桥各一座。桥一造好，各路人马才得前行。遂有新城通事李阿隆等带领大鲁阁少数民族12人来迎，并愿意充当向导。各军人马才于13日抵达新城。这里是后山的秀姑峦道路，自苏澳至新城计山路27000余丈，自新城至花莲港计平路9000余丈，总计200多里。

南路分为两支，一支从凤山县赤山到山后卑南（今台东），另一支从射寮到卑南。南路由台防同知袁闻柝负责。九月间由袁闻柝率绥靖一军越昆仑坳向东挺进，张其光派副将李光领前队跟进。十月初七日至诸也葛社。南路自昆仑坳至诸也葛一带，路程不过数十里，但悬崖峭壁，荒险异常，山皆北向，日光不到，古木参碧，阴风怒号，勇丁相顾失色，不能不中途暂驻，以待后队前来。诸也葛以下地略平坦，但榛芜未薙，焚莱伐木，颇费人功；而夜宿空山，感受瘴疠，勇丁染病甚重。而山道险远，粮运非常困难，而卑南一带海口，当时正刮东北风，波涛拍岸，倒卷如壁，船只不能拢泊，自然条件十分恶劣，工程十分艰险。加上附近番社的少数民族对开山之举不理解，经常侵扰袭击，勇丁常有被害的，所以也不得不经常追拿凶顽者，将其缉办。

中路自彰化林圮埔（今南投竹山）而东，至后山璞石阁（今莲化五里），打通山前山后。中路由南澳镇总兵吴光亮主持，带领两个营的勇丁，驻扎在集铺一带。光绪元年正月初九日起分两路由林圮埔、社寮挺进，至大坪顶合为一路。进而到大水窟、顶城，共开路 7835 丈多。二月初七日，复由顶城开工，直抵凤凰山麓。经过半山、平溪、大坵田，跨扒不坑等处而入茅埔，又开路 3775 丈多。两处共计开山 11610 丈。沿途桥道、沟壑、木围、宿站都予兴修维护，并分派兵勇，自集集街起至社寮、大水窟、大坵田、茅埔、南仔脚、蔓东埔等要隘驻扎。开山的同时，做好抚番工作，共计归化台湾少数民族 7292 人。

公路工程相当艰巨，一是地形险恶，多是高山峻岭；二是少数民族不了解开山意图，常发生袭击事件。三是疾疫侵袭，半年间阵亡、病故或伤故者，达到 2000 人。至光绪元年十月（1875 年 11 月），花一年时间，开路 430 公里，完成了前山和后山陆路通道。“一年之内，遂告成功”，“东西之途辟矣”。

开山，沈葆桢把它分解为 14 个方面的内容：（1）屯兵驻扎，既守卫又开山；（2）划清山界，兴修林木；（3）焚烧荒草，开山种地；（4）修通水道，便于灌溉；（5）勘定地界，便于管理；（6）招垦移民，发展农业；（7）分给牛种，发展耕牛；（8）设立村社，整顿治安；（9）建立碉堡，坚壁清野；（10）给惠工商，发展经济；（11）设置官吏，以利行政；（12）建城设市，鼓励流通；（13）设立邮政，发展通信；（14）设立旅店，利客利民。从内容上可以看出，开山不仅是开辟一条山路，而且是“募民随往，与地使耕”，结合抚番，把建立行政、招垦开荒、发展手工业商业贸易、建设城镇村落、通邮通商以及发展经济结合起来，进行全面的建设，大大加强了台湾的开发和稳定。

再是更制固防。沈葆桢认为，台湾延袤一千余里，处处滨海，到处可以登岸，所以“陆防之重尤甚于水”，所以他在加强海防的同时，针对存在的问题，切实加强了陆防。沈葆桢来台前，台湾一直实行班兵制，即驻台兵丁由福建绿营抽调更戍，以三年为期。原规定班兵以家属为人质，是有家属的。但因为远赴台湾，生活艰苦，家属均不愿前往，因此冒名顶替者极多，留下的人素质极差，中间还有不少流氓地痞，因此，常发生勾结无赖泼皮欺压百姓的情况。营务松弛，难堪重任，因此，备战防敌，开山抚番，皆以新来军队为主。革除流弊，更改营制，统一指挥就成为沈葆桢改革营伍的重要内容。根据现在有巡抚半年驻台的情况，他将营伍归其统辖。千总以下的武官，由巡抚考核提拔；守备以上的武官，仍然会同总督、提督拣选提补。台湾镇总兵，不再挂印，归巡抚节制。

当时在台湾的军队，除澎湖两营外，尚有15营。他于1875年8月奏请仿淮军、楚军营制而归并台地营伍，以500人为一营。将淡水、嘉义等三营调至府城，合府城三营、安平三营为一支，专顾凤山、台湾、嘉义三县；其北路协副将所辖中、右两营，合鹿港一营为一支，专顾彰化一带；艋舺、沪尾、噶玛兰三营为一支，专顾淡水、宜兰一带；澎湖两营，专门负责保卫澎湖。均要求严肃军纪，认真训练，扼要驻扎，遇到突发事件，立时移拔调动。

安平是重要的屏蔽。安平一向设台协水师副将一员，所辖三营，中、右两营都司驻安平，左营游击驻鹿港。现均改为陆路，府城有巡抚督率，道员随同办事，总兵移扎安平，即将安平协副将裁撤，以镇标中营游击随总兵驻安平；其台协水师中、右两营都司，改为镇标；陆路左、右两营都司，原设镇标左营游击，改为抚标左营游击，随巡抚驻台；其抚标原设两营仍行驻省，改左营为中营，即以中军参将带领。原设台协水师左营游击，改为台湾北路左营游击，归北路协副将管辖。

为了加强台湾防务，满足军事指挥的需要，而又让朝廷能对全台有个直观的了解，沈葆桢派出船政委员张斯桂，带领船政学生走遍了台湾的山山水水，“按道里考察山川，略照西法测量远近，分别向背，内及番寮，外周海口，区分界画，旁注地名”，历数月绘制了台湾全图，并详细描述南北中路各番族状貌风俗，以及出产花果，详细分图36幅，并由沈葆桢亲自带到上海装裱。这是运用船政人才和技艺，为维护祖国领土完整、巩固海防和开发宝岛做出的又一重大贡献。

沈葆桢派人赶赴欧洲购买铁甲船、水雷、洋炮、洋枪等西洋新式武器，提升装备。聘请外国工程师，仿西洋新法，在安平南面设计修筑安平炮台，并亲自在城门内外分别题字“万流砥柱”和“亿载金城”。这是我国最早用混凝土建造的新式炮台。在屏东东港建造东港炮台，在高雄的鼓山和旗山建造打狗炮台。他还在修筑的新炮台内，安放新式大炮，炮台内装备 5 尊 18 吨洋炮，40 磅和 20 磅小炮各 4 尊，还有 100 余杆后膛洋枪。为了配合加强台湾防御的部署，沈葆桢还在台湾创办了一些军事工业，自建军装局、火药局，并从马尾船政抽调枪炮火药生产制造的技术人员来台主持。

图 6－5　沈葆桢巡台时修筑的安平炮台

沈葆桢还将船政所造舰船 15 艘派驻台澎，以加强台海的防范。其中，扬武、飞云、安澜、靖远、振威、伏波等 6 艘兵轮常驻澎湖，福星轮驻台北。

对电线的重要性，沈葆桢感受深刻。同治十三年（1874）赴台驱日时，驻军台南，他就痛感闽台军讯不畅。他认为“台洋之险，甲诸海疆，欲消息常通，断不可无电线”，于是最先提出了铺设台湾与大陆海底电缆的建议。他详尽设计出跨海电缆路线，从台湾府所在的台南到沪尾转向北沙渡海，过福清县之安寨登陆至马尾。清廷很快批准在台湾铺设电缆，后因承揽的公司要价过高，沈葆桢又调任两江总督而一度搁浅。最后由沈葆桢的继任丁日昌完成。

坐落在台南的郑成功祠原建于清初，本名开山王庙，以纪念郑成功收复台湾之功。沈葆桢赴台后发现，在台汉人多为随郑成功赴台者的后人，清政府统一台湾后，他们虽不敢公开祭祀郑成功，但仍争相私祭国姓爷。沈葆桢从保台爱国的高度出发，为顺舆情，抚民心，请旨表彰郑成功，要求朝廷给郑成功赐谥、建祠，列入国家祭典，追谥郑成功为“忠节”，准在台湾建“忠节祠”。光绪元年（1875）重建开山王庙，竣工后定名为“延平郡王祠”，因为明永历帝曾封郑成功为延平郡王，并配祀郑氏家人和文武官员114人。他还亲自撰写了“开万古得未曾有之奇，洪荒留此山川，作遗民世界；极一生无可如何之遇，缺憾还诸天地，是创格完人”等楹联。

图6－6　台湾的明延平郡王祠

郑成功祠采用福州式建筑，匠首与木材皆来自福州，由福州船政的船只承运。

通过建祠表忠确定了郑成功的地位和通过祭祀缅怀了对保卫台湾做出贡献的英烈，在台湾社会上树立了忠君报国的典型，增强了台湾百姓对国家的认同和忠诚。收复台湾的郑成功和保卫与建设台湾的沈葆桢，至今还受到台湾人民的纪念。

沈葆桢还奏请在嘉义建祠，祭祀为保卫台湾而牺牲的官民。同治元年（1862），彰化戴万生逆乱，嘉义两次被围，历时8个月，援穷粮尽，官民死守。文武员弁潘恭赞、林廷翰、王鹤康、林上达等，及义民潘缔等44名捐躯。沈葆桢奏请建祠祭祀，以慰忠魂。对开山抚番殉国的将士如游击王开俊等，也奏请加恩予谥，或建专祠。对生前在台湾忠君爱民的官员，沈葆桢亦请优恤。

台湾府城之西十余里，有海口名为“安平”。每年自四月末起至九月止，刮起西南风，巨浪拍天，惊涛动地，数十里外声如震雷，昼夜不息。遇海雨狂飞，势尤汹涌。而沈葆桢东渡巡台，即派各轮船分投运载军装、炮械、粮饷，兵勇到台，去来梭织，都由安平登岸。后于三鲲身口岸建造炮台，所有木石、器具皆由内地运来，也都在这里卸载。有时风雨交加，遇有要务派船出港，却立即风静波平，居民船户都额手相庆，都说这是过去所未有的，实有神助。为感谢海神助顺，而顺舆情，特奏请在安平建立海神庙，并敕加封号。

噶玛兰属的苏澳，因水势险急，风涌奔腾，一向难停泊船只。但提督罗大春以水道粮运维艰，众心焦灼时，涌势顿减，附近突起沙洲隔成内港一道，百数十石之船得以通过檥棹，居民船户人等额手相庆，都称神力。也请奏恳加封苏澳建立海神庙。

嘉义县的城隍庙，因祷雨祈晴，久昭灵应，特别是在同治元年五月十一日夜地震时，城垣无恙，兵民得以保全，而深感神佑。根据当地官员的要求，奏请加封号，以顺舆情。

沈葆桢通过建祠表忠等一系列举措，既顺舆情、体恤民意，又在老百姓心中树立了一大批爱国忠贞的英雄形象，对巩固台湾、爱国自强起到了积极的作用。

成功驱日后，沈葆桢认为改革台湾行政体制必须提到议事日程，“为台民计，为闽省计，为沿海筹防计”，必须有一巡抚级的大臣主持台政。这是实现“事权统一”、开创台湾未来的关键。根据当时的情况，他提出了移驻巡抚的方案。

关于台湾的行政体制，在康熙二十二年（1683）郑克塽向清政府投降，清政府统一台湾后，采纳了施琅的意见，下设台湾府，隶属福建省。乾隆时期，由闽浙总督、福建巡抚以及水师、陆路提督每年轮值一人，至台巡查。嘉庆时期，改为福州将军及闽浙总督每隔三年轮值赴台巡查一次。当时台湾隶属福建，只设一道一镇，分治民、兵，不相统摄，事权不一，吏治荒怠，积弊丛生。而台湾战略地位重要，列强觊觎已久。咸丰八年（1858）的《天津条约》，已明定台湾开港通商，与英、美等国也发生纷争。同治十三年（1874）日军悍然出兵，武装侵台。历史教训和现实情况使沈葆桢警觉地认识到加强行政管理的重要性和紧迫性。

沈葆桢奏请朝廷移巡抚驻台湾，还因为台湾山前山后的交流和变革才刚刚开始，非十数年工夫是不能成功的；化番为民的工作十分艰巨，也非短期可以奏效。但要单独立省，当时的条件又不具备，台饷还需闽省协助，闽省食米亦有赖台湾接济。如果派钦差大臣前来主持，事权虽重，但驻台时间不可能太长。如果久驻，在钦差大臣与督、抚之间，台湾的官员就有“两姑为妇之难”。因此沈葆桢提出将福建巡抚移驻台湾的方案。他建议“仿江苏巡抚分驻苏州之例，移福建巡抚驻台”。清政府采纳了沈葆桢的建议，从 1875 年 11 月起定为福建巡抚冬春二季驻台，夏秋二季驻福州。这一制度的设立对加强对台行政有着重要的意义，也为后来台湾建省奠定了基础。

台湾原是福建的一个府，府治设在台南。设有四县（台湾、凤山、嘉义、彰化）、两厅（淡水、噶玛兰），各县之辖区太广，政治中心又都偏于中部、南部。当时台北的广大地区，都尚未建立政权机构。台南的政府对台北广大地区鞭长莫及。沈葆桢认为“就今日之台北形势策之，非区三县而分治之，则无以专其责成；非设知府以统辖之，则无以契其纲领”。为了加强对台北地区的开发，沈葆桢向清廷奏请于艋胛设“台北府”。在台北府的管辖下，新设置了淡水、新竹、宜兰三个县治。改噶玛兰通判为台北府分防通判，移驻鸡笼。这样便加强了对台湾事务的掌控。从此，台北成为台湾又一政治重心，与台湾府（台南）并峙。由于台北地处要冲，经济繁荣，重要性与日俱增，以后逐步取代了台南，成为台湾的政治中心。

与此同时，沈葆桢对台湾行政体制也做了一些调整。日军撤退后，沈葆桢专程到琅峤一带勘察。看到这里洋面险恶，船舶时常触礁，番民常有纷争，外寇常来侵扰，于是决定在此设置行政机构。同治十三年底（1875 年初），奏请朝廷批准，在琅峤建城置吏，定名为恒春县。除增设恒春外还设立淡水县，改原淡水厅为新竹县，原噶玛兰厅为宜兰县。

在析疆增吏的同时，着力建设城郭和县治。沈葆桢把乾隆时期大学士福康安倡建的台南府加以重修，使之更加坚固，还修建了恒春城，为台湾目前保存的最完整的一座古城。新建了台北府城。

台湾原来设有南、北两路“理番同知”，前者驻于府城（今台南），后者驻于鹿港。但台湾东部山区地广人稀，民番交涉，鞭长莫及。于是，沈葆桢大胆改革，将南路同知移驻卑南（今台东），北路同知改为中路，移驻水沙连（今埔里），都冠以“抚民理番同知”头衔，负责治安与少数民族事务。至此，台湾地区所设郡县已能统辖台湾全境。

沈葆桢鼓励土地开发和发展工商业。开山抚番，开通了近千里的山地公路，为使公路两旁的土地得到开发。为了解决军粮供应紧张，允许远近商人贩米进城销售，以刺激民营农业生产规模的扩大。由于民营农业、手工业和商业的蓬勃兴起，台湾东部花莲港一带百余里的田野，以及中部广阔的盆地，都被开发成富饶美丽的大片农田，花莲港平原北端和其他许多地方，城镇不断涌现，商贾云集，百货畅流，人丁兴旺。

沈葆桢高瞻远瞩，深谋远虑，分析精辟，心诚意坚。他大胆建言献策，不计个人得失，努力践行，果断行事，不愧是富有远见卓识的政治家。他相继提出并实施了一系列治台政策和改革措施，在台湾的发展史上写下了辉煌的一页。李鸿章在给他的信中说道：“我公在彼开此风气，善后始基，其功更逾于扫荡倭奴十万矣。”连横先生高度评价沈葆桢的巡台治台，说“析疆增吏，开山抚番，以立富强之基，沈葆桢缔造之功，顾不伟欤”？

四　台湾近代化始于船政

船政的建立，不能不提及我国民族英雄林则徐。他与船政的建立虽然相距 20 多年之久，但他为船政的建立做好了思想准备与组织准备。早在鸦片战争时期，两广总督林则徐在抗击外国侵略者的斗争中，认识到没有坚船利器，不足以抵抗海上强敌。他与魏源提出“师夷之长技以制夷”，即学习外国的先进技术以对付侵略者。林则徐说：“制炮必求极利，造船必求极坚。”左宗棠是晚清主张坚决抵抗外侮的爱国主义者，比林则徐小 27 岁，崇拜林则徐的功业与为人。尽管他当时只是一个三赴会试不中，身无半职的举人，在林则徐心目中却是一个心忧天下的有志青年。林则徐辞官经过长沙时，特约左宗棠在湘江船上会晤，彻夜纵谈时务，后人誉为“湘江夜谈”。林则徐对他寄以殷切期望，曾多次向朝廷奏荐重用，直至临终前口述遗嘱由其子林聪彝执笔，起草奏折，推荐左宗棠这位奇才，左的名字因此引起朝廷重视。左宗棠立志要继承林则徐未竟的事业，以实际行动“师夷，制造坚船利炮以制夷”。沈葆桢是林则徐的外甥，12 岁就跟随舅父，深得林则徐的言传身教。正是林则徐培养的左、沈二人，秉承了他“师夷之长技以制夷”的遗志，创办了船政。

图 6－7　2011 年笔者在台湾交流船政文化

第三节　东洋终须一战

甲戌巡台时，沈葆桢有一个歼灭日军的计划，但朝廷没有批准，最终没有实施。1875 年 7 月，巡台刚回来，船政第 18 号船开工。有意思的是，这艘船取名“登瀛洲”，瀛洲即日本，船政人的意图和情感表露无余。

日本不安分，常侵朝、犯清。沈葆桢巡台后，更深刻地认识到这一点。他预言“东洋终须一战”，临终遗嘱还念念不忘日本对台“虎视眈眈”。海战船舰，蚊子船偏于守，铁甲船偏于攻。所以沈葆桢始终认为铁甲船不能不购。但是李鸿章在赫德的忽悠下，认为铁甲船是“不急之物”。沈葆桢把三年的南洋购船经费统统给了北洋，结果李鸿章并没有把它用来购置铁甲船。沈葆桢临终时遗言：“臣以为兵家知己知彼之论，二者缺一不可。”“臣所每饭不忘者，在购办铁甲船一事。”①

对日本的认识，沈葆桢比李鸿章深刻。李鸿章认为“西洋暂无构衅之事”，对日本也是认为可以“维持一时”。他说：“海防更无款可措，如果控驭得法，一时必无战争，则购铁甲实非急务也。”沈葆桢则对日本保持高度警惕，认为“西洋或稳忍幸和，东洋终须一战，其伎俩不如西人而狡悍过之，其性如扑灯之蛾，不投诸火不止，舍中国又别无可逞处”。

1879 年 6 月，第二任船政大臣丁日昌上奏朝廷，对海防等问题提出 16 条建议，请朝廷对日本侵略野心“益加警惕”，指出日本“三五年不南攻台湾，必次北图高丽”。可见，船政人对日本的军国主义比一般人敏感。

地球就一个，所谓“地球村”是也。各国就像一个个部落，有的地理环境好，有的条件恶劣；有的资源多，有的资源少；有的历史悠久，有的历史短暂；有的相当文明，有的相当野蛮。由于历史地理条件不同，教化程度不一，文明程度不一，人性也就不同，所谓“一方水土养一方人”是也。

在这个地球村里，有人想安于现状，有人不满现状，有人图谋称霸，于是矛盾和冲突就来了。丰臣秀吉早就这么想过。440 年前，也就是天正六年（1578），丰臣秀吉就想“图朝鲜，窥视中华”，并说“此乃臣之宿志”。他还提出一个时间表：先占领朝鲜，文禄二年（1593）占领北京，天正三年（1575）日本迁都北京，然后再进军印度。天正十八年（1590），丰臣写信给朝鲜国王，说要“假道贵国，超越山海，直入于明”。文禄元年（1592），日本首次侵朝初期进展顺利，丰臣秀吉就开始筹划迁都于北京，自己“居守宁波府”，拟占领印度。“田中奏折”也说明了日本有扩张野心。“田中奏

① 沈葆桢遗疏，见沈瑜庆《涛园集》，1920，第 173 页。

折”据称是日本首相田中义一1927年7月25日呈给昭和天皇的秘密奏章，[①]被认为是日文原本的《帝国对满蒙之积极根本政策》。这份文件的发表对揭露日本侵略中国的野心起到了很好的宣传效果。1938年，日本提出建设“东亚新秩序”的国策，拟建设“大东亚共荣圈”，抛出许多侵略理论。牡丹社事件不也是侵华的借口吗？

日本侵华有一套侵华理论，它利用东西文化的冲突，在明治维新后，把自己作为东方的领导者。它将民族分优劣，将自己视为优等民族，认为其他民族是劣等民族。因此，实行“三光”政策就有了依据。它鼓励年轻人把侵略作为志向。

沈葆桢把“东洋终须一战”作为遗嘱提出来，见证了其爱国情怀。丁日昌也用遗嘱的形式提醒清廷注意，然而效果如何自有公论。

第四节　霸占琉球割断太平洋通道

琉球是指在琉球群岛建立的国家。1429年，统一为琉球王国。琉球王国位于中国台湾岛和日本九州岛之间，蜿蜒1000公里，总面积3600平方公里，是东北亚和东南亚贸易的中转站，贸易发达。1372年，琉球诸国就是中国明王朝的藩属国。1429年，统一后的琉球王国仍保持这种宗藩关系。明亡后，琉球继续向清政府朝贡。历代琉球王都向中国皇帝请求册封，从未间断。

1609年，日本萨摩藩率兵侵占琉球，逼迫琉球向日本进贡。琉球王国

---

① 该奏折，多年后被很多学者认为不是田中本人的奏折。所谓奏折，实际上是参谋本部铃木贞一少佐应外务省次官森恪写的一个关于对中国问题的备忘录。虽然铃木贞一是昭和军阀的核心领袖之一，日后贵为企划院总裁，28个甲级战犯之一。但当时他还不为中国人所知，在中国发表的时候就用田中义一的名字，一些宣传片也用“田中奏折”。1929年2月，南京出版的《时事月报》刊出一条让世人震惊的新闻：《惊心动魄之日本满蒙积极政策——田中义一上日皇之奏章》。说“田中奏折”明确表示：“过去的日俄战争实际上是中日战争，将来如欲控制中国，必须首先打倒美国势力，这和日俄战争大同小异。如欲征服中国必先征服满蒙，如欲征服世界，必先征服中国。”该奏折全文6706字，分5大章节和1个附件，从军事行动、经济、铁路、金融、机构设置等方方面面，对侵略行动做了详细的安排部署。

形成“两属”状态，后逐渐被萨摩藩实际控制，成为萨摩藩的附庸。1872年，日本政府借明治天皇亲政之机，削琉球国号设为“琉球藩”。

牡丹社事件，就是琉球的贡船八重山号和太平山号遭遇台风，漂到台湾引起的。订立《北京专约》后，日本退兵。但专约承认日本侵台为“保民义举”，并赔款白银50万两，实际上鼓励了日本的侵华野心。专约中所指之“民”，日方有意含混所谓佐藤利八等日本人“被劫”和琉球船民被杀两个事件之意图。虽然，中方只字不提琉球，不承认琉球为日本属国，但条约不加区分地将被台湾人民杀害的琉球人与日本人统称为“日本国属民”，为日本以后吞并琉球提供了借口。

光绪元年（1875）6月，日军进驻琉球，强迫琉球改奉日本年号，停止与中国的一切藩属关系。三年（1877）6月，闽浙总督何璟向朝廷报告说，琉球国王向中国求援，但朝廷不以为然，下旨琉球之事着出使日本大臣何如璋到日本后相机妥办，下令琉球使臣回国，不要在福建等候。当时，何如璋是首任中国驻日本公使。他认为日本要灭琉球，听之任之，“何以为国”，而拒绝它，“边衅究不能免”，主张向日本理论，琉球不可放弃，放弃了忧患更深。李鸿章则认为，琉球是“区区之贡”，小小的地方，入贡很少，与日本的威力相比，“非惟不暇，亦且无谓”，则无足轻重。并认为何如璋“历练未深，锋芒稍重”，建议总理衙门将其调离日本。他骨子里就认为不值得为了这个孤悬海外的藩属，去与日本打仗。

三年（1877）至四年（1878），日本国内政局混乱，先是西乡隆盛发起了萨摩藩的叛乱，史称“西南战争”。9月24日，西乡战死。次年，大久保利通被暗杀。日本政府无暇在此困境中解决琉球问题，清政府也没有抓住这个有利时机。光绪五年（1879）3月，日本把琉球国王尚泰掳往东京，宣布改琉球为冲绳县。恭亲王却在奏疏中说，何如璋在日本办理琉球交涉事宜。10月，琉球耳目官毛精长等三人向总署哭诉求援，总署只是发给他们300两川资，将他们打发回国。自1879年琉球灭亡至1885年间，大量琉球人流亡中国，开展“复国运动”。他们以福州、北京、天津为据点，向清朝总理衙门、礼部和重臣李鸿章、左宗棠等递呈请愿书28份，要求清朝就琉球问题与日本交涉。1879年6月12日，美国前总统格兰特在天津会晤中国政府代表李鸿章，李鸿章请他就琉球问题进行调停，格兰特慷慨答应。7月3日，格兰特一行乘坐“里奇蒙德号”抵达横滨，并于7月22日与日本政要伊藤博文、西乡从道举行会谈。在听取了日本方面的意见后，格兰特认为日本吞并琉球侵犯了清朝的海上贸易利益，为“清国互市之障碍”，表示唯有和平谈判才是解决琉球问题的方法。8月10日，格兰特会见明治天皇，认为若是日本吞并琉球将“断绝清国与太平洋之通道”，建议日本“予彼以太平洋之广阔通路，如至此议，彼将应承之”。

中国驻日公使何如璋亦发电报给总理衙门，称格兰特提出“琉球三分方案”，即包括琉球本岛在内的中部各岛归还琉球，恢复琉球国，将宫古及八重山以南各岛划归中国，将包括奄美大岛在内的五岛划归日本。总理衙门表示赞同，但美国方面不承认这是格兰特提议的。随后总理衙门同日本驻华公使开始谈判琉球问题。10月底，恭亲王向朝廷报告，拟在修改《中日通商条约》时，将琉球冲绳岛以北归日本，南部宫古、八重山诸岛归中国，准日本人入中国内地通商，加入“一体均沾”条款。消息传出，清廷立即反对。此后，中日之间没有签署任何琉球问题的条约文件。

1880年3月，日本正式向清政府提出“分岛、改约”案，即琉球群岛的北部和中部岛屿属日本管理；琉球群岛的南部诸岛如宫古岛、八重山，则归清政府管辖。作为交换条件，中国应修改《中日通商条约》，允许日本享有最惠国待遇。据此，清政府总理衙门大臣沈桂芬等人与日方代表进行商谈，1880年10月28日草签了《琉球条约》及《酌加条款》。琉球王国官员再三诉愿表示两岛土地贫瘠，无法生存，万不可接受。林世功也在北京总理衙门前自杀表示抗议。林世功自杀后，清政府拒绝在谈判条约上签字，协商破裂。1882年，日本驻天津领事竹添进一郎与清政府恢复琉球谈判问题，但是没有达成协议。

1894~1895年，中日甲午战争后，中国作为战败国被迫与日本签订丧权辱国的《马关条约》，在琉球群岛问题上没有发言权。但琉球，仍然是个未完结的问题。

第五节 尚未统一的台湾

台湾自古即属于中国，但至今未能统一，这种分离状态一天不结束，中华民族所蒙受的创伤就一天不能愈合，中国人民为维护国家统一和领土完整的斗争也一天不会结束。

中国近代史是一部被侵略、被宰割、被凌辱的历史，也是中国人民为争取民族独立，维护国家主权、领土完整和民族尊严而英勇奋斗的历史。台湾问题的产生与发展，都与这段历史有着紧密的联系。

一 台湾是中国不可分割的一部分

台湾古称夷洲。大量的史书和文献记载了中国人民早期开发台湾的情景。距今1700多年以前，三国时吴人沈莹的《临海水土志》等对此就有所记述，它们是世界上记述台湾最早的文字。台湾的开拓发展史，凝聚了包括当地少数民族在内的中国人民的血汗和智慧。

中国历代政府在台湾先后建立了行政机构，行使管辖权。早在公元12世纪中叶，宋朝政府即已派兵驻守澎湖，将澎湖地区划归福建泉州晋江县管辖。1875年（光绪元年），清政府为进一步经营和治理台湾，再增设台北府及淡水、新竹、宜兰三县和基隆厅。1885年（光绪十一年），清政府正式划台湾为单一行省，任刘铭传为首任巡抚。

1894年（光绪二十年），日本发动侵略中国的甲午战争。翌年，清政府战败，在日本威迫下签订丧权辱国的《马关条约》，台湾遂为日本割占。此后中国人民不断进行英勇不屈的反日斗争，直至1945年取得了最后的胜利，收复了台湾。

国际社会公认台湾属于中国。中华人民共和国成立以来，许多国家先后同中国建立了外交关系，它们都承认只有一个中国，中华人民共和国政府是中国的唯一合法政府，台湾是中国的一部分。

二 台湾问题的由来

台湾在第二次世界大战之后，不仅在法律上而且在事实上已归还中国。

之所以又出现台湾问题，与随后国民党发动的反人民内战有关，但更重要的是外国势力的介入。国民党集团的一部分军政人员退据台湾，他们在当时美国政府的支持下，造成了台湾海峡两岸隔绝的状态。1950 年 6 月美国第七舰队侵入了台湾海峡，美国第十三航空队进驻了台湾。1954 年 12 月，美国又与台湾当局签订了所谓的《共同防御条约》，将中国的台湾省置于美国的“保护”之下。

1972 年 2 月，美国总统尼克松访问中国，中美双方在上海发表了联合公报。公报称：“美国方面声明：美国认识到，在台湾海峡两边的所有中国人都认为只有一个中国，台湾是中国的一部分。美国政府对这一立场不提出异议。”

1978 年 12 月，美国政府接受了中国政府提出的建交三原则，即：美国与台湾当局“断交”、废除《共同防御条约》，以及从台湾撤军。中美两国于 1979 年 1 月 1 日正式建立外交关系。中美建交联合公报声明：“美利坚合众国政府承认中国的立场，即只有一个中国，台湾是中国的一部分。”但中美建交不过三个月，美国国会竟通过了所谓的《与台湾关系法》，阻挠台湾与中国大陆的统一。

台湾问题直到现在还未得到解决，美国政府是有责任的。

解决台湾问题，实现国家统一，是全体中国人民一项庄严而神圣的使命。中华人民共和国成立后，中国政府为之进行了长期不懈的努力。中国政府解决台湾问题的基本方针是“和平统一、一国两制”。台湾问题纯属中国的内政，应该也完全可以通过两岸的协商，在一个中国的架构内求得合理的解决。

中国的统一是中华民族的根本利益所在。中国实现统一后，两岸可携手合作，互补互助，发展经济，共同振兴中华。原来一直困扰台湾的各种问题，都将在一个中国的架构下得到合理解决。台湾同胞将与祖国其他地区人民一道共享一个伟大国家的尊严和荣誉。

长期以来，台湾问题一直是亚洲与太平洋地区一个不稳定的因素。中国的统一，不仅有利于中国本身的稳定和发展，也有利于中国同各国进一步加强友好合作关系，有利于亚太地区乃至全世界的和平与发展。

台湾海峡两岸目前的分离状态，是中华民族的不幸。所有中国人无不殷切盼望早日结束这种令人痛心的局面。

第七篇 探索篇

自强之路的探索，船政有清末和民国两部分。清末的船政，又有创办者和船政学子两部分，大家都以自强为目标，组织较为健全，主题较为集中，思路较为清晰。辛亥革命后，船政体制发生变化，造船、办学、海军“三位一体”的船政体制已不复存在。船政学子的思想也较为复杂，政治上走向分化，因此，民国的探索，很难确定主题，也很难把船政的探索作为一个问题来论述。所以，笔者的论述，就仅仅分析船政在清末这段时间。

船政的探索，从清廷在马尾设立总理船政事务衙门开始，在清末大体上分为两个阶段进行。第一阶段，是船政创办者的探索。在这种探索中，首任船政大臣沈葆桢的探索最有成效。第二阶段，是船政学子们的探索。由于赴欧留学，使船政学子们通过中西文化的对比，在更深的层面上进行全方位的探索。这一阶段的探索，最为认真最为深刻的当推严复。物质层面的近代化较容易，政治精神层面的较难，而人的现代化最难。

第一节　船政探索坚定而多方位

鸦片战争后，面临三千年未有之大变革，当时的清政府汲取鸦片战争失败的教训，开始探索自强之路。这种探索从鸦片战争后就开始了。船政的探索只是其中的一部分。船政是洋务运动的产物。其战略思想“师夷制夷”是林则徐的主张，魏源加以演绎，左宗棠提出方案，而由沈葆桢组织实施并发扬光大，取得了举世瞩目的成就。在中国近代海军史、工业史、教育史、思想文化史等方面都留下深深的印记。随后，船政学子赴欧留学，开阔了眼界，在中西文化的对比碰撞中，擦出了火花，寻找救国良方，在更深的层面上进行深刻的探索。这一阶段的探索，严复最有代表性。船政对民族复兴之路的探索，难能可贵且意义深远。

一　船政的探索是坚定的

“非常之举，谤议易兴”，这是船政还没举办之时就意料到的。“有人忧其无成，有人议其多费，有人讥其失体，皆意中必有之举。”[①] 沈葆桢接管船政衙门就感到“忧人心世道”等“七难”[②]。船政初创，英国驻华公使威妥玛、总税务司赫德就先后向清政府提出《新议略论》和《局外旁观论》，“扬言制造耗费，购雇省事，冀以阻挠成议”。船政设立后，他们变换手法，千方百计钻营。法国驻福州副领事巴世栋搬弄是非，造成船政正监督日意格与副监督德克碑不睦。英国驻福州副领事贾禄，要侵占马尾船政厂建筑教堂等。

国内顽固派认为“雇买代造”，不必自己制造。1867 年秋，正当建厂工程紧张进行时，新任闽浙总督吴棠利用职权进行破坏。吴棠扬言：“船政未必成，虽成亦何益?”还利用匿名帖《竹枝词》刻本，诬陷船政提调周开

① 左宗棠：《试造轮船先陈大概情形折》，见张作兴主编《船政文化研究——船政奏议汇编点校辑》，海潮摄影艺术出版社，2006，第 5 页。

② 沈葆桢：《恭谢天恩驰报任事日期兼沥下忱折》，见张作兴主编《船政文化研究——船政奏议汇编点校辑》，海潮摄影艺术出版社，2006，第 22 页。

锡、船政局员叶文澜、李庆霖等。沈葆桢抗疏力争，终于让清廷把他这块绊脚石搬走。沈葆桢深为感叹："创始较他务为独难。"①

同治十年，内阁学士宋晋又挑起事端，上奏《船政虚耗折》谓：名为远谋，实同虚耗，请旨要求停办。宋晋的上奏引起了轩然大波，朝廷内反对造船者与日俱增。就此引发对船政可行与否的一场大论战。沈葆桢力驳宋晋的主张，坚称"勇猛精进则为远谋，因循苟且则为虚耗"。

船政能如此坚定，原因有三：一是国人已经较为清醒，尤其是有识之士对于西方已经有一定的认识，开始抛弃夜郎自大的陈腐观念，探索强国御侮之道。二是清廷维持统治的需要。船政衙门报上来的折子，朱批均为"著照所请""依议""留中""知道了""速议"，对船政事业甚为支持。三是主办者的见识、胆略、人品与办事风格。尤其是首任船政大臣沈葆桢酷似舅父林则徐，有血性骨气，忧国忧民，刚正不阿。

图 7-1 2009 年笔者在海西大讲坛讲沈葆桢专题

① 沈葆桢：《船政教导功成折》，见张作兴主编《船政文化研究——船政奏议汇编点校辑》，海潮摄影艺术出版社，2006，第 79 页。

二 船政的探索是多方位的

在科技近代化方面，船政建立起当时规模最大的工业基地。船政引进西方先进的管理模式，结合中国实际，实行“权操诸我”的原则，变成自己的东西，形成特色鲜明的中国化管理模式。船政突破传统、高位嫁接、大胆改革创新，船型不断改进，从木壳到铁胁到钢壳，机式装备从常式到省煤卧机到新式省煤机，船式从常式到快船到钢甲船，技术上在国内处于领先地位，在规模上也是当时远东第一。

在教育近代化方面，船政引进先进的教育模式，坚持“权操诸我”的原则，形成特色鲜明的中国化办学模式，成为各地纷纷效仿的样板。它建立了与工业化和海军建设相适应的教育模式，建立了留学制度，培养了栋梁之材，成为中国近代科技和海军队伍的摇篮。

在国防近代化方面，船政瞄准当时的高科技，取人之长补己之短，建立了中国最大的，也是远东最大的船舶工业基地；建立了中国最早的兵工厂；建立了中国第一支海军舰队。甲戌巡台显示了船政实施海权的成就和功绩。船政学堂培养的学生，海权意识更为强烈。

在管理近代化方面，船政有造船、办学、整理水师三重任务。组织机构十分繁杂，但都管理得有条不紊。总理船政事务衙门直辖船厂、艺局、轮船水师三大系统。下设诸多分管的官员与职能部门。造船方面，设有“十三厂”和香港采办分局。艺局方面设有求是堂艺局，即船政学堂。水师方面，设有轮船水师并建有水师营。还有负责勤杂和安保的健丁营。职能处室的设置也是现代化的。船政衙门设有工务、总务两大职能部门。工务部门下设的主要职能部门有：工程处、洋员办公所；总务部门下设的主要职能部门有：文案处、会计处、支应处、报销处。配套设有稿房、银库、发审所、东西考工所、健丁营、医院、食堂、储材馆，还有天后宫和法国教堂、英国教堂等。船政的生产组织和管理相当科学。造船工业工种繁多，管理复杂。当时，没有配套工业的支撑，船舶各部件不是采购，就得自行制造。物料的保管核发、工序的衔接调度、半成品的管理使用都是现代化工厂的课题，船政都能有序管控。船政的工料核算由工程处负责。造船有预算，有核销，还要向清廷直奏。会计科目的设置也较合理。无不闪烁着现代管理与传统管理结合的光芒。

图 7－2　船政御赐金牌

有管理就必须有管理层级，船政的生产调度、生产监督、技术管理、成本核查分开，分别设有提调、总监工、总工程师、总稽查，各厂设有管理委员，委员之下有工长、匠首。船政设的工程处，分造船、造机两大部分，建立分工明确的工程管理机构。船政的质量管理也有一套规定。船舰的验收、命名、使用也有一套严格的规则。

对现代管理办法，船政运用自如。如包教包会契约形式，衙门与厂局的层级管理，职能科室的组织安排，封官赐爵激励机制，权责利的明确划定，奖惩制度的组织实施，工资制度的建立和成本核算的执行等，都掌控得很好。

船政是非常之举，方方面面的经济问题缠身，不得不有所思考。造船、办学，组织管理问题是首要的。现代管理办法拿来实践。船政学子接触西学，经济问题考虑得更多。有宏观的，有微观的，船政都结合实际认真实施。沈葆桢当年向皇帝直奏的奏折就初露宏观经济才华。他上奏的《奏请变通钱法折》，针对当时通货膨胀的状况，提出“轻重之权操于上”的宏观调控办法，闪烁着经济学智慧的光芒。在没有市场经济学概念的时候，提出许多现在才能理解的经济学问题，令人震惊①。船政许多学子对宏观经济也

① 咸丰四年（1854）5 月，沈葆桢上奏《奏请变通钱法折》。他看到了通货膨胀，“钱日贱，物日贵”，货币贬值，物价高涨；“领饷四千，仅抵二千余之用耳”，名义工资四千，实际工资二千余。其次，看到了通货膨胀的原因，由于白银外流，官方以白银为征税标准，还有“私铸繁兴”，毁制钱铸大钱，发钞没有白银做保障无信用，“钱有散而无敛则钱轻，钱轻则物重民生困”，造成银贵钱贱，比价从 1∶700 到 1∶2300。农民一石米卖 3000 文钱，过去可换白银四两三，现在只有一两三。再是，提出了我们现在常说的宏观调控手段、财政货币政策。

提出了个人见解，其中就有严复。他翻译了当时很多人还很不理解的经济学巨著——英国古典政治经济学家亚当·斯密的《原富》，让国人了解经济和国家如何发展。

办理船政，造船办学，这是微观上的问题，但更具体，更有切身体会。首先是要把人管理好。在这方面，沈葆桢的做法，值得称道。沈葆桢秉公办案，文武官员犯了错误，不论职务高低，概不宽容。有一胥吏是沈家姻亲，因触犯厂规被捕审讯。说情的亲友很多，他都不买账。在审判时忽然接到父亲的信，他心里明白，当场宣称，家信讲私事，先办公事，喝令斩了。船厂需要大量铁皮，布政司主管售铁的官员故意为难，索取好处费。沈葆桢以“阻挠国事”的罪名，将直接责任者斩首示众，起到了杀一儆百的作用，压下了船政中正抬头的歪风。光绪十六年四月初七日，时任闽浙总督卞宝第在《恭覆寄谕片》中说：“船厂自同治六年开办，前江西巡抚沈葆桢总理其事，经营制造极费苦心。用人尤为慎重，虽其至亲旧交不滥收录，以故不利众口，谤议纷腾，是时臣任福建巡抚，知之最悉。”

造船的材料来自国外，就有一个外汇问题，船政也按当时的汇率进行调节，实行外汇控制。当时，福建、广东通番银，船上费用和船员的薪金可以用番银支付，其他地方要用纹银支付。番银、纹银、洋元之间，就有个换算和汇率问题，要根据市场的变化而变化。在税率方面，船政争取所购物料，免纳税厘。这种免税政策得到清廷许可，朱批“著照所请”①。到了严复这一代，对税收问题已经有了符合市场经济的理论化阐述。

计划管理、质量管理、财务管理、仓储管理等也成为船政必须解决的问题。陈季同在向法国读者介绍船政时说：“最令我肃然起敬的，还不是创建者的专业水平和工作能力，而是它所采取的管理方法。这种管理方法充分了解和尊重了中国人的民族性格。”②

利用税收杠杆，最有代表性的是台湾基隆煤矿。当时，基隆煤矿只是个小土煤矿，产能不能满足需求，成本降不下来。沈葆桢决定扩大规模，用机

---

① 沈葆桢：《船政采办物料仍恳免纳税厘片》，见张作兴主编《船政文化研究——船政奏议汇编点校辑》，海潮摄影艺术出版社，2006，第 72 页。

② 陈季同：《中国人自画像》，黄兴涛等译，贵州人民出版社，1998，第 164 页。

器开采。船政的用煤，原先主要从澳大利亚进口，但煤价高。洋煤进口每吨税0.5钱，台煤出口和进口，都是每吨税1.8钱，台煤税重制约了基隆煤矿的发展。沈葆桢认为："全台之利以煤矿为始基，而煤矿之利又以畅销为出路"，"今欲分东洋之利，必将台煤减税"。同治十三年十二月二十五日（1875年2月1日），沈葆桢巡台归来，回到马尾的第一件事，就是提笔向清廷上奏台煤减税，获得朝廷的批准，从而鼓励了台湾煤矿的开采，对地方经济的发展起到了促进作用。

船政还涉足金融，两次造币。第一次造币活动是在清光绪十一年（1885）。所铸"光绪通宝"光背机制钱，比原先认为的近代最早机制铜钱——广东铸造的"光绪通宝"背"库平一钱"机制钱早诞生了四年，因此可以称为"我国近代机器铸造铜钱的鼻祖"。第二次造币是光绪三十一年（1905），设立"闽海关铜币局"，附属于船政。两次造币活动，说明船政参与了金融改革，并开启了我国货币手工翻砂铸造向近代机器铸造过渡的历史。

三　船政开展全面的改革试验

船政探索的全面性可以从台湾善后治理中看出来。在日本侵台刚结束，沈葆桢就提出"此次之善后与往时不同，台地之所谓善后，即台地之所谓创始也"的著名论点。这种治台，实际上是在台湾进行全面改革。

首先是开禁。废除长达190年的禁令，允许台湾以外的中国人赴台开垦。在厦门、汕头、香港三处设立招垦局，鼓励大陆居民移居台湾，开垦台东、恒春及埔里一带"番地"。废除以往的围堵之策，通过查户定业、通语言、易风俗等进行疏导。抚番以教化为主，地方官员不能强制，要"结人心，通人情"，要办教育，多地设立番塾义学。沈葆桢亲自编写教材。他编的《训番俚言》，五言一句，通俗易懂。沈葆桢把开山与抚番看成相辅相成的事，一边开山，一边抚番，两项工作同时进行。这项艰巨的任务就由沈葆桢当时率领的驻台部队包干进行，分北、中、南三路开展工作。开山，包括屯兵驻扎、兴修林木、开山种地、设立村社、发展经济和坚壁清野等内容，结合抚番，把建立行政、招垦开荒、通邮通商、发展经济结合起来，进行全面的建设，加强了台湾的开发和稳定。

其次是改革。行政改革方面：一是移驻巡抚，以保“事权统一”。福建巡抚冬春二季驻台，夏秋二季驻福州。二是增设台北府和新的县治。在艋舺设“台北府”，新设淡水、新竹、宜兰三个县治。改噶玛兰通判为台北府分防通判，移驻鸡笼。三是调整行政区划，统辖台湾全境。在琅峤建城置吏，定名为恒春县。将南路同知移驻卑南（今台东），北路同知改为中路，移驻水沙连（今埔里），都冠以“抚民理番同知”头衔，负责治安与少数民族事务。经济改革方面：矿产开发实行减税。台湾基隆煤矿建立第一个近代民用工业。开采台湾石油。废除严格限制“铸户”、严禁私开私贩铁斤的旧例，允许私人铸造铁锅等器皿和各种农具。鼓励商人在全岛随处设店经商做买卖。国防改革方面：更改营制，统一指挥。千总以下的武官，由巡抚考核提拔；守备以上的武官，仍然会同总督、提督拣选提补。台湾镇总兵，不再挂印，归由巡抚节制。赴欧洲购买铁甲船、水雷、洋炮、洋枪等西洋新式武器。聘请外国工程师，仿西洋新法，在安平南面设计修筑安平炮台。在屏东东港建造东港炮台。在高雄的鼓山和旗山建造打狗炮台。安放新式大炮，并在台湾开办军装局、火药局。将船政所造舰船 15 艘派驻台澎，以加强台海的防范。加快通信建设，铺设海峡海底电缆。还有请旨建立延平郡王祠。这等于公开给郑成功树碑立传，当时，还没人敢这么做，但沈葆桢有血性，敢担当，以顺民心。

第二节 船政的探索是深刻的

船政的创办前无古人，完全是在探索中前进的。中西文化激烈碰撞后，船政的探索更为深入。严复说：“道咸以来，时势异矣。汽电用事，舟航棣通，门户廓然，而我遂处于日屈之势。商埠则据为己有，而领事有裁判之权；教堂则遍于民间，而官吏任保护之责。凡此皆他国之所无，而为吾国所仅有。遂使是非淆异，法律纷歧，内政外交，日游荆棘。”凡爱国之士皆有锥心之痛，从而比较中西之不同，潜心探索。船政的探索涉及的范围十分广泛，政治、经济、外交、军事、文学以及逻辑、翻译等方方面面均有涉猎。

尤其是严复、陈季同等船政学子的探索，因为他们了解西方文化，又熟悉本国情况，探索得更为缜密精到，影响深远。

一 科技发展是民族复兴的关键

蒸汽机的发明与广泛应用，使生产效率空前提高。鸦片战争使国人看到船坚炮利的厉害，实际上是看到蒸汽机的魔力。师夷制夷，实质上就是认识工业革命的到来，走进蒸汽机时代。在人类走进蒸汽机时代的时候，国人有过许多举动。船政造船，瞄准当时的科技发展方向，一开始就实行高起点嫁接，“万年清”号就是一个很好的例子。船政引进了西方的科学技术，实行高位嫁接，迅速地提高了造船、航海、飞机、枪炮、鱼雷、矿冶、机械、无线电、天文等科技和工艺水平。船政通过派遣留学生，还使出国留学的青年开阔了眼界，增长了知识，改变了思维，使他们能够站在更高的层面上来审视中国，寻找救国良方。严复、陈季同、王寿昌、马建忠等都是其中的佼佼者。

现代军舰不但是现代大工业的产物，而且是其缩影。近代英国率先完成了工业革命而称霸于天下。而近代的中国社会积贫积弱，仍停留在农业和手工业生产阶段，工业基础、近代科技几乎一片空白。船政设计了从国外引进技术、设备、工程人员的建厂造船蓝图，并坚决地实施。1866 年 12 月 23 日，马尾造船厂破土动工，三千多劳工沿江密钉木桩，平洼垒基，建造厂房，安装设备。冬天“天寒霜肃，众杵争鸣”，夏日“下蒸日曝，肤焦肉泡”，创业之艰可想而知。船政造船工人在极端艰苦的条件下创业，很快制造出船政的第一艘船“万年清”号。1875 年 6 月开工建造的十七号“艺新”轮船，7 月开工的十八号“登瀛洲”轮船就是由第一届毕业生吴德章、汪乔年等设计监造的。此为“船政学堂学生放手自制之始”，以后建造的船舶绝大多数由毕业留校学生自行设计监造。船政艰苦创业的历史，充分体现出中华民族自强不息的民族性格。科技落后只能被动挨打。只有发展高科技，才能达到民族复兴的目的。

科技发展就要高位嫁接。船政设计了从国外引进技术、设备、工程人员的建厂造船蓝图，并坚决地予以实施。造船业紧追法国，海军建设学习英国。实行的是高位嫁接，取得很好的成效。仅用了20年时间，便跨越了从仿造木胁兵轮到自造铁胁兵轮，进而自行设计制造铁甲兵舰的“三步跳”，不断缩短与西方先进国家造船工业的差距。

科技发展要坚持创新。船政进行了一系列的革新开放实验，许多都是开风气之先的。一边造船制炮，一边培养造舰驾驶人才，这本身就是破天荒的创举。船政的几十个第一就是开先之作。造船工业带动上下游工业的发展，造就了一大批科技人员和产业工人。正因为有了船政这个工业基地，才有了日后破天荒地生产国产飞机，从而开创了中国航空工业新纪元。

科技要发展就要发奋图强。船政要求学子勤奋学习，船政官员也积极学习科技知识。船政大臣沈葆桢就带头学习。军机处寄来的《格物入门》，沈葆桢仔细攻读，并要求再下发5套，以便组织船政官员学习。船政留学生的刻苦治学精神也十分可嘉。他们每年要用60天的时间考察造船厂、海军舰艇、工厂、矿山和要塞，以扩大对西方技术的了解。要把各地观察到的新技术的发展，包括图样和说明做详细报告。所到之处，悉心观察、探究和思考。

科技要发展就要精益求精。对于学业和技术，沈葆桢要求精益求精，密益求密。在船政衙门大门两旁，沈葆桢撰写了这样的楹联：“且漫道见所未见、闻所未闻，即此是格致关头，认真下手处；何以能精益求精、密益求密，定须从鬼神屋漏，仔细扪心来”。这种人文精神潜移默化，鼓舞学生刻苦学习，克服了外语教材、外语授课、与老师用外语交流等困难，取得了好成绩。船政学生除从香港等地招来的少数学生外，没有一点外文基础，却能听外教讲课，看外国教材。在经济全球化的背景下，科技更要精益求精才能立于不败之地。

积累经验为技术进步打下坚实基础。沈葆桢认为从技术层面讲，“中法与西法派虽别而源则同”。这是我们学习西方科学技术的理论武器，船政的先贤已经看到这一点。同治十一年四月二十一日（1872年5月27日），沈葆桢致函总署，列举办厂好处，认为：西法虽千头万绪，要权舆于算学。沈葆桢主政船政，成效显著，为后人积累了经验，为后来的技术进步打下了基础。法国汉学家巴斯蒂就说过：“船政局第一阶段的技术引进是成功的。在企业享有充分自主权和上级积极性高的有利情况下，理论培训和实际应用在本国齐头并进使船政局掌握了一整套复杂的技术知识。”

现在，大变革还在继续。工业革命后，蒸汽机、电气化、自动化、信息化，接踵而来，日新月异，目不暇接。“工业 4.0”又快到来，机器人时代也不远。在这种背景下，中华民族只有顺应世界发展的历史潮流，发挥后发优势，迎头赶上。

二　人才培养是民族复兴的根本

船政把培养人才作为根本，一再强调“船政根本在于学堂”。船政建立了与工业化和海军建设相适应的教育模式，培养了大量人才，成为中国近代科技和海军队伍的摇篮。沈葆桢说船政“创始之意，不重在造，而重在学”，这种高度重视教育、重视人才培养的思想，至今仍然有十分重要的现实意义。

稀缺人才要花重金培养。中国的近代化人才稀缺，船政是花重金培养的。科学技术的进步为工业化提供了强大的推动力，而知识结构的变革是近代化的核心。左宗棠在《详议创设船政章程折》中就提出“艺局为造就人才之地”①，认为花重金让洋人包教包会很值得。他认为“天下事始有所损者终必有所益。轮船成，则漕政兴，军政举，商民之困纾，海关之税旺，一时之费，数世之利也”。正是有了这样的认识，才有了高薪聘请洋匠之举。法国作家巴斯蒂在《清末留欧学生》中曾有一个独特的评价，认为左宗棠“萌发了一个顽强的念头，即尽量使中国人具有可以不依赖外人而自己造船的能力”，而且“采用求是堂艺局这种学校教育的独特形态”来完成。②

引进来走出去是人才培养战略。船政既请进来，引进技术、设备、管理、人才和教育模式，又走出去，让学生出国留学深造，造就了中国近代一批科技骨干和高级海军将领，同时也使他们处于中西文化交流的风口浪尖上，让他们能够站在更高的层面上来审视中国，寻找救国良方。出国留学作为培养人才的重要组成部分，这对于封闭的、科学技术大大落后于发达国家

① 沈岩、方宝川主编《船政奏议全编》（第一卷），国家图书馆出版社，2011，第 62 页。
② 《中国近代教育史资料汇编》（洋务运动时期教育），教育出版社，1992，第 949 页。

的中国来说，是很有远见的。沈葆桢认为洋人来华教习未必是“上上之技”，“以中国已成之技求外国益精之学”必然事半功倍。

教育模式中国化是培养人才的关键。为了培养适合近代化建设的人才，船政引进西方先进的教育模式，结合中国实际，实行“权操诸我”的原则，形成特色鲜明的中国化办学模式，从而打破了封建教育的传统模式，开创了近代教育的先河，成为改革旧教育制度和建立近代教育体系的先锋和典范。这种改革是革命性的，很多都是开风气之先的。它突破传统，大胆革新，采用契约合作、引进外教、留学深造的培养模式，采取厂校一体化、工学紧密结合的办学形式，实行科技与人文结合、培养爱国情操和人才为本、精益求精、因材施教，特色鲜明，成效卓著①。

栋梁之材特别要坚持清慎勤。风清万年的期待，按现在的话说是“腐败的零容忍”。第一艘轮船的命名，过去我们常这样理解，是为清朝的统治歌功颂德，显然这种理解是肤浅的、低层次的，联系沈葆桢卖字补贴生计和在任上病逝后“不名一文”同僚掩面而泣的事例，可以看出沈葆桢取名“万年清”有其高境界的用意，就是希望永远风清气正。沈葆桢写有一本《居官圭臬》的书，收录历朝历代名臣的格言议论，从古今治乱得失的高度，提出吏治的重要性和道德准则、法律原则。他认为“当官之法，惟有三事，曰清，曰慎，曰勤”。在实践中，他本人正是以此为准则，勤政亲民，廉洁奉公，获得“一生清名”。

三　民族复兴要重视海权建设

船政的辉煌和海权联系在一起，它始于忧患，终于忧患。列强的坚船利炮让国人懂得了“师夷制夷”的道理，让船政人懂得“惟东南大利，在水而不在陆”，“欲防海之害而收其利，非整理水师不可”。19 世纪五六十年代，世界海军的发展正由风帆轮机木质前装滑膛炮战舰向风帆轮机装甲后装线膛炮战舰过渡。船政的创办，正好契入世界海军发展的这个历史性的转折点。当时的起点应该是高的，加上沈葆桢的卓越运筹，在短短的八年时间里

① 沈岩：《船政学堂》，科学出版社，2007，第 220 ~ 221 页。

就建起中国第一支海军舰队，初步达到整理水师的目的。

建立强大的海军是民族复兴的需要。阿思本舰队的流产，使国人清醒地认识到建立海军的重要。船政的创办就是在海军建设理念上的一个重大突破。1870 年船政第三艘兵轮“福星”号下水后，清廷批准沈葆桢的奏请，成立轮船水师，以李成谋为统领，由船政衙门统辖。这是近代中国第一支同旧式水师有着根本区别的新式水师，是中国近代海军建设的开端。马江海战和甲午海战的失败也从反面证明，建立强大海军的必要。培养自己强大的海军，对海岸线长、海洋面积大、岛屿多、轮船大量航行于世界各地的大国来说，始终是不可忽视的要务，在军国主义抬头、霸权主义横行和恐怖主义向全球蔓延的今天，尤为重要。

要发展攻击型的战舰。海战船舰，蚊子船偏于守，铁甲船偏于攻。沈葆桢始终认为铁甲船不能不购。但李鸿章在赫德的忽悠下，认为铁甲船是“不急之物”。沈葆桢把三年的南洋购船经费统统给了北洋，结果并没有把它用于购置铁甲船。沈葆桢临终遗言就是：“臣所每饭不忘者，在购办铁甲船一事。”建造铁甲舰和增加巡洋舰船，用它在海上与敌交锋，克服“不争大洋冲突”的消极防御思想，海权先行战略才能得到落实。

资源小国对资源大国总是虎视眈眈。日本从不安分，常常侵朝、犯唐。明代，倭寇猖獗；清代设立台湾都督府，侵华之心路人皆知。沈葆桢认为“东洋终须一战”，临终遗嘱还念念不忘日本对台“虎视眈眈”“铁甲船不可不办，倭人万不可轻视”。遗疏言：“臣以为兵家知己知彼之论，二者缺一不可。”① 甲午海战的发生准确地印证了沈葆桢的预言。

强国强军才能屹立于世界民族之林。内阁学士宋晋认为，外交已经议和，不必发展海军。沈葆桢力驳宋晋的主张，认为船政万难停止，“窃以为不特不能即时裁撤，即五年后亦无可停，所当与我国家亿万年有道之长永垂不朽者也”。这就回答了一个问题：强国强军是长远之计，不是外交议和就可以停止下来的事情，必须坚持亿万年永垂不朽。严复从天演的角度理解国

① 沈葆桢遗疏，见沈瑜庆《涛园集》，1920，第 173 页。

际关系。他认为“其始也，种与种争，及其成群成国，则群与群争，国与国争。而弱者当为强肉，愚者当为智役焉。”纵观国际风云的百年变幻，“弱者当为强肉，愚者当为智役”，正是处理国际关系的重要理论基础。他说：“欲求公道，必建强权。”① 在融入世界大家庭的大变革中，要自立于世界民族之林，只有强权才能求得公道。

必有海权乃安国势。1890 年，美国海军学院院长马汉发表了海权理论，震动了世界。马汉的海权理论，是将控制海洋提高到国家兴衰的高度。船政创办本身就是迈向海权的第一步。造船制炮、整顿水师、培养海军人才都围绕着海权做文章。建立强大的海军，目的就是维护领海和主权，维护世界和平。沈葆桢一再强调“船政为海防第一关键”。船政学堂培养的学生，海权意识更为强烈。严复就认为“海军者攻守之大器也”，“必有海权，乃安国势”，要“早建海权，国振远驭之良策”。

今天，在全球村的背景下，国家主权和安全已经不是一个制海权可以解决的问题了。制空权、核技术、网络黑客、深海技术、电子高科技、金融海啸以及间谍活动等已经使国家主权和安全面临越来越多的隐患和漏洞。当前，国际形势风云变幻，中国经济社会发生深刻变化，改革进入攻坚期和深水区，社会矛盾多发叠加，各种可以预见和难以预见的安全风险挑战前所未有，只有增强忧患意识，才能居安思危。同时，运筹好大国关系，塑造好周边安全环境，加强合作，建立良好的国际关系，积极参与全球治理，才能促进世界的和平与发展。

第三节 关于中国社会的几个问题

一 中国社会的判断问题

严复在翻译甄克斯著作写成《社会通诠》的按语中说，人类是由图腾社会进入宗法社会，再由宗法社会进入军国社会。甄克斯的原文是图腾社

① 王栻：《严复集》第二册，中华书局，1986，第 260 页。

会、宗法社会、军国社会三种形态并列，严复把它译为从图腾社会到宗法社会再到军国社会是一个发展的过程。这种“三阶段论”影响了当时对社会历史的理解，也影响了中国社会未来的发展。

中国社会，两千年来一直处于宗法社会与军国社会之间，完全取消宗法社会是不可能的。中国的家族制度根深蒂固，世界闻名。中国老话，“国之本在家”。季羡林说：“保护中国民族的唯一障壁，是其家族制度。这制度支持力之坚固，恐怕万里长城也比不上。”他认为唐代以来，各种宗教传入，都降服于家族制度之下。发出感叹：此真世界一大奇迹！

判断中国社会问题，民国期间的论战最为激烈。王礼锡的《中国社会史论战》记录了这一段历史。船政的探索可以从严复的论著中看出来。严复翻译甄克斯《社会通诠》一书，可以说是其先声。严复分析中国社会，认为：“夫支那固宗法之社会，而渐入于军国者；综而核之，宗法居其七，而军国居其三。”这种三七开的说法是中国人的习惯说法，当时的社会主要是宗法社会，但已经有一部分是军国社会了。1903 年 11 月严复译完《社会通诠》，1904 年 2 月由上海商务印书馆出版。也就是说清末的中国社会已经进入军国社会。

经过百来年的革命，现在的中国社会已经不是原来的社会，如何评价当今社会，是当今学者应该做的事。

二　中国社会要变革

民族到了危亡的时刻，社会不变革就不能发展。鸦片战争后，特别是第二次鸦片战争后，国人已经越来越认识到中国社会面临大变革。自强运动的开展是恰逢其时。左宗棠抓住这个有利时机，提出创办船政。在这个时候，朝野上下对社会变革有了较为一致的认识。但社会变革充满前进与倒退、革新与守旧的激烈斗争，要勇猛精进才能达到目的。船政起步就遭到新任闽浙总督吴棠和内阁学士宋晋的强烈反对。在船政要不要停止的大讨论中，船政的态度是十分坚决的，沈葆桢说“勇猛精进则为远谋，因循苟且则为虚耗”，认为因循苟且没有出路，只有勇猛精进才能推动近代化的发展。

三 社会变革要走近代化的道路

社会学家认为，近代化是一场社会变革，是向近代文明的进化。它以科技为动力，以工业化为中心，以机器生产为标志，并引起经济结构、政治制度、生活方式、思想观念的全方位变化。洋务运动正是以科技为动力，发展机器大生产，从而促使经济、政治、思想的变化，促进社会的大变革。在这场运动中，船政表现突出，成就显著，影响广泛深远。

在近代中国积弱求强的历程中，船政展现了科学技术、新式教育、工业制造、海权建设、中西文化交流等丰硕成果，在近代化建设的进程中，船政文化在开放引进、人才培养、门户建设、自主创新、爱国自强、中外交流等方面的启示是十分珍贵的，其精神遗产是值得认真继承、大书特书的。

四 要变革就要解放思想

船政的创办就是思想解放的产物。师夷，不光是做，光说起来就不容易。夷，怎么可以师法呢，不是夏变夷了吗？引进西学，必然冲击科举；悉心造船，必然面对“艺为末事”的指责。船政的组织者义无反顾，坚持下去。1875 年的治台，更看出思想解放的重要和力度。没有思想解放，怎么可能开禁；没有思想解放，怎么可能开府；没有思想解放，怎么可能开山抚番；没有思想解放，怎么可能为郑成功树碑立传。

社会变革的理想境界是至盛世。严复多次提到古代的治世、至盛极治、至治极盛、大同之世等。认为孔子、老子都有民主思想，井田也是民主之政；又肯定和继承了近代的民主之治，特别是孟德斯鸠《法意》中的民主思想和民主制度。他说“郅治之民主”，是“治制之极盛也”，它不仅与平等联系在一起，“民主之所以为民主者，以平等”，而且不是强而平之，“必其力平，智平，德平”，是真民主和真平等。他针对资本主义严重不均的情况，反复强调未来的理想社会要实现各方面的均平，“事在均其不齐”，特别是要均民德之厚薄，民智之明暗，民力之贫富，民品之贵贱。

五　社会变革要审时度势

严复认为"世间一切法，举皆有弊"。在严复看来，中国社会之所以不断走向衰微，主要就在于中国社会太不尊重人民的选择和尊严，中国之民，其卑且贱。反思百年历史，我们惊奇地发现，实际上许多制度我们都尝试过，但都不能让人满意，何也？皆有弊也。严复认为"制无美恶，期于适时；变无迟速，要在当可"①。认为制度没有美恶之分，变革没有快慢之别，要看历史条件，适合就可以，不适合就不宜。这就要审时度势。

民智未开，社会不宜激烈变革。正像中国社会不能贴标签式的判断一样，中国的发展道路只能自己摸索前行。学习西方，从坚船利炮开始到借鉴西方的政治、经济、法律等，几代人做了实实在在的探索。但是一些矛盾总让人感到纠结。在伦敦时，孙中山、严复有一段对话。严复说："为今之计，惟急从教育上着手，庶几逐渐更新乎！"孙中山说："俟河之清，人寿几何？君为思想家，鄙人乃实行家也。"渐进是文火慢功，激进是"只争朝夕"，打破大立。历史选择了革命。选择渐进也有其理由：中国社会特殊，不能套用西方的理论；中国社会是一个整体，要像中医治病一样，对其进行辨证施治，不能下猛药；社会面临三千年未有之大变革，民智未开，社会转型急不得；激进者急功近利，有政治短视之嫌。严复始终认为，民智未开，不宜效法"君民并主之美治"，不然就大乱，代价太大。

第四节　关于建设现代国家的几个问题

当时，国家和国家意识，还较为模糊。为什么有传统国家又有现代国家，很多人还不理解。严复的很多译著，阐述了这个问题，使国人对现代国家有了初步的了解。关于国家的理论，不同的思想家有着不同的解释，一种认为是建立在社会契约上的一个代理机构，有的认为是社会理念的实在化形式，认为人与人之间的不和睦，由国家出面进行协调。而另一种理解是建立

① 严复：《宪法大义》，《严复作品精选》，长江文艺出版社，2005，第36页。

在阶级斗争之上的一个统治工具，是阶级矛盾不可调和的产物。对现代国家，船政学子也是有探索的。

一　爱国自强是民族复兴的第一要义

船政文化的核心价值首先是爱国自强，船政创办本身就是为了自强。这是因为，一开始朝野上下就把它认定为“自强之计”“自强之策”。从践行的情况看，也让人们看到这是一种强国之道的可贵探索。从组织者到船政学堂培养出来的学生，都可以感受到他们强烈的爱国情怀和“天下兴亡、匹夫有责”的责任感。其灵魂就是爱国自强的民族精神。甲戌巡台治台，迫使日本侵略军退出台湾，保卫了中华民族的尊严并开启了台湾的近代化进程。甲申马江海战、甲午黄海海战，船政学子用鲜血和生命谱写了中国近代史上最悲壮的爱国史诗。

爱国自强必然遭到列强的强烈反对，要主动出击。船政创办本身就是主动出击的典范。师夷长技以自强的目标选择是主动的；办船厂、办学堂、建海军，在项目决策上是自主的；采用国际通用的契约形式，与洋教习签订合约，在外交上是主动的；坚持在管理上权操诸我和实行引进来走出去的策略也都是主动的。

鸦片战争之后，以英法为代表的西方列强，利用不平等条约处处干涉中国内政。但船政创办者始终坚持“独立自主、权操诸我”，维护国家主权。爱国自强要生生不息，永远坚持下去。在船政要不要停下来的大讨论中，内阁学士宋晋提出一个观点，认为外交已经议和，不必发展海军。沈葆桢力驳宋晋的主张，认为船政万难停止，“窃以为不特不能即时裁撤，即五年后亦无可停，所当与我国家亿万年有道之长永垂不朽者也”。这就回答了一个问题：强国强军是长远之计，不是外交议和就可以停止下来的事情，必须坚持亿万年永垂不朽。

二　国贵自主、身贵自由

严复认为，“身贵自由，国贵自主”，“国群自由比个人自由更重要”。他在《法意》按语中写道：“所急者，乃国群自由，非小己自由也。”严复一再重申，国家自由是个人自由最可靠的保障，而个人自由已包含在国家的自由之中，应先解决国家自由问题，后解决个人自由问题。他认为要争国家自由，必须使人人爱国，而要做到人人爱国，又必须首先引导国人关心国家大事。认为“不自繇则无特操，无特操则其群必衰”，“民少特操，其国必衰”。有特操才能个性自由，而个性自由是国家自由的基础，“特操之民，社会所以待进化”。

三　他山之玉可以攻错，要有开放心态才能海纳百川

福建地临东海，深水港多，港湾受潮汐影响大，海道输沙量小，水土流失少，属南亚热带为主的海洋性气候，春夏吹东南风，秋冬刮东北风。春夏北上东北亚，秋季返航乃至远航东南亚，全年忙碌。海峡地位十分重要，自古就被视为航海的门户。船政在此诞生，有其深远的渊源。正是由于海洋文化的长期熏陶，使船政人具备了海纳百川的宽广胸怀。在船政衙门与洋人和睦共处一起生活，在学堂学习外国语言和科技，接受西方教育模式，到欧洲留学深造，在欧洲工作时与外国人交往，理解洋人的习俗和礼仪等，正是海纳百川的胸怀所致。

四　物竞天择，丛林法则无比残酷

鸦片战争后，民族危机感始终弥漫在中华大地上，船政就是突破这种民族危机感的非常之举。船政学子更是用学到的知识，发出物竞天择、合群保种的呐喊。甲午战争惨败后，为救亡图存，严复以译介西学为使命，以英国赫胥黎所著《进化与伦理》为底本，融合达尔文、斯宾塞、中国古代思想家学说，结合自己的思想主张，意译成著名的《天演论》。严复反复强调“物竞”“天择”“适宜者生存”，强调生存竞争的潮流无法回避，不可存侥幸心理，他以急切的心情阐释生存斗争的残酷性和国族竞争的普遍性。严复倡导应对国际社会中生存竞争的对策与方法提出合群保种、与天争胜的观点。坚信世道必进，向国人展示了中国救亡运动的光明前景。

强国必强军。沈葆桢遗言“臣所每饭不忘者，在购办铁甲船一事”。他临终还这么执着，充分体现了他对强国强军的深刻认识。严复从天演的角度

理解国际关系。他认为“其始也，种与种争，及其成群成国，则群与群争，国与国争。而弱者当为强肉，愚者当为智役焉”。纵观国际风云的百年变幻，“弱者当为强肉，愚者当为智役”，正是处理国际关系的重要理论基础。他说：“欲求公道，必建强权。”[①] 在融入世界大家庭的大变革中，要自立于世界民族之林，只有强权才能求得公道。

国际法要为我所用。船政要设局造船、办学、整顿水师，请洋人包教包会的方案是十分务实的。在本土缺人才、缺技术的情况下，引进人才、引进技术的拿来主义，无疑是个良方。左宗棠请来了日意格，设计了办学方案。并与日意格签订了合同，坚持“权操诸我”的原则，要求在5年合同期内包教包会。洋员受中国官员制节，听稽查委员示谕，只负责教学，不干预其他。陈季同奔赴台湾，协助唐景崧筹划防务，先是积极通过外交手段争取西方国家“援助”，后则策划抵抗日本强占台湾。这也是他熟悉国际法才可能发生的事情。

五 不能有狭隘的民族主义

严复是反对排满的。当时，革命党人高举“驱除鞑虏”的旗帜进行反满，严复非常反对，认为这是狭隘的民族主义。严复的《社会通诠》发表后，引来章太炎的抨击。章氏撰文《社会通诠商兑》，先是对严复的学术进行攻击，然后说甄克斯的观点并不适合中国，严复的附会不能改变革命党人排满的决心。严复并没有对章氏的文章进行反驳，但私下的一封信里却说到，章氏与汪精卫之流都是“神经病”。章氏猛烈抨击严复的政治主张，完全是从革命党人的立场出发。当时革命党人要排满，政治口号就是“驱除鞑虏”。辛亥革命成功后，孙中山宣布“五族共和”。革命党人也停止“驱除鞑虏”这一口号。但这一举动也说明严复反对狭隘的民族主义是正确的。外蒙古独立有很多原因，但排满不能不说是原因之一。严复说“顾患之所忧者，则吾国分裂之端”。严复担心的就是国家分裂。

① 王栻：《严复集》第二册，中华书局，1986，第260页。

六　中央要有权威，国家领导要和列强的国君首相相抗衡

黎元洪是严复的学生，黎元洪当大总统时，严复并不以为然。他说“黎元洪为人诚笃，起事后敢作敢当，不临难苟逃”。严复与黎元洪曾进行了约两小时的会谈，严复开诚布公地陈述了自己的看法，说中国国民素质不适合共和制等。严复在给熊纯如的信中说，黎元洪“此人一日在位，吾国前路必无曙光”。

北洋政府，国务总理段祺瑞与继任总统黎元洪矛盾尖锐，形成“府院之争”。对此，严复认为：段祺瑞政见高于黎元洪，办事果断，但过于“爱惜羽毛”，没有为国牺牲的精神；而黎元洪良愿有余，能力有限，于政体、国是、民情、外势全都浑然不知，对外反对向德国宣战。

严复认为中央政府要有权威，“非强有力之中央政府不可”。他认为“今试遍观全国之中，欲觅一堪为立宪总理，有其资格势力者，此时实在尚未出现也”。大总统是“一时之杰，然极其能事”。虽然袁世凯当了大总统，但在严复看来，袁不过是旧日帝制之督抚耳。这样的总统，要与列强的国君首相相抗衡，“则太乏科哲知识，太无世界眼光，又过欲以人从己，不欲以己从人，其用人行政，使人不满意处甚多，望其转移风俗，奠固邦基，呜呼!”说明严复并不看好袁世凯，但国内无人，只能矮子里挑高个。他说“平情而论，于新旧两派之中，求当元首之任，而胜项城（即袁世凯）者，谁乎?”此事太让人“重可叹也”①！他认为：“项城才地资力均足当之，释此不图，妄干非分以死，则真中国之不幸耳。此局若在古昔，经数十百年竞争之后，自有长雄起而为群伦所归命，如六朝之终于隋、唐，五季之定于周、宋。无奈今世一切牵涉外交，则他日变幻百出，非吾辈眼光所能预见矣；中外历史之中，亦无成例也。”

自袁世凯逝世后，严复认为：“中央权威本自有限，此左右之所知也。益以此次之冲突，督军辈群怀私愤，用人行政，事事皆成难端，号令不出国门，殆成必至之势。”

---

① 对袁世凯的看法和评价，严复在给熊纯如的个人信件中多次提及。

七 强国要有强大的外交

陈季同是我国自己培养的第一代职业外交官。当他担任外交官的第一天起，就深感文化上的无穷压力。西方人对中国的不了解，已经到了无可复加的地步。中国的一切，在西方人的眼中，变得那么怪诞，不近人情，不合法理，被大大地妖魔化。这令他十分伤心。他决心要运用自己的笔来介绍中国，来澄清西方人的误读和曲解。他进入欧洲上流社会的沙龙去演讲，到大学的讲坛去演讲，在西方报刊上做介绍。还写成《中国人自画像》《吾国》等法文著作，让西方人了解中国。强国要有强大的外交，要有一支高素质的职业外交官队伍。

外交有政治和文化两种，政治外交要不卑不亢，该出手时就出手，该妥协时就妥协；文化外交要善于通过软实力感化对方。搞好地球村建设，关键是构建人类命运共同体。合群两益至善是人类社会的行为准则。严复认为人是合群之动物。在《天演论》中，他说“能群者存，不群者灭；善群者存，不善群者灭”。而“善群者何？善相感通者是，然则善相感通之德，乃天择以后之事，非其始之即如是也”。《天演论》强调：“人得自由，而以他人之自由为界”，“大利所存，必其两益”。“两益”即共赢思想，是处理人际关系、国际关系的重要准则。至善是人类的共同目标，只有大家都至善，世界才能大同。船政学子，大多有天下一家的思想。陈季同多次说到天下一家。1889 年，他在潘若斯《珠江传奇》序中写道：“使中西文字融会贯通，如天衣之无缝。谁谓天下非一家哉？”在《巴黎人》一书中，陈季同写道“在科学创造的美好未来，总有一天将天下一家”。

八 关于社会主义问题

陈季同在《中国人自画像》中说：“至于说到社会主义，既然必须有某种形式的社会主义存在，我倒宁愿它是国家社会主义；在这一制度下，一切都能在公众舆论的保护下得到有条不紊的管理。我不愿选择那种异想天开、只能导致无政府主义状态的社会主义。”[①] 他这里说的国家社会主义，是什么社会，不能判定。但他在欧洲有16年的外交生涯，是中西文化综合对比的结果。陈独秀认为“国家主义，实为吾人目前自救之良方”，“真国家者，牺牲个人一部分权利，以保全体国民之权利也”。[②]

严复吸收孔子的患不均、孟子的仁爱、墨子的兼爱、老子的寡民、庄子的至德等理想，同时又批判和吸收了西方，尤其是近代的各种民主主义和社会主义思想，如赫胥黎的均齐、亚当·斯密的致富、孟德斯鸠的民主、卢梭的自由，以及欧美之社会主义、俄之社会主义、均贫富党、社会党、虚无党、过激党等的均贫、均富、均国田、领土国有、破资产之家等，企图将中西思想融为一体。认为“墨道则所谓社会主义”，王安石“胸中社会主义甚富”。“反观吾国，可悟井田古制之所由成，与其制之所由破”，“今之持社会主义，即古之求均国田者也”。在辛亥革命之后的民国年间，严复认为当时的民智民德依然是愚坏的，不适合在中国实施共和的国体。“欧东过激党”之“破坏资产家与为均贫”，也是“不能成事”的。因为“欲贵贱贫富之均平，必其民皆贤而少有不肖，皆智而无甚愚而后可，否则虽今日取一国之财产而悉均之，而明日之不齐又见矣”。在这里，他提出一个前提条件，就是“民皆贤而少有不肖，皆智而无甚愚”。而这种少不肖和无甚愚，是天演的规律，是社会进步的必然结果。

第五节　中国要走什么道路的问题

一　中国有自己的国情

走什么道路，要立足国情。船政的创办始终立足国情。它引进技术和管理，都按照中国的特有方式进行处理。船政的创办土法上马，管理方式也是中西结合，权操诸我。各种材料、部件，能土法上马的都因陋就简、土法上马。船政

① 陈季同：《中国人自画像》，黄兴涛等译，贵州人民出版社，1998，第78页。
② 陈独秀：《独秀文存》，上海亚东图书馆，1922，第18页。

创办初期，凭借一腔热情，在短短的两年时间内就建起一座有规模的船厂。

从秦到清，历时两千多年，中国社会是稳定的。虽然有改朝换代，但社会结构没有变。这就是一个谜。王礼锡说："自秦代至鸦片战争以前这一段历史，是中国社会形态发展史中之一段谜的时代。"[①] 严复研究中国社会问题也为中国社会的超级稳定而感到惊讶，并怀疑社会是不是这样发展的。季羡林在《中国文化要义》中谈道："后两千年的中国，竟然不见进步之可怪。"陈季同在《中国人自画像》中把中国与欧洲国家各方面做了对比，认为中国有其超级稳定的秘密。他说："当我讲我们的习俗制度更自由更公正并且也更为有益的时候，我并不是妄自尊大的，因为受过最好教育的人，其行为举止也往往最规矩。"接下去说："我们中华帝国长治久安的秘密即在于此。"[②] 他接着分析了中国的祖先崇拜和教育问题，他说中国人把祖先崇拜当成天经地义，而西洋人三代就不知道祖先是谁。季羡林认为："中国文化个性殊强。"笔者将其概括为：独自创发，慢慢形成；自具特征，自成体系；绵永独立，岿然独存；同化他力，最为伟大；吸收邻邦，拓展空间；妥当调和，臻于成熟；放射四周，影响远大。正因为中国文化的独特性决定了其特殊的国情。

陈季同认为"中国的教育制度被建构得经久耐用，就像我们见到的那样，反映出在建构它们时那种极为精细的智慧"[③]。他认为，中国教育没有官方教育，但有官方的考试，学而优则仕。中国社会结构就是士农工商，士是第一位的。只要能优就能士，不管你原先的家庭地位如何贫贱。英国罗素在《中国之问题》一书中也谈到中国文化的三大特点之一就是"治国者是靠考试取士的，而非贵族世袭。中国又是世界上唯一一个伦理与政治紧密结合的国家"。在上海演讲时，它还说"中国是文化体而非国家"。严复在翻译孟德斯鸠的《法意》后说，不能不"低首下心服其伟识"。严复遗言："须知中国不灭，旧法可损益，必不可叛。"这是他探索一生得出的真知灼见。

---

① 王礼锡：《中国社会形态发展史之谜的时代》，《中国社会史论战》第三辑，上海神州国光社。

② 陈季同：《中国人自画像》，黄兴涛等译，贵州人民出版社，1998，第45页。

③ 陈季同：《中国人自画像》，黄兴涛等译，贵州人民出版社，1998，第75页。

二　政党要大中至正

政党必须“大中至正”，就是要以国家和人民的利益为重。但这种政党少之又少。严复认为“政党者不过拓大之私利，即为私利，则其非大中至正之物可知”。而“能结合团体以催促政治之进步，不过居最少之数”。1913年3月6日至5月4日，北京《平报》分六次连载了严复的《说党》一文。也就是在同一时间段，即1913年3月20日，宋教仁在上海车站被暗杀。严复还写了《中国古代政治结社小史》[①] 这篇文章，主要是由于当时严复经常听到欧美有人言称“中国既无民主政制亦无政治结社”，严复认为“此言不确”，专为之写的一篇文章，介绍了中国古代从孔子儒家学派至明末社团的历代政治结社情况。

《说党》详细介绍了英美政党制度的成因、对国家发展的好处，并着重阐述政党制度的弊端。全文贯穿了一个基本思想：党非佳物也！认为现在的中国社会并不能立即采用这一新制——政党制度。他说：“自辛亥武汉造攻，不半载而变中国数千年之旧法，号曰共和，虽一切外缘内因，举不具备，骤用新制（政党制度），无异于驭电车行于蝉丛嵽嵲之区，而举国嚣嚣，以此为跂盛向明之左券。”严复说，当时的中国人，轻率地认为，只要中国有了政党制度，中国就会立即富强起来，不知道西方富强另有原因。当时刚刚诞生的中国政党制度提供了借鉴，期望“政党之弊，期于可去者去之，不可去者轻之”，使民国的政党制度“党祸可轻”，使国家臻于郅治！

船政另一位学子陈季同则说：“旅欧十年并做了大量研究后，我仍在茫然地自问：‘西方国家的体制当中到底哪一种原则配称是民主或自由的？我找不出任何一种，也没人能给我指出一种像所有公民都有权参加考试以获取学位这类卓越的制度。当然，有人会给我讲什么普选。但那只不过是一种随风倒的风标——没有原则的原则。”[②]

---

① 《中国古代政治结社小史》是用英文写的，发表于1916年。

② 陈季同：《中国人自画像》，黄兴涛等译，贵州人民出版社，1998，第44页。

船政学子并没有看好轮流坐庄的政党轮替。要坐庄就要“擅词令”“酬群情”，严复认为“盖所谓党魁者，其人必擅词令之才，而有献酬群情之能事，至于政事，则往往非其所长。然在党多之时，此长于政事，短于献酬词令之人才，即使所怀政策不必从同，尚有容于政界之望”。不擅词令、酬群情，而能政事者，则往往落选。

三 根本办法是鼓民力、开民智、新民德

甲午海战后，严复认为“所可悲者，民智之已下，民德之已衰，与民气之已困耳，虽有圣人用事，非数十百年薄海知亡，上下同德，痛刮除而鼓舞之，终不足以有立”[①]。他认为中国富强的根本办法就是鼓民力、开民智、新民德。

民族要复兴，民气不可困、民德不可衰。民气就是民族气节，它是富有民族精神的志气与节操。船政具有民族气节的故事很多，最为典型、最为可歌可泣的就是甲戌巡台和甲申马江海战、甲午黄海海战。两次海战中，船政学生们杀身成仁、视死如归的故事组成凸显民族气节的组歌。船政学生以满腔的爱国热忱，忠实地实践着民族英雄林则徐毕生追求的“苟利国家生死以，岂因祸福避趋之”的崇高人生真谛。严复认为，“民德”与政体攸关，要通过教育改变国民“不管他人瓦上霜”的毛病，使人人关心他人，人人爱国。

四 走自己的路，自强不息

船政文化的核心价值首先是爱国自强，船政创办本身就是为了自强。从践行的情况看，也让人们看到这是一种强国之道的可贵探索。从组织者到船政学堂培养出来的学生，都可以感受到他们强烈的爱国情怀和“天下兴亡、匹夫有责”的责任感。其灵魂就是爱国自强的民族精神。甲戌巡台治台，迫使日本侵略军退出台湾，保卫了中华民族的尊严并开启了台湾的近代化进程。甲申马江海战、甲午黄海海战，船政学子用鲜血和生命谱写

① 严复：《原强》，许祖华选编《严复作品精选》，长江文艺出版社，2005，第10页。

了中国近代史上最悲壮的爱国史诗。

英国人到中国来倾销鸦片。把毒品拒之门外，这是国家应有之义，是民族的立场，但英国人却用坚船利炮打开中国的大门。鸦片战争之后，以英法为代表的西方列强，利用不平等条约处处干涉中国内政。船政创办伊始，从购置机器设备到聘请洋师、洋匠，英法驻华公使就企图操控船政。他们从各自国家利益出发，既要从中渔利，又不希望中国真正强大，力图渗透控制。但船政创办者们始终坚持“独立自主”“权操诸我”的原则，维护国家主权。左宗棠认为“其最要则中国人自造自驾，不致受彼族挟制”。沈葆桢指出兵船“购者权操于人，何如制造者权操诸己”。

英国驻华公使威妥玛、总税务司赫德先后向清政府提出《新议略论》和《局外旁观论》，“扬言制造耗费，购雇省事，冀以阻挠成议”。英国驻福州领事也妄图把马尾船政扼杀于襁褓之中。左宗棠清醒地指出：“外国多方阻挠，乃意中必有之事，见在英国领事等屡以造船费大难成，不如买现成船为便宜，此即暗中使坏之一端。不然，伊何爱于我，而肯代为打算乎！”左宗棠针对洋人技术垄断的目的，针锋相对地提出要积极引进和学习西方先进科学技术，做到中国人自己掌握造船技艺。

面对军事上的失败和外交上的失利，强烈的爱国心驱使船政学子变革救亡。严复率先于 1895 年 2 月至 5 月间，在天津连续发表《论世变之亟》《原强》、《辟韩》《救亡决论》四篇政论文，呼吁“万万不可求和”、“先国而后身，先群而后己”，显示了中华民族坚毅刚强的决心和浩然正气。陈季同则奔赴台湾，协助唐景崧筹划防务，面对清廷被迫割让台湾、澎湖给日本，先是积极通过外交手段争取西方国家“援助”，后则策划抵抗日本占领台湾。弘扬民族气节，就要弘扬勇猛精进的进取精神。正如沈葆桢所说“勇猛精进则为远谋，因循苟且则为虚耗”，“船政万难停止”。正因为有这种勇猛精进的精神，才铸就了船政的辉煌成果。今天，我们有后发制人的优势，但时不我待，仍然要以勇猛精进的进取精神，为实现中国梦而奋起直追。

船政是中国近代化的一面旗帜，也是福建近代化的先驱。经过一百多年的奋斗，特别是改革开放以来，中国近代化建设步伐大大加快。回首往事，我们可以清楚地看到，爱国图强的斗争此起彼伏，持续不断，只是不同时期情况不同、强度不同、效果不同而已。从这一历史角度看，今天的民族振兴正是昨天爱国自强的延续，今天的改革开放正是昨天船政事业的继续与发展。中华民族的振兴要靠许多代人的自强不息，爱国自强仍然是今后现代化建设的动力。

近代的中国把船政带到中西文化激烈碰撞的风口浪尖。如何融通中西文化，就必须有求真务实的探索精神。船政是中西文化大碰撞、思想观念大变革的产物。“师夷制夷”就是碰撞的结果。“穷则变，变则通”的变革思想、“东南大利在水而不在陆”的海权意识、“船政根本在于学堂”的人才观、“引进西学，为我所用”和“求是、求实、求精”的教育观、“窥其精微之奥”的留学观等，都是前所未有的思想变革，它让世人为之惊叹，为之振奋。船政的创办本身就是中西合璧的结果。船政人开创了数十个第一，正是探索精神的充分体现。

深知自强之计，舍此无他可求。船政学堂派出的四批留学生是中国近代第一批人才最多、学科最广、最优秀的人才群体，在灾难深重的中国，他们怀着振兴中华的赤子之心，“各怀奋发有为期于穷求洋人秘奥，冀为国家将来驱策”。看到西欧先进的科学技术和法律、政治，留学生们闻所未闻、见所未见，引发心灵深处强大的震撼。但他们很快就升腾为对国家对民族的忧患意识和强烈的社会责任感。

如今，东方雄狮已经醒过来了。我们回头看看这段近代史，会惊奇地发现我们又回到原点。鸦片战争之前，大清帝国走的是自己的路，社会是相对安逸稳定的。鸦片战争后，被迫打开大门，看到西方的坚船利炮，开始学习西方，先是学科技，后学政治、法律、思想。辛亥革命，清帝退位，立宪共和，军阀混战。后来克里姆林宫的一声炮响，走俄国人的道路成了结论。但后来中苏论战，关系冷却。“文革”后，我们开始反思，最后确立自己的特色道路。一个半世纪过去了，从走自己的路到师夷制夷，到走俄国人的路到摸着石头过河，到重新走自己的路。这个走自己的路已经和鸦片战争前的路有着质的不同。我们已经能面对全球化，审时度势，找回自己丢弃的东西，包括优秀中华文化，坚持真理，修正错误，大踏步地前进。

习近平总书记说：从鸦片战争到五四运动，从辛亥革命到新中国成立，从一穷二白的半殖民地半封建主义到正欣欣向荣蓬勃发展在国际社会具有举足轻重的泱泱大国，中华民族走过了一段峥嵘岁月。在行走的岁月里，每一个人的梦想都是要实现国家的昌盛、民族的富强，这就是"中国梦"。船政的创办正是国人的觉醒、中国梦的开始。

第六节　船政学子的强国梦

鸦片战争后，落后挨打的现实使国人猛醒，民族复兴成为国人近代以来的强烈心声。船政学子许多人都有强国梦，严复就是其中的一个。严复汇通中西，是集大成者，其思想体系涉及政治、经济、哲学、逻辑、教育、法律、文学、史学、伦理等多个领域。百年反思后，严复思想更为人们所钦佩。

循途渐进的强国之路。严复认为要先救亡治标，然后才能图强治本。甲午海战后，民族危机空前严重。严复认为"不为其标，则无以救目前之溃败"。当前最紧迫的任务就是救亡。而要救国，最根本的还是要使国家富强起来，富强的根本办法，也就是自强之本"统于三端：一曰鼓民力，二曰开民智，三曰新民德"。[①] 社会要转型，严复认为宜循途渐进、不强为迁变。

平等自由的强国之本。严复指出："凡民生幸福，无非自由。"他在《论世变之亟》一文中，介绍了自由原则对于西方社会的重要性，认为中国与西方比起来，最根本的差异，在于自由与不自由。西方社会在学术方面，"黜伪而崇真"，在行政方面，"屈私以为公"。而在当时的中国做不到。"彼行之则常通，吾行之而常病，则自由不自由异耳。"认为有无平等自由是造成西方富强与中国贫弱差距的根本原因。中国人不争自存自由，而西人力争自存自由。甲午海战后，他分析指出："所可悲者，民智之已下，民德之已衰，与民气之已困耳，虽有圣人用事，非数十百年薄海知亡，上下同德，痛刮除

① 苏中立、涂光久编《百年严复——严复研究资料精选》，福建人民出版社，2011，第337页。

而鼓舞之，终不足以有立。而岁月悠悠，四邻眈眈，恐未及有为，而已为印度、波兰之续；将锡彭塞（今译为斯宾塞）之说未行，而达尔文之理先信，况乎其未必能遂然也。吾辈一身即不足惜，如吾子孙与中国之人种何！"[①] 他从法制教化——政治制度上说明国人自私、不关心社会事务的原因，指出了"民德"与政治制度之间的重要关系，要改变国民"不管他人瓦上霜"的毛病，使人人关心他人、人人爱国，就要实行民主。严复多次提到古代的治世、至盛极治、至治极盛、郅治之隆、大同之世等，认为孔子、老子都有民主思想，井田也是民主之政；又肯定和继承了近代的民主之治，特别是孟德斯鸠《法意》中的民主思想和民主制度。他说"郅治之民主"，是"治制之极盛也"，它不仅与平等联系在一起，"民主之所以为民主者，以平等"，而且不是强而平之，"必其力平，智平，德平"，是真民主和真平等。他针对资本主义严重不均的情况，反复强调未来的理想社会要实现各方面的均平，"事在均其不齐"，特别是要均民德之厚薄，民智之明暗，民力之贫富，民品之贵贱。

文明积淀的强国之根。严复晚年，看到城头变幻大王旗，看到第一次世界大战，世事江河日下，曾借诗经发出"譬彼舟流，不知所届"的感叹，并认为"异日一线命根，仍是数千年来先王教化之泽"，并说"足下记吾此言，可待验也"[②]。他说四书五经最富矿藏，要用"新式机器发掘淘炼"，"研究人心政俗之变"宋代"最宜究心"。"今日现象"，宋人所造十有八九。认为应该认真用"新式机器"来发掘淘炼我们的文明积淀，包括宋代的政治与民情。民国的建立，徒然增加了党派、军阀之间的尔虞我诈。国际上，第一次世界大战更使严复对西方现代资本主义文明进行了反思，认为"四年亘古未有之血战，觉彼族三百年之进化，只做到'利己杀人，寡廉鲜耻'八个字。回观孔孟之道，真量同天地，泽被寰区"。对国内国际形势的失望，促使他深刻反思中西文化的长短利弊，认为只有在社会富强的同时坚持"人道"，才能达到大同、太平的理想。严复认为"墨道则所谓社会主义"，王安石"胸中社会主义甚富"。"反观吾国，可悟井田古制之所由成，与其制之所由破"，"今之持

---

① 严复：《原强》，许祖华选编《严复作品精选》，长江文艺出版社，2005，第10页。

② 严复：《与熊纯如书四十九》，苏中立、涂光久编《百年严复——严复研究资料精选》，福建人民出版社，2011，第339页。

社会主义，即古之求均国田者也”。这些都是严复汇通中西的深刻思考。严复认为“人得自由，而必以他人之自由为界，此则《大学》絜矩之道”。“絜矩”语出《大学》，“絜”指度量，“矩”为法度。絜矩之道是指特操异撰之士对社会主动承担的义务，其本质就是推己及人。他认为恕和絜矩，专以待人及物，其理道与西法自由最相似。而“西人自由，则于及物之中”。西方对个人的自由权利重视，但在协调人际关系和促进社会和谐方面，恕道絜矩却可显示其优越性。

唯适之安的强国之魂。韩愈《送李愿归盘谷序》中说：“起居无时，惟适之安。”意思是觉得怎么舒服就怎么做。严复赋予它深刻的内涵，成为崇尚自由、尊重天演的哲学概括。对中华民族振兴的强国梦有着深刻的现实意义。在国家和民族的危难关头，严复以20年的西学积累，为维新运动时期的理论做出了巨大贡献。《天演论》的出版轰动了全国。“物竞天择，适者生存”的理论很快成为一种社会共识，“合群保种”意识深入人心，救国图存成为全体中华民族的自觉行动。严复说：“所谓争自存者，谓民物之于世也，樊然并生，同享天地自然之利。与接为构，民民物物，各争有以自存。其始也，种与种争，及其成群成国，则群与群争，国与国争。而弱者当为强肉，愚者当为智役焉。”纵观国际风云的百年变幻，“弱者当为强肉，愚者当为智役”不正是处理国际关系的重要理论基础吗。

世间一切法，举皆有弊。反思百年历史，我们惊奇地发现，实际上许多制度我们都尝试过，但都不能让人满意，何也？皆有弊也。严复认为“制无美恶，期于适时；变无迟速，要在当可”①，认为制度没有美恶之分，变革没有快慢之别，要看历史条件，适合就可以，不适合就不宜。这就要审时度势。从君主专制到君主立宪，再进而为民主共和，都是过程，是手段。目标是实现社会转型和近代化。而这种转化的主要依据就是民心。而民心关键在看民德民智的高下。这也就是严复为什么把新民德、开民智、鼓民力看成治本的根本原因。制无美恶的思想也给我国改革开放和“一国两制”提供了理论依据，其现实意义是不言而喻的。

① 严复：《宪法大义》，许祖华选编《严复作品精选》，长江文艺出版社，2005，第36页。

第七节　中华文化耐久无弊，要坚持文化自信

文化自信是指对自身文化价值的肯定和对文化生命力的坚定信念。船政通过文化交流，既吸收外来优秀文化，又坚信中华文化的生命力。在我国五千多年文明发展历程中，各族人民紧密团结、自强不息，共同创造出源远流长、博大精深的中华文化，为中华民族发展壮大提供了强大的精神力量，正如严复所说，是“耐久无弊”，“最富矿藏”。

船政的创办正是国人觉醒、中国梦的开始，这和鸦片战争后的被迫开放完全是两回事。从林则徐、魏源到左宗棠、沈葆桢，都有着强烈的自强精神，船政的实践也充分说明朝野上下的文化自觉。船政“师夷”是文化自信，引进西方技术是文化自信。“走出去”也充满着自信。船政学子们分赴法、英、德、美等国留学，学成回国，成为我国近代化的精英和栋梁。严复运用西方进化论和天赋人权学说，宣传变法图强的思想主张，连续发表政论文章，翻译《天演论》等名著，影响深远，成为中国近代杰出的启蒙思想家。也正是这位思想家，坚信中国将会成为“强族大国”。晚年，他撰写了一副对联：“有王者兴必来取法，虽圣人起不易吾言”，可见其自信之至。

船政学子大量翻译西方名著，但都进行中国式解读。严复翻译那么多西方名著，其翻译都不是直译，而是拿来主义，为我所用。严复的《天演论》就是很好的例子。严复翻译赫胥黎的《进化与伦理》，取名《天演论》，大家都记住他宣扬的是“物竞天择，适者生存”的进化论观点和斯宾塞的“社会达尔文主义”。其实赫胥黎的《进化与伦理》，强调的是进化与伦理不同，自然界存在的丛林法则不一定适应社会，而应运用伦理原则。严复在介绍西方学术思想的同时，鲜明地阐述自己的观点，融中学、西学为一体，结合中国国情，有目的有针对性地进行再创作，既传播西学，又切中时弊，启人心智，产生强烈的社会效果。

中国智慧是什么？是中华民族长期以来与大自然相依为命的历史经验和智慧结晶，是中国哲学在人和事方面的实际运用，是民族精神的具体表达。这种智慧，主要体现在古代神话和儒释道精神的闪光点中，如后羿射日、精

卫填海、愚公移山、自强不息、修齐治平、普度众生、道法自然和大量的成语故事、名言警句等。船政学子们认真探索中西文化的异同。严复重视《周易》《老子》《庄子》三本书，并且从中西哲学之汇通的观点，做出了西方哲学研究的问题不出《老子》中的十二个字的惊人论断。他说："中国哲学有者必在《周易》《老》《庄》三书，晋人酷嗜，决非妄发。世界上智人少，下驷材多。以不相喻，乃有清谈误国之说。此如后儒辟佛诸语，皆骚不着痒处者也。吾辈读书，取适己事而已。天下可哀之徒，古今不可一一数也。"《老子》第一章有"同谓之玄，玄之又玄，众妙之门"之语，严复在评论这句话时指出："西国哲学所从事者，不出此十二字。"

文化自信才能天下大同。汤恩比是期待中国对世界的和平、统一和发展发挥作用的西方思想家。他对中国的历史和文化十分赞赏，认为中国一定能够在未来对世界在政治上和精神上的统一做出主要贡献。他认为在全世界找不到第二个这样大一统的国家。21 世纪是中国人的世纪。中国的文化尤其是儒家思想将引领人类走出苦难，走向和平安定的康庄大道。他认为以中华文化为主的东方文化和西方文化相结合的产物，将是人类未来最美好和永恒的新文化。

第八节　教训同样难能可贵

甲午海战的惨败，让国人伤心，倍感耻辱。学界也把洋务运动看成是失败的实践。然而，笔者始终认为不能以偏概全，船政就是一例。船政有没有不足之处，当然有。讨论船政的教训，可以从多个层面进行分析，从国家层面分析，船政的发展有国家战略欠缺、国力难以支撑、海权认识不到位等问题。从船政本身分析，有体制不完善、制度不成熟、管理有起伏、信息不对称、技术不规范，以及用人与财力后期出现问题等。因为是探讨面对大变革，所以没有讨论船政本身和一些细节问题，只对国家层面的问题做些探讨。

国家战略对清廷统治者来说是陌生的。在列强和太平天国的夹攻下，清廷不可能有什么国家战略，也谈不上国家战略，因此国家战略是欠缺的，虽然船政的成效卓著，但作为一个直属机构也只能无可奈何。从面对大变革的角度探讨，当时的国家意识正在启蒙和强化之中，分析国家战略的有还是无，似乎太过认真。但既然是从历史的长河来探讨问题，分析其国家层面的教训还是必要的。

一 船政衙门没有适时转为正式机构

在内外夹攻下，清廷没有对国家战略有个清醒的认识。在政权危机中，清廷想的是如何巩固政权。在各地地方官吏拥有实权的情况下，清廷担心的是权力会不会散失。船政的设立是左宗棠等有识之士的明智之举，不是清廷统治者深思熟虑的结果。1840 年，林则徐在上《密陈办理禁烟不能歇手片》时，还被道光皇帝斥之为“一片胡言”。1861 年，购买英国舰船，组建海军舰队，也说明统治者的幼稚。组建船政衙门，很快就得到批准，但这个临时机构迟迟没有转正，尽管船政成效卓著。可见，当时的统治者并没有深刻地认识到海军的重要。为什么宋晋会发难，总理衙门会举行罕见的大辩论，都说明这个问题。

任命船政主持人，也可以看出问题。最初为特简钦差大臣专责其事，能“专奏请旨”，不受任何地方官吏的牵制，对学堂较重视，工作开展较为顺利。其后，多由总督、巡抚、将军兼管督办。他们本身的职务就很重、很忙，对于船政未必十分重视；而总办或会办的人员，又须秉承这些封疆大吏的意旨，因此不免有一定的限制。

二 经费支持时紧时松，最后入不敷出

船政创办之初，闽浙总督左宗棠上陈《试造轮船先陈大概情形折》时就提出“如虑筹集巨款之难，就闽而论，海关结款既完，则此款应可划项支应，不足则提取厘税益之”[①]，并匡算“每月约需五、六万两，以一年计之，需费六十余万两。创始两年，成船少而费极多。迨三、四、五年，则工以熟而速，成船多而费亦渐减，通计五年所费，不过三百余万两”。同治五

① 左宗棠：《试造轮船先陈大概情形折》［同治五年五月十三日（1866 年 6 月 25 日）］，沈岩、方宝川编《船政奏议全编》（第一卷），国家图书馆出版社，2011，第 1 ~ 8 页。

年六月初三日（1866 年 7 月 14 日）清廷上谕“所需经费，即著在闽海关税内酌量提用。至海关结款虽完，而库储支绌，仍须将此项扣款按年解赴部库，闽省不得辄行留用，如有不敷，准由该督提取本省厘税应用”①。至宣统三年（1911），船政共用银 1921 万两。但筹措经费和船政大臣的地位与能力相关，首任船政大臣级别高、能力强，筹措经费较正常，但后任的领导者，因为种种原因，筹措经费就存在许多问题，往往入不敷出。原来 60 万两，后来降为 20 万两。随着船舶功率和吨位的增加，资金短缺日益凸显，“船工制造日求其新，而经费日见其绌”，闽海关欠解日益严重，机器设备的长期无法更新，扩大再生产无法实现。李鸿章借口造船太慢、成本高，陆续向英法等国订购。各省需要轮船，也多向外洋订购。造船资金外流，成船更加困难。光绪二十一年八月，两江总督刘坤一《整顿船政铁政片》就说：“前在外洋定购之‘南琛’、‘南瑞’等船，均不如福建船政局所造之‘开济’、‘寰泰’、‘镜清’等船，此臣在南洋所目击者，则亦何必舍己求人、舍近图远？”加上慈禧太后寿庆和修建颐和园挪用海军经费，船政的实际经费更是雪上加霜。

三　人才培养没有贯彻到底，形成制度

人才培养是最为闪亮、最可点赞的一笔。船政是近代科技和海军的摇篮，在科技界、教育界、海军界、外交界、思想文化界都有呼风唤雨的人物。“一个学堂引领一个时代”这句标语，只能悬挂在马尾。然而，为国家培养近代化人才，并非船政的初衷。同治五年十一月初五日（1866 年 12 月 11 日），左宗棠提出求是堂艺局的培养目标。他说：“深明制造之法，并通船主之学，堪任驾驶。”即培养造船工程师和轮船驾驶人才而已。但这正是大变革带来对人才的大量需求。清廷统治者没有看到这一点，没有看到教育的重要，没有用国家的力量来扶持这所学堂。把培养人才的重任交给教会，把国家应该办的教育让位给教会办的新式学堂。这种教训是让人刻骨铭心

① 左宗棠：《试造轮船先陈大概情形折》［同治五年五月十三日（1866 年 6 月 25 日）］，沈岩、方宝川编《船政奏议全编》（第一卷），国家图书馆出版社，2011，第 8～9 页。

的。清政府对待英国使团的态度，可以看出：对世界发生的巨大变化，清廷茫然不知；文明冲突已经显现，如何面对尚缺准备；是闭关锁国还是对外开放，在国家层面上毫无对策。

甲午海战后人才匮乏更可让人深刻地感受到。严复认为："中国至于今日，其积弱不振之势，不待智者而后明矣。深耻大辱，有无可讳焉者。日本以寥寥数舰之舟师，区区数万人之众，一战而翦我最亲之藩属，再战而陪京戒严，三战而夺我最坚之海口，四战而覆我海军。今者款议不成，而畿辅且有旦暮之警矣。则是民不知兵而将帅乏才也。曩者天子尝赫然震怒矣，思有以更置之。而内之则殿阁宰相以至六部九卿，外之洎廿四行省之督抚将军，乃无一人焉足以胜御侮之任者。深山猛虎，徒虚论耳。夫如是尚得谓之国有人焉哉！"[①] 大清帝国之所以沦落到如此惨境，根本原因是人才匮乏。

四　清廷对海权并没有清醒的认识

对林则徐关于制炮造船的建议，道光皇帝朱批"一片胡言"和买阿思本舰队的举动，充分说明最高统治者对海权问题并没有清醒的认识。清廷的认识不到位也导致甲申马江海战和甲午黄海海战的失败。分析两次海战失败的原因，大家无不痛指清朝政府的腐败无能。其腐败举世共讨，其无能人所皆知。马江海战前，法国军舰以游历之名，陆续驶入马尾港，当时的封疆大吏却不顾国际法，对法舰违反国际惯例驶入马尾港不但不加以阻挡，还"最友好的款待"他们，并严令"无旨不得先行开炮，必待敌船开火，始准还击，违者虽胜尤斩"。法舰在马江进出无阻，前后达月余。我们所处地形十分有利，两岸又有炮台，江中如果设置障碍，敌舰无路可逃。加上官兵热血沸腾，积极请战，完全有把握取得胜利。然而，自己坐失良机，半小时就被法舰打得面目全非。甲午海战失败也是清政府腐败无能造成的。指挥者的求和心态与防守战略也是失败的原因。海战之前，李鸿章就认为清朝海军"攻虽不足，守则有余"。把防守作为战略思想，完全没有制海的认识。就战略和战术而言，海军都必须作攻势的运用，认定战争只可能是防御性的将

① 严复：《原强》，许祖华选编《严复作品精选》，长江文艺出版社，2005，第8页。

导致灾难。三国时期，曹操能够打败袁绍、袁术等，是以少胜多的典型例子，但“此自守之贼也”却道出事件的本质。北洋水师的排名在世界上十分靠前，但海战一来，却败给了日本。战略家安德烈·博福尔说得好，一个看不清未来的国家往往会丢掉未来。

船政初创时，法国领事馆从宁波迁至马尾，沈葆桢极力反对，曾两次上奏总理衙门，要他们搬回去，但不了了之。巡台时，沈葆桢拟订了歼敌的计划，却没有得到清廷的批准。何也?

五　东洋终须一战的预言没有引起足够的重视

日本是海岛小国，十分不安分，总想侵略其他国家。丰臣秀吉早就有侵华的计划。日本的“大东亚共荣圈”，是他们的梦想。通过巡台，沈葆桢更加看清了日本的狼子野心，预言“东洋终须一战”，临终还念念不忘日本对台“虎视眈眈”，认为“臣所每饭不忘者，在购办铁甲船一事”。继任的丁日昌也觉察到这一点，上奏朝廷对日本侵略野心要“益加警惕”。然而，他们的进言并没有引起足够的重视。1879 年 6 月，美国前总统格兰特来华，就说日本欲吞并琉球，“断绝清国与太平洋之通道”，侵犯了清国的海上贸易利益，是“清国互市之障碍”。现在的情况是，台湾没有统一，太平洋通道却被断了。反观汉唐，为什么倭国能安分，并遣使朝贡，不值得我们反思吗?

教训还有许多，很多学者会从不同角度谈及船政的教训，这里不一一列举。

船政文化博大精深，船政的探索广泛深刻且意义深远。船政学子的许多探索是针对整个民族、社会、国家的，题目很大，著述很多，感兴趣的朋友可以看看他们的原著，看看他们是怎样探索的。这里的一些介绍，仅仅是冰山一角而已。

后　记

面对三千年未有之大变革，船政的改革与探索，只不过是全国改革与探索的一个小小缩影，但其精神却十分强大，而且光芒四射、鼓舞人心。

面对全球的这种巨变，国人不仅睁开眼睛看世界，而且深入庄岳之间，窥探其精奥，研究其本源，了解其细节，也使对比有了参照系，从而激发国人的自强不息和勇猛精进。

应对与探索，总是事后的总结。事前，对未来世界，人们一无所知，近乎茫然，只能探索着前行。树欲静而风不止，事物的发展总是不以人们的意志为转移的。各种各样的不确定性太多，只有探索着前行。理论的不成熟也使国人纠结与困惑。大家都知道真理是指路明灯，但要得到真理，也只能探索着前行。地球村不平静，总有人要独霸全球，欺凌弱小，掠夺资源，但是正义总能战胜邪恶。构建人类命运共同体，达到共赢和大同，是全人类各族人民热切希望的，总有一天能够实现。

船政精神有三：一是爱国自强的民族精神，一是重视科教和海权的时代精神，一是融合中西的改革探索精神。有船政精神的鼓舞，再大的难题也能克服，再大的劫难也能闯过去。中国古代有个愚公移山的神话故事，几千年流传至今，不正是要教育子子孙孙挖山不止、自强不息吗?

走自己的路，重在矢志不渝，重在坚韧不拔，重在探索前行。

今年是改革开放 40 周年，船政是改革开放的先行先试者，马尾区宣传部约我写一本有关船政与改革开放的书，经几番斟酌并吸收大家的意见，改为现在的书名。本书的出版得到马尾区宣传部和社会科学文献出版社的大力支持，在此深表谢意！本书的著述得到陈禺先生的指导和建议，在此也一并表示感谢！

插图除自拍和标明来源外，大多引自中国船政文化博物馆的收藏，部分来自《船政志》的资料。在此，向收藏者、提供者致谢！

船政文化博大精深，船政学子述著繁多，改革探索史无前例，本书仅仅是粗略地把其中的精华奉献给大家而已，可能有种种不足和失误，望专家学者和读者海涵指正！

沈岩于北京2018年10月21日星期日

图书在版编目（CIP）数据

面对大变革：船政的改革与探索 / 沈岩著. -- 北京：社会科学文献出版社，2018. 12
（沈岩船政研究系列. 马尾船政文化丛书）
ISBN 978 - 7 - 5201 - 4020 - 1

Ⅰ. ①面… Ⅱ. ①沈… Ⅲ. ①造船工业 - 工业史 - 研究 - 中国 - 近代 Ⅳ. ①F426. 474

中国版本图书馆 CIP 数据核字（2018）第 274095 号

·沈岩船政研究系列·马尾船政文化丛书·

面对大变革
——船政的改革与探索

著　　者 / 沈　岩

出 版 人 / 谢寿光
项目统筹 / 史晓琳
责任编辑 / 高　靖　黄　丹

出　　版 / 社会科学文献出版社·国际出版分社（010）59367243
地址：北京市北三环中路甲 29 号院华龙大厦　邮编：100029
网址：www. ssap. com. cn
发　　行 / 市场营销中心（010）59367081　59367083
印　　装 / 三河市东方印刷有限公司

规　　格 / 开　本：787mm × 1092mm　1/16
印　张：17　字　数：257 千字
版　　次 / 2018 年 12 月第 1 版　2018 年 12 月第 1 次印刷
书　　号 / ISBN 978 - 7 - 5201 - 4020 - 1
定　　价 / 98. 00 元

本书如有印装质量问题，请与读者服务中心（010 - 59367028）联系